니체를 넘어서

예수부처
부처예수

참 주인이 되는 지혜

당신은 하느님입니다.
당신은 예수님입니다.
당신은 부처님입니다.
살아있는 당신이
하느님이 되고,
예수님이 되고,
부처님이 되어야
하느님과 예수님과
부처님이 살아있습니다.

God, Geist, Ghost
Supernature
Culture
Nature

새로운 세상의 숲 l **신세림출판사**

흔히 기독교는 타력신앙, 불교는 자력신앙이라고 말한다. 그런데 자력과 타력은 서로 왕래하는 관계에 있다. 둘을 합해야 마음의 평화와 세계의 평화가 안팎에서 동시에 실현될 수 있을 것이다. 인류가 당면한 종교·문화적으로 가장 큰 숙제는 서양의 기독교(유대기독교·이슬람교)와 동양의 불교(선교·불교·유교)가 하나로 융합되는 일이다. 그렇게 되어야만 인류평화를 달성할 수 있는 실낱같은 희망을 가질 수 있다.

자력과 타력은 동거하고 있다. 불교와 기독교가 하나의 진리, 혹은 존재진리인 것을 발견하는 것만큼 인류가 평화에 다가서는 일은 없을 것이다. 실지로 역사적으로도 예수는 부처였다는 사실이 『도마복음서』를 통해 드러나고 있다. 이는 한때 관심을 모은 티베트불교경전 『이사경』이 성서고고학적으로 예수에 관한 경전으로 거론된 이상으로 인류에게 빛을 던져주고 있다.

'도마복음서'는 1945년 이집트의 나그함마디에서 발견된 경전으로서 기독교의 지혜서의 일종이다. 공관사복음서와 다른 어록복음서인 도마복음서는 특히 내용면에서 부처로서의 예수의 진면목을 여지없이 밝혀주고 있다. 도마복음서가 성서해석의 새로운 과제를 던져주고 있는 이때에 이 책을 내게 되는 것은 역사운명적인 것 같다. 아마도 이심전심(以心傳心)의 묘법이 통한 것이 아닌가 싶다.

이 책은 세계경전과 고전들을 비롯하여 신화, 철학, 종교, 과학, 예술 등 인류의 종합적인 문화유산들을 일이관지하면서 인간의 내적인 성장과 깨달음에 도움을 주려고 애썼다. 특히 기독교와 불교, 여타 종교가 하나의 뿌리에서 발생한 것임을 내용적으로 느끼게 하기 위해 전심전력을 다했다. 여기서 '하나의 뿌리'라는 말이 중요하다. 뿌리는 초월적인 것이 아니라 땅 속에 뿌리를 박고 있는 내재적인 의미이다. 인류는 그동안 내재적인 것을 초월적인 것으로 설명하고 해석하는 데 많은 시간을 보냈다. 그 최종결과가 근대과학이라는 것이다.

과학은 도구적 인간인 호모 사피엔스가 세계를 도구적 세계로 보는 것일 뿐이다. 여기서 도구란 철학적으로 추상과 기계의 다른 이름이다. 인류는 이제 각자 높이(초월, 권력)보다 깊이(내재, 존재)를 사랑함으로써 "각자(各自)가 각자(覺者)가 되어야 한다."

백팔번뇌는 불교에서 말하는 108가지 번뇌이다. 불교경구에 "번뇌는 열반이다."라는 말이 있다. 번뇌가 없으면 열반도 없다는 뜻이다. 그런 점에서 번뇌와 열반도 동거하고 있다. 어느 날 뇌리에서 떠오르는 경구를 습관처럼 정리하다가 갑자기 각 경구의 번뇌가 저마다 열반으로 변하는 봉황(鳳凰)을 보았다. 열반도 하나이면서도 동시에 여럿이었다(一卽多). 이것이 바로 이 책의 집필동기이다.

이 책은 경구 108개, 108화두를 통해서 인간의 온갖 번뇌와 열반의 묘법(妙法)을 담았다. 이 경구들은 마치 화엄일승법계도(華嚴一乘法界圖)에서 법(法)과 불(佛)이 시종(始終)으로 만나듯이 돌고 도는 미궁(迷宮)의 의미가 있다. 초심자에게도 의미가 있고, 득도자에게도 의미가 있을 것이다. 말하자면 초발심시편정각(初發心是便正覺)이다.

인류의 신화·철학·종교·과학·문화의 정수를 맛보면서 깨달음에 이르고, 각자의 입장에서 기쁨과 열반에 이르게 되면 이보다 좋은 일은 없을 것이다. 예수와 부처의 일치는 인류에게 새로운 평화에의 희망을 줄 것이다. 아무쪼록 이 책을 통해서 마음과 몸이 하나라는 존재진리사건과 우리가 살고 있는 세계가 만물만신(萬物萬神)의 무상정등각(無上正等覺)의 세계임을 깨닫게 되기를 기대한다. '지금, 여기'에 모든 것이 다 들어있다. '지금, 여기'가 모든 것이다.

필자는 올해로 70세 고희(古稀)를 맞았다. 공자는 "70세가 되면 마음이 가는 대로 해도 법을 넘지 않는다(七十而從心所欲, 不踰矩)"라고 했다. 자유자재한 마음을 말하는 것이리라. 고희를 아내 우경옥과 자축하는 마음으로 이 책을 펴낸다. 나의 철학과 사상에 동조를 하고 성원을 아끼지 않은 서석완, 허성식, 김무호, 서만석, 이병구, 나현, 임성묵, 임수원, 조정진, 조형국, 이우춘, 박선식 등 후배들과 심원학회 멤버인 권명대, 최진덕, 이명준, 이주행, 이병래, 조동열 등 동학들에게도 감사를 드린다. 항상 필자의 철학적 완성을 위해 성원을 아끼지 않고 계신 김정수님(고 김형효 선생님의 부인)에게도 감사를 드린다.

최근 나라를 위한 제주도 한라산 1100고지 산천제(구국기도회)에 동참한 강영기, 주성빈, 서재열, 한찬섭, 김선희, 김정숙, 보덕스님, 원담스님, 보은스님, 엄화자, 윤경기, 이명희, 이인선, 장미녀, 장선자, 황은숙, 김보영님에게도 감사를 드린다.

이 책을 마무리할 즈음, 천우신조인지 석가모니 부처님의 탄생지인 룸비니와 출가하기 전에 왕자로서 살았던 카필라성이 있는 네팔을 여행할 기회를 가졌다. 또 부처님이 수행을 했던 네팔의 수도 카트만두의 불교사원을 방문할 기회도 가졌다. 특히 필자는 이번 순례에서 현재 네팔 티베트불교의 정신적인 스승으로 추앙받고 있는 '칼상(Kalsang) 라마'로부터 '담채(Dhamchoe)'라는 법명을 받았다. 칼상 스님은 달라이 라마와 12년 동안 인도에서 함께 수행한 고승대덕이다. 필자의 불교와의 인연을 다시 한 번 되돌아보는 계기가 되었음을 밝혀둔다. 이번 네팔여행을 함께 한 석준호, 석일징, 김흥태, 나임열, 이왕호님에게도 감사를 드린다. 끝으로 최종교정을 해준 임성묵 총재에게도 감사를 드린다.

불기 2563 초파일을 기념하며 2019년 5월 12일
파주 통일동산 寓居에서 心中 박 정진

목차

'바람' '아버지' '할아버지'

사유(思惟)와 소유(所有), 절대와 존재

목차

삶(生),
살림에 대하여

≪ 001 ≫

삶(生), 살림에 대하여

—— *1*

삶은 생멸(生滅)이다. 생멸을 두려워하지 마라. 우리 몸은 시시각각 생멸하는 수많은 세포로 이루어져 있다. 삶은 존재의 보통말이다. 존재는 삶이다. **우리 몸은 신진대사(新陳代謝)를 열심히 함으로써 생명을 유지하고 있는데 정작 우리의 머리와 사유, 우리의 문화와 제도는 그러한 신진대사, 새롭게 되는 것을 기피하고 두려워하면서 세속적 권력에 빠져있다.** 세속적 권력에 빠져있는 것이야말로 죽음이고 타락이다. 죽음을 생각하지 마라. 깨달음을 통해—.

—— *2*

깨달음은 고통(苦痛)의 산물이다. 고통이 없으면 깨달음도 없다. 깨달음보다 높은 화락(和樂)은 없다. 삶에서 확실한 것은 고락(苦樂)이 함께 있다는 사실이다. 고락의 동거성과 동시성은 존재의 진면목이다. 삶은 존재 그 자체이다. 앎은 삶이 아니다. 앎은 존재 그 자체와 간격이 있는 것이다. 삶, 살림은 무엇을 아는 것이 아니라 다른 존재와 더불어 사는 것이다. 삶은 지식이 아니라 지혜이다. 앎을 추구하는 남성은 삶을 추구하는 여성에게 항상 지혜에서는 뒤질 수밖에 없다.

—— 3

삶은 인간만의 것이 아니라 자연의 것이다. 이것을 도(道)라고 한다. 도는 여성적인 것을 좋아한다. 자연의 상속자는 남성보다는 여성이다. 삶을 진정으로 즐기는 자는 여성이다. 여성은 사회적 지위와 권력과 명예보다는 생산과 삶과 사랑을 즐긴다. 그런 점에서 삶은 남성이 아니라 여성에 가깝다. 여성이 철학을 하지 않는 이유는 삶 자체를 사랑하기 때문이고, 삶에 빠져있기 때문이다. 여성은 삶과 거리두기에 서툴기도 하지만, 생각하기보다는 생산(출산)하고 춤추고 노래한다. 여성이 노래하고 춤추는 것은 진정으로 생명과 평화를 사랑하기 때문이다. 여성은 무기를 감추고 있지 않다. 여성은 생명을 감추고 있다. 생명의 신비여! 남성이 머리와 무기에서 산다면, 여성은 신체와 사랑에서 산다.

우리말로 '움 튼다'는 말이 있다. 이 말은 생명이 싹튼다는 뜻이다. 영어로 자궁은 '움(womb)'이다. 여성은 영어로 '우먼 (woman)'이라고 한다. '움'과 '우먼'의 어근이 같은 것을 유추할 수 있다. 말하자면 '우먼'은 'womb+an'으로서 인간 혹은 남성을 나타내는 단어인 '맨(Man, man)'은 '우먼'에서 파생된 단어일 가능성이 높다. 인간을 의미하는 '휴먼(Human)'도 마찬가지이다. 'Human'의 'H'가 묵음이 되면 역시 '움(uman=um+an)'으로서 '우먼'과 마찬가지 발음이 된다. 결국 '움'(여성, 자연)에서 '맨' (남성, 인간)'이 나왔음(태어났음)을 상징(은유)하고 있다. 이것은 아담(Adam: 인간)의 갈비뼈로 이브(Eve)를 만들었다고 하는 기독교 성경의 이야기와는 정반대이다. 비슷한 발음의 영어단어를 찾아보면 'warm(따뜻한)' 'worm(벌레)' 'wom(입)' 등을 찾아볼 수 있다. 여성은 생명 그 자체임을 알 수 있다.

이밖에도 여성을 상징하는 단어로 'web(직물, 거미줄, 그물, 망, 소프트웨어, 네트워크)' 'world(세계)' 'word(말)' 'wonder(놀라운)' 'wow(놀라움, 감탄, 무료)' 등이 있다. 'W'가 음이라면 'M'은 양이다. 둘은 요철(凹凸)관계에 있다. 산(mountain)은 반드시 계곡 (valley)을 갖고 있고, 계곡에는 물(water)이 흐르기 마련이다. 'w' 자는 여성성과 관련되는 단어들이 많다.

산(山)이 많은 지역에 사는 사람들은 산기슭과 계곡에서 삶의 보금자리를 마련한다. 이런 지역에 사는 사람들은 산인(山人), 즉 선(仙, 神仙)이 되는 것을 이상(이상적 인간상)으로 삼는다. 한국은 그런 지역(산이 전국토의 4분의 3이다)이라고 할 수 있다. 산이 많은 지역은 큰 나무(喬木)가 많고, 큰 나무는 흔히 하늘과 교통하는 우주목(宇宙木)이라고 말한다. 단군(檀君)의 박달나무 단(檀)자도 바로 우주목이고, 단군의 의미는 하늘과 소통하는 샤먼(shaman)을 의미한다. 샤먼은 저자(시장)에 사는 보통사람들과 달리 산에 사는, 높은 곳에 사는 '산과 같은 존재(仙)'를 의미한다. 산은 계곡에 비해 양(陽, 凸)의 존재, 남성적 존재이다. 남성은 가부장사회의 전개와 더불어 인간과 문명을 대표하게 되고, 여성은 음(陰, 凹)의 존재로서 자연과 같은 존재, 혹은 평범한 삶의 존재로 남게 된다.

남성의 철학은 인간의 철학이고, 여성의 철학은 자연의 철학이다. 남성의 철학은 앎의 철학이고, 여성의 철학은 삶의 철학이다. 남성의 철학은 지배의 철학이고, 여성의 철학은 사랑의 철학이다. 남성의 도학(道學)은 철학(哲學)이고, 여성의 철학은 도학이다. 이는 철학에도 음양이 있고, 플러스(+)마이너스(-)가 있는 것과 같다. 도학은 철학의 여성이고, 철학은 도학의 남성이다. 철학의 노정에는 머리가 있고, 도학의 노정에는 신체가 있다. 머리는 자신이 신체에게 명령한다고 생각하지만, 신체는 자신 속에 머리가 있다고 느낀다.

—— 7

남성적-대뇌적 앎의 철학은 동일성의 철학, 문명의 철학, 역사의 철학, 국가의 철학이다. 이에 반해 여성적-자궁적 삶의 철학은 차이의 철학, 자연의 철학, 생명의 철학, 가정의 철학이다. 전자는 결국 추상-기계의 철학이고, 후자는 구체-신체의 철학이다. 그렇지만 서양의 '차이의 철학'은 '동일성의 차이'란 점에서 동양의 음양사상의 '차이의 철학'과는 다르다. 음양(남녀, 플러스마이너스)관계는 모든 삶과 인간관계의 원형이다. 그런 점에서 성(性, sex)은 존재 그 자체이다. 도덕(윤리)은 필요하지만 동일성을 폭압적으로 요구하는 도덕은 악이다.

—— 8

인간(Man)인 남자(man)는 자연(Nature)인 여자(woman)를 정복하고 지배하고자 한다. 문화(culture)도 자연(nature)을 정복하고 지배하고자 한다. 그렇지만 겉으로 자연을 지배한 것 같은 역사는 결국 자연인 여자를 이긴 적이 없다. 왜냐하면 자연을 이긴 정복과 지배는 결국 자연으로 돌아가기 때문이다. 인간-남자-페니스-대뇌(정신)는 자연-여자-버자이너-신체(육체)를 이길 수 없다. 남자의 특성은 '눈을 뜨고 대상과 사물을 포획하는' 데에 있다면, 여자의 특성은 '눈을 감고 귀(신체)로 사물의 소리를 듣는' 데에 있다. 이는 남녀의 성행위에서도 잘 드러난다. 그런데 전자가 서양문명의 '시각-대뇌-언어(환유·개념적 언어)-과학'의 문명과, 후자가 동양의 '청각-귀·신체-상징(은유적 언어)-시(詩)'의 문명과 연결된다는 점에 주목할 가치가 있다.

—— 9

삶에서 선후장단(先後長短)과 대소동정(大小動靜)을 따지지 않을 수 없지만 선후장단과 대소동정이 본래존재의 세계라고 생각하는 것은 잘못이다. 본래존재는 선후상하좌우내외가 없다. 시간적 선후(과거-미래), 공간적 상하(하늘-땅), 사상적(계급적) 좌우(좌파-우파), 존재의 내외(내재성-초월성)는 모두 중도(中道)를 잃은 것이다. 중도를 찾으려면 존재의 유무상생(有無相生)을 깨달아야 한다. 존재(본래존재)는 삶의 뿌리처럼 존재의 근거 아닌 근거로서 존재(존재자)의 바탕이다.

초월성의 가장 높은 곳은 내재성의 가장 깊은 곳과 서로 만나서 공명(共鳴)한다. 그렇지 않으면 우주는 본래 하나가 아니다. **본래자연이 하나라면 반드시 그렇게 되어야만 한다. 이것이 현상학과 존재론의 화해이고, 불일이불이(不一而不二)의 가장 큰 증거이다.** 철학의 가장 큰 두 줄기는 구성철학으로서의 이(理)철학과 존재철학으로서의 기(氣)철학이라고 할 수 있다. 이(理)철학은 초월성을 대표하고, 기(氣)철학은 내재성을 대표한다. 이들은 서로 하나가 되어야 한다. 이것은 이기지묘(理氣之妙), 현묘지도(玄妙之道), 풍류도(風流道)라고 할 수 있다.

구성철학/ 존재철학	理氣철학	서양/ 동양철학	자연과학/ 자연	두 철학의 종합
구성철학: 理철학 존재자 (Da-sein)	性卽理, 心卽理	도덕적 이성 보편성의 철학	자연과학적 이성 기계론적 우주관	현상학과 존재론의 화해 理氣之妙/ 玄妙之道/ 風流道
존재(자연) 철학: 氣철학 존재(Sein)/ 소리철학	心卽氣, 物卽氣	心物一切 일반성의 철학	자연적 존재/道 無爲自然	

보시(布施)와 지혜(智慧)는 그것 자체가 이미 여성성(feminity)이고, 존재의 내재성의 발현이다. 여성은 따로 깨달을 것이 없다. 여성은 자신의 내면에 숨어있는 생명의 신비와 존재의 여성성에 닿으면 그것으로 족하다. 신화와 철학과 종교와 기술은 문명(civilization)의 시작이지만 동시에(역설적으로) 에코페미니즘(eco-feminism)에서 완성된다.

사람이 사는 것이 삶이고 살림이고, 삶과 살림의 완성이 사랑이다. 여성이 없으면 살림이 되지 않는다. 즉 사람, 삶, 사랑은 하나이다. 여기에 원(사랑), 방(삶), 각(사람)이 있다.

<< 002 >>

말, 의미(意味)에 대하여

———— 1

인간의 특이성은 뭐니 뭐니 해도 '말하는 존재' '의미를 찾는 존재' '이름을 붙이는 존재' 즉 '언어를 사용하는 존재'이다. 의미는 인간이 자신이 처한 자연적·역사적 환경에서 삶을 포착하는 방법이다. 말하지 않는 인간을 상상할 수 없다. 인간이 내뱉는 말이 어떤 차원의 의미 혹은 개념인지는 천차만별이지만, 인간은 죽을 때까지 말을 그치지 않는 존재이다.

———— 2

인간은 의미를 먹고사는 동물이다. 인간은 의미를 부여하는 동물이다. 의미는 무엇인가. 의미는 자연(우주)의 소리와 인간의 마음의 만남이다. 그런 점에서 '소리'와 '마음'은 본래존재라 할 수 있다. 자연의 소리와 마음의 만남의 맛이 바로 의미(意味)이다. 의미야말로 가장 맛(味)있고, 가장 아름답다(美). 의미를 음미

(吟味)하는 것이야말로 인간의 미선진(美善眞)이다. 참하지(美) 않으면 착하지(善) 않고, 착하지 않으면 참되지(眞) 않다. 자연의 '미선진'을 형이상학과 추상의 관점에서 재배열한 것이 진선미(眞善美)이다.

———— 3

의미에는 공감하는 의미가 있고, 소유하는 의미가 있다. 시적 의미는 은유의 의미이고, 공감의 의미이고, 과학적 의미는 환유의 의미이고, 소유의 의미이다. 시적 의미는 존재(존재의 전체성, 본래존재, 자연적 존재)를 은유를 통해 온몸으로 느끼고 공감하게 하고, 과학적(현상학적) 의미는 존재(存在)의 부분(존재의 실체성, 존재자, 주체-대상)을 환유를 통해 파악하게 한다. 존재자(存在者)는 '존재하는 것' 즉 '사물(thing)'이다. 사물은 '존재의 전체적인 사건(event)=연기적(緣起的) 사건'이 아니다. 은유는 공감을 지향하게 하고, 환유는 소유를 지향하게 된다. 은유는 '철학적 심물학(心物學)'이고, 환유는 '철학적 현상학(現象學)'이다.

———— 4

환유는 이름을 붙임으로써 존재를 소유하게 된다. 우리가 영혼(주관적 무제약자)이나 세계 전체(객관적 무제약자), 그리고 신(神: 주객관적 무제약자)이라는, 어떻게 제약할 수 없는(장악할 수 없는 무제약자)

존재를 대할 때는 그냥 이름을 부르고, 이름을 붙임으로서 만족할 수밖에 없다. 이것은 이념(理念: 이성과 개념)에 불과하다. 이념으로부터 벗어나기 위해 이름을 붙인 '물 자체(Thing itself)'라는 말도 마찬가지이다. 이념과 물 자체는 경계선상에 있다. 이념은 순수이성, 순수의식 혹은 순수의지의 산물이고, 물 자체는 그것에 의해 제약당하지 않는 그 무엇이다. 무제약자들은 실체화하면(장악하고 나면) 스스로를 배반하고, 부분으로 전락하고 만다. 요컨대 전체를 실체화하면 실체화하는 순간, 부분으로 전락하고 만다.

———— 5

은유는 존재의 뿌리가 하나라는 사실을 깨닫게 해주는 '언어의 지혜' 혹은 '언어의 해탈'로서의 기능을 한다. 은유는 그러한 점에서 처음부터 존재론적이다. 시는 처음부터 세계에 대해 존재론적 접근을 한 일상어의 연결(통사구조)이다. 시인들은 본래부터 소유에 저항하는 부류의 성품을 타고난 사람들이다. 그래서 세속적이 되기를 싫어하는 부류의 사람들이다. 그렇지만 시와 철학은 언어가 낳은 쌍생아(雙生兒)이다. 시는 존재의 편에, 철학은 소유의 편에 있긴 하지만 둘은 경계선상에 있음으로써 서로 가역하게 된다. 철학적 혹은 과학적 환유는 세계를 초월적 표상(주체-대상)으로 연결하는 현상학적 환원을 목적으로 한다.

현상학적 의미란 언어라는 창, 혹은 안경, 혹은 그물망을 통해 세상을 바라보지만 자신이 왜 그 창속에 있는지, 왜 그 안경을 쓰고 있는지, 왜 그물망 속에 있는지 모르는 것과 같다. 창밖의, 안경 밖의, 그물망 밖에 있는 진정한 존재, 사물 그 자체를 모른다. 만약 우리가 현상학적으로 포착할 수 없는 그 밖의 세계를 '존재(본래존재)'라고 한다면 말이다.

현상학의 벽에 부딪힌 철학은 드디어 유심유신론(唯心唯神論)과 유물무신론(唯物無神論)이라는, 해결점(해결책)이 없는 '끝없는 이념(이데올로기)논쟁'에 빠져들었다. 그것이 현대철학이다. 그렇다면 인류문명은 심리적 현상학인 철학(형이상학)을 포기하고 물리적 현상학이라고 할 수 있는 과학에게 문명의 모든 권리(권력)를 맡기고 운명의 생사여탈권을 주어야만 하는가. 철학과 종교는 심각한 고민에 빠지지 않을 수 없었다. 그래서 찾아낸 비상구가 바로 존재론이라는 것이다.

현대인은 과학을 구세주, 메시아라고 생각하고 있는지도 모른다. 그렇지만 미래의 메시아는 철학과 종교, 불교와 기독교,

과학(力學)과 역학(易學)을 동시에 아우를 수 있는 인물이 될 것이다. 그러나 어떤 경우일지라도 메시아는 인류를 구원하는 한 사람의 인물이 아니라 그는 단지 인류의 스승일 뿐이다. 그래서 깨달은 자의 의미로서 대승보살(大乘菩薩)과 종족적(種族的) 메시아가 필요하고, 궁극적으로는 인류는 각자 깨달아야 하고, 결국 각자 보살, 각자 메시아가 되어야 한다. 이는 동학(東學)의 각지불이(各知不移), 조론(肇論)의 물불천론(物不遷論)의 단계와 같다.

─── 9

존재론은 철학의 전부가 현상학이 아니라는 점을 주장하기 시작한 일종의 원시반본(原始反本)의 철학이다. 다시 말하면 소리와 마음의 일치에 의해 발생한 의미(개념)를 다시 소리로 돌려주는(이것은 현상학적인 환원이 아니라 본래존재로 돌아가는 것이다) 철학이 존재론이다. 그런 점에서 원시고대의 샤머니즘이 존재론의 미래가 될 수 있다. 필자는 『네오샤머니즘』이라는 책에서 이 점을 설명하였다. 소리는 모든 사물과 사건의 은유이다. 마음은 몸의 은유이다. 자연은 신체적 존재이다. 존재의 의미는 소유가 아니라 존재 그 자체이다. 시와 예술은 그러한 점에서 세속화된 사물과 의미를 본래존재로 돌리는 성스러운 작업이다. 존재와 현상은 유무상생의 음양관계에 있다.

성인(聖人)에 대하여

——— *1*

성인(聖人)은 귀로 보는 자이다. 결국 관음(觀音)하는 자이다. 성인은 하늘의 소리(福音)를 듣고 말로 전하는 왕(王)이다. 인간은 왜 성인을 탄생시키는 것인가. 과연 성인이 없이도 인류가 지금까지 존속할 수 있었을까. 인간은 성인을 하늘(天)에 희생(犧牲)으로 바쳐서 번영하는 일종의 '제의(祭儀)생물종'이다. 인간이 다른 생물종과 다른 점은 종교의식을 행하는 '제사집단'이라는 점이다. 인간은 성인과 승리자를 하늘에 바쳐 집단내의 평화를 유지하는 정치사회적 존재이다. 성인(聖=耳+口+壬)은 천지(사물)의 소리를 잘 듣고(耳), 자신의 체화된 말(口)로 진리를 전하는 임무를 맡은 왕(壬, 王)이다.

——— *2*

성인은 인간이 삶을 잘 다스리지 못할 때 주기적으로 탄생하여 문제를 해결하는 인물이다. 성인은 희생함으로써 승리하는 자이다. 그러나 성인의 말씀도 시효(時效)가 있을 수밖에 없다. 성인의 말씀조차도 새로워지지 않으면, 새롭게 해석되거나 새로운 성인의 말로 탄생되지 않으면 이미 죽은 말이다. 모든 말은 시대적·지역적 한계와 제약을 가지고 있고 완전하지 않기 때문이다. 기존의 경전에 새로운 해석을 가해 세계를 다스리고 제도하는 데에 한계를 느낄 때면 새로운 경전을 선물하는 성인이 탄생하게 된다. 성인도 스스로 생성된 것이다. 세계는 자기-내-존재이기 때문이다.

—— 3

왜 지금까지 4대 성인은 남자들인가. 석가님, 공자님, 예수님, 소크라테스님 모두 남자들이다. 이것도 가부장-국가사회의 편견인가. 그렇지만 여자들은 가정의 '작은 성인들'이다. 여자는 가정에서 온갖 희생을 마다하지 않는다. 여자는 자식을 세계라고 생각하고, 성인은 세계를 자식이라고 한다. 여기서 '세계적 부자관계'가 성립한다. 여자는 때로는 세속적이고, 성인의 적이 되기도 한다. 하지만 여자가 자식을 사랑하는 만큼 세계를 사랑하는 자가 성인이다. 후천개벽, 여성시대에 이르면 '세계적 부모자식관계'가 성립한다.

성인은 진정으로 여자를 아는 '특별(特別)한 남자'로서 그야말로 '특별한 희생(犧牲)'을 위해 경계선상에 내쳐진 인물이다. 성인은 희생을 즐거워하는 자이다. 성인은 고통을 즐거워하는 자이다. 고집멸도(苦集滅道)의 길이나, 십자가(十字架)의 길이나 고통의 길이다. 그러나 그 고통의 끝에는 열반과 기쁨이 기다리고 있다. 열반은 전쟁의 위험과 죽음이 만들어낸 인간실존의 불안과 공포의 극복이면서 동시에 개인의 인간승리이다. 열반이란 만물에 확산된 인간정신의 평등과 평화의 고요이며, 기쁨이다. 불교의 무상정등각은 평등평화가 동시에 실현된 열반이다. 이제 후천(後天) 여성시대이니 여자가 성인이 될 때이다. 성모(聖母)와 보살(菩薩)은 좋은 선례를 보여주었다. 여자는 왜 보살인가.

성인의 말씀은 공기와 같은 공유물이다. 성인의 말씀은 성인의 소유도 아니고 제자의 소유도 아니다. 못난 제자들은 성인의 말씀을 자신의 소유로 착각한다. 이는 공유물을 소유물로 도적질하는 것과 같다. 이를 두고 세속화·권력화라고 한다. 맹목적인 추종숭배를 두고 컬트(cult)라고 하지만 성인을 팔아먹는 것도 '컬트'에 속한다. 컬트가 문화(culture)로 승화하거나 문화가 컬트로 타락하지 않으려면 부단한 공부와 깨달음이 있어야 한다. 이것이 공부(工夫)이다.

——— 6

성인의 의미에도 한계가 있다. 만약 인류가 공멸한다면 성인의 의미도 함께 사라질 것이다. 그런 점에서 역으로 성인은 인류의 공멸을 막는 존재라고 할 수 있다. 성인이 미치지 못하는 것은 인류의 공멸과 상관없이 존재하는 자연이다. 문화(文化)는 자연 속에서 일어난 인간의 문(文)놀음이고, 이(理)놀음이다. 문화는 문화(文化)이고, 자연은 진화(進化)이다. 문화는 문(文)의 화(化)이고, 자연은 자(自)의 화(化)이다.

——— 7

존재는 승화되는 것이 아닌 자연이다. 하늘의 것은 땅으로 내려와야 하고, 추상은 신체로 내려와야 한다. 초월은 내재로 내려와야 한다. '초월적 하나'는 변증법적으로 '지양(止揚)되는 하나'이고, '내재적 하나'는 '본래하나'이다.

——— 8

죽음이야말로 죽음이 아닌, 저주가 아닌, 자연과 생멸의 축복이다. 죽음은 본래존재로 돌아가는, 생명으로 돌아가는, 우주의 전체적인 사건이다.

자연(自然)에 대하여

―― *1*

자연(自然)은 스스로 존재하고 있을 뿐이다. 자연은 스스로 이름(名)을 붙이지 않는다. 이에 비하면 인간은 자연에 '이름을 붙이는 특별한 생물종'이다. 인간은 또한 '표준을 만드는 선수'이다. 인간은 자연을 분류학으로 이해한다. 인간은 '이름 붙이는 편집광'이라고 할만하다. 모든 구별과 분별은 이름의 소산이다. 만약 이름(언어)이 없다면 인간은 무거운 사물을 직접 들고 왕래하면서 소통하고 거래하여야만 한다. 이름은 사물의 중력을 벗어나게 한다.

―― *2*

자연은 우주(宇宙)가 아니다. 우주는 자연을 타자화한 이름이다. 우주를 빛이라고 본 것은 이미 자연을 타자화하기 시작한 분기점이다. 빛이 입자이며 파동이라고 한 것은 바로 그것을 말

하는 것이다. 빛이 없는 어둠의 우주가 더욱 광대하다는 것은 물리적 관찰 이전에 이미 자연을 깨달은 자에게는 상식과 같은 것이다. 만약 어둠조차도 내(自)가 아니라면 자연(自然)은 자연이 아니다. 자연은 어둠을 안고 있는 어머니(母)이다. 자연은 초월이 아니고 내재이다. 우주는 내재적 자연을 초월적으로 본 것에 지나지 않는다. 초월은 아버지(父)이다.

————— 3

이름을 붙이는 사명은 여자보다는 남자에게 달려 있다. 이는 여자가 그만큼 자연에 가깝다는 뜻이다. 여자는 아이를 낳으면 남자에게 이름을 붙여달라고 부탁한다. 자기 몸에서 직접 아이를 낳은 여자는 다른 사람이 불러줄 아이의 이름을 붙이는 게 자연스럽지 않은 모양이다. 여자의 출산은 자연의 선물과 같은 것이다. 이름은 어쨌든 자기의 몸으로부터 벗어나거나 이탈한 것을 의미하는 것이기 때문에 여자의 성미에 맞지 않는 모양이다.

————— 4

인간(남자)은 자연(여자)에게 이름을 붙인다. 자연의 상속자인 여자는 스스로에게 이름을 붙이지 않는다. 여자는 누구누구의 엄마(맘마, 마마)라고 스스로를 소개한다. 여자는 스스로를 밥(맘

마)이라고 생각한다. 아이는 밥과 맘마를 같이 부른다. 여자는
그래서 천생 신체적 존재이다. 엄마가 되면 희생은 당연한 것이
고, 그 희생은 여자의 인생의 이름이고, 아름다움이다. 남자는
자신이 성공하는 것을 기뻐하고 여자는 자식이 성공하는 것을
기뻐한다. 남자는 인간이고, 여자는 자연이다. 남자는 인간이
고, 여자는 숲이다. 여자는 세계가 '연결되어있는 신체'이다.

—— 5

　남자는 '초월적(신체 밖) 신(神)'을 추구(追究)하고, 여자는 '내재
적(신체 안) 신(神)'을 신앙(信仰)한다. 모든 종교가 여성신자와 남
성사제(승려, 신부, 목사)에 의해 움직이는 것은 이때문이다. 만약
종교가 그렇다면 철학은 이제 형이상학(metaphysics)과 물리학
(physics)으로 나눌 것이 아니라 '신체안의 철학'과 '신체 밖의
철학'으로 나뉘어야 한다. 형이상학이든 물리학이든 '신체 밖
의 철학'이다. 철학이 본래 형이상학으로 출발한 것 자체가 이
미 남성철학을 의미하는 것이다. 여자를 중심으로 하면 여성철
학은 결국 '신체적 존재론'에 도달할 수밖에 없다. 신체적 존재
론은 신체적 현상학과는 다른 것이다. 신체적 현상학은 신체를
육체(물질)로 다루는 것을 말한다. 신체적 존재론의 신체는 정신
도 아니고 물질도 아닌, 존재 그 자체이다. 여자에게는 신체 안
에 모든 우주의 신비, 예컨대 천지창조(빅뱅)라든가, 부활(재생)이

라든가, 종말(블랙홀)이라는 것들이 다 들어있다. 이것을 모르는 (경험할 수 없는) 남자들은 신체 밖에서 이것을 찾느라고 안달이다. 물리학과 형이상학을 나눈 것 자체가 우주생명체에 대한 무지를 드러낸 출발이었다.

—— 6

여성의 철학, 신체적 존재론에 따르면 남성의 페니스-대뇌는 현상학이고, 여성의 버저이너-자궁은 존재론이다. 말(lan-guage)과 이성(logos)은 현상학이고, 입(mouth)과 신화(mythos)는 존재론이다. 메시지(message)는 현상학이고, 마사지(massage)는 존재론이다. 존재의 몸(신체)이야말로 자연의 실재이다. 자연은 신체적 존재이다.

—— 7

남성의 철학을 고수함에 있어서도 형이상학(形而上學)과 형이하학(形而下學)으로 나누기보다는 차라리 '보이지 않는 세계(invisible world)'와 '보이는 세계(visible world)'로 나눔으로써 무형지학(無形之學)과 유형지학(有形之學)으로 나누는 편이 훨씬 타당성이 있다. 형이상학인 철학과 형이하학인 물리학은 오늘날 궁극적 실체를 찾는다는 점에서 하나로 유착되어버렸다. 이에 비해 무형지학과 유형지학은 하나가 될 염려가 없다. 보이지 않는 세계는 결코 다함이 없기 때문이다. 무형지학은 초월성과 내재성을 동시에 포함하고 있는 반면 유형지학은 초월성에 제약된다. 인간인식의 관념적 초월성은 현상학을 이끌어가지만 결코 그 초월성을 완결하는 법이 없으며(무한대로 나아가야 하기 때문에), 내재성 또한 스스로를 죄다 드러내지 않는다(무한소로 존재하기 때문에). 현상학은 초월성과 내재성의 평행선이 만들어내는 의식적 지평의 가상실재이다.

——— 8

인간은 무형의 초월성에 대해서는 타자에 대한 신앙(절대신앙)으로 다다르고, 무형의 내재성에 대해서는 스스로 깨달음으로 얻는다. 무형의 세계는 '초월적 내재성' 혹은 '내재적 초월성'으로 접신(接神) 혹은 자각(自覺)으로 합일이 된다. 이것이 모두 자기 몸에서 이루어진다. 그래서 자기 몸이 존재의 바탕이다. 초월성을 향하여 끊임없이 물음을 던지는 자는 초월적 내재성을 달성함으로써 전인적인 인간이 되고, 선(禪)수행과 내관(內觀)을 통해 끊임없이 자신을 비우는 자는 내재적 초월성에 이르게 되어 전인적인 인간이 된다. 불교의 선정(禪定)은 '기독교의 안식(安息)'이고, 견성(見性)은 '마음의 나라'를 발견(發見)하는 일이다. 초월성에서 내재성에 이르는 길은 의식적 혹은 무의식적으로 자기 자신(myself) 혹은 사물자체(Thing itself)를 깨달음으로써 결국 자기

(self, selbstheit)에 이르는 것이다. 이 모두 자연(自然) 속에 있다. 인위(人爲)는 자연 속에 있는 인간의 결핍을 보충하는 자기충족, 즉 마스터베이션에 불과하다.

───── *9*

자연은 '스스로 그러한' 것으로 스스로를 말하지 않는다. 마찬가지로 존재는 스스로를 존재라고 말하지 않는다. 자연은 즉 존재이다. 이러한 자연적 존재를 두고 심물존재, 심물자연이라고 말한다. 하이데거의 말대로 말은 '존재의 집'이지만, 존재는 또한 말(존재자)의 집(근거, 바탕)이기도 하다. 존재는 말이 아니다. 말은 항상 존재와 일정한 거리(간격)를 유지하고 있다. 자연에는 거짓이 끼어들 여지가 없다. 그러나 말에는 거짓이 끼어들 여지가 있다.

───── *10*

말하여진 진리는 진리가 아니다. 진리는 존재를 말함으로써 진리라는 점에서 조금의 거짓(예외)도 없는 진리는 없다. 진리와 존재와의 관계는 아들과 어머니의 관계와 같다. 어머니의 출산의 고통과 온갖 보살핌 속에 태어나고 성장한 자식은 스스로 태어나고 성장한 듯 착각하면서 어머니를 떠난다. 이것이 자연과 인간의 관계이다. 이것이 무아(無我)와 자아(自我)의 관계이다. 자아(自我)에서 아(我)를 빼고 자(自)로 돌아가야 한다. 아(我)자는 금문에 따르면 사람이 도끼를 들고 적을 방어하는 모습이고, 갑골문에 따르면 새가 나는 모습니다. 자(自)자는 사람의 얼굴의 중심인 코(鼻)의 모양에서 따온 글자인데, 스스로 중심임을 드러냄으로써 넓게는 자연(自然)을 상징한다. 자(自)는 명사가 아니라 동사이며, '으로부터'의 전치사이며 부사구실을 한다. 자연은 문명의 탕아(蕩兒)가 돌아갈 어머니이다.

――― *11*

자연과 끝까지 싸우는 인간은 승리할 수 없다. 자연은 어떤 계기에 자연과 싸우는, 자연과 권력경쟁을 하는 생물종을 탄생시켰고, 그 종은 자연을 먹고살면서도 조금도 자연에 미안(未安)해하지 않았다. 자연에 미안해하지 않는 종은 결국 불안(不安)할 수밖에 없다. 자아가 강한 인간은 죽음 앞에서 불안할 수밖에 없다. 자아(ego, 我執, Ichheit, 존재자)는 자기(self, 自然, selbsheit, 존재)가 아니다. '자기(self)'는 '나(I)와 너(You)'의 구별을 넘어서 '우리(we)'가 될 때 도달하는 경지이다. '자기'에 도달한 사람들의 사회(모임)가 '나라(우리나라)'이다. '나라'는 '우리나라' '하느님의 나라(호올님의 나라)'이며, 궁극적으로 '평화의 나라'를 의미한다. 이러한 나라는 유교의 서(恕)의 마음이고, 불교의 여(如)의 마음이고, 자비(慈悲)의 마음이다.

≪ 005 ≫

하늘(天) 혹은 신(神)에 대하여

—— *1*

하늘(天)은 무엇인가. 천지(天地)의 이름이 하늘이다. 땅(地)은 무엇인가. 천지의 이름이 땅이다. 사람(人)은 무엇인가. 천지의 이름이 사람이다. 하늘과 땅과 사람은 단지 이름이 아니고, 천지인의 기운생동(氣運生動)이다. 천지의 기운을 몸에 받아들인 사람(人)을 신(神)이라고 말한다. **천지의 기운을 형상으로 받아들인 것을 땅(地)이라고 말한다. 천지의 기운생동 그 자체를 하늘(天)이라고 하고, 이를 깨달은 자를 사람(人)이라고 한다. 사람 속에 하늘과 땅이 하나로 소통(疏通)하고 있다. 이를 현묘(玄妙) 혹은 신묘(神妙)라고 말한다.**

—— *2*

동양한자문화권에서는 신(神)자를 '귀신(鬼神) 신'자라고 한다. 말하자면 신이 귀신에서 출발하였음을 시사한다. 옛 사람들은 귀신(조상신)을 오늘날의 신처럼 섬겼다. 오늘날 신을 섬기는 정성(精誠)이 옛 사람들이 귀신을 섬기는 만큼 되는지 의문이다. 귀신을 섬기는 것이나 신을 섬기는 것이나 보이지 않는 세계에 대한 이해를 뜻한다. 신을 섬기면서 살아있는(옆에 있는) 것처럼 리얼하게 느끼는 신앙이야말로 옛 사람들이 귀신을 섬기는 것과 같다. 그런 점에서 신은 단지 부르는 이름이 아니라 지금 살아있는 존재처럼 느끼는 기운생동이어야 한다.

——— 3

땅의 인간은 하늘(天) 혹은 신(神)을 설정함으로써 스스로를 제어해왔다. '신(神)의 존재 유무'는 말할 수 없다. 만약 신이, 인간이 있다고 해서 있고, 인간이 없다고 해서 없다면 그런 신은 신이라고 할 수 없다. 그렇지만 신이 없었다면 인간은 자신과 천지의 삼라만상을 제어할 수 없었을 것이다. 신이 없었다면 특히 권력자를 제어할 수 없었을 것이다. 신은 인간을 위해서(목적), 인간에 의해서(수단), 인간의 신(존재)으로 존재한다. 칸트(Immanuel Kant: 1724~1804)는 현상학적으로 증명할 수 없는 신을 두고 '주객포괄적 무제약자'라고 규정하였다. 오늘에 와서 신을 다시 철학적으로 규정한다면, 신은 문제의식이자 구원의식이며, 탈출구(비상구)와 같은 존재라고 말할 수 있다.

인류최고(最古)의 경전인 『천부경(天符經)』의 81자(한자와 숫자로 구성된 부호·암호·부적)를 풀이하면 참으로 이 경전이 여러 고등종교들의 뿌리가 됨을 알 수 있다. 천부경으로 '유불선(儒佛仙), 기독교'를 해석하면 기독교는 천(天=神=自由)이고, 불교는 지(地=佛=平等)이고, 유교는 인(人=仁=博愛)이다. 그리고 선교는 중국 도교(道教)의 동이족 계통의 원류로서 자연(自然=無爲, 自然=道)을 말한다. '하늘의 부호' '신의 암호' '하늘의 말씀'을 천명한 이 경전은 신선교(神仙教)로 통하기도 하는 옛 샤머니즘의 경전으로서 참으로 '경전 중의 경전' '하늘 부호(符號)경전'이라 할 수 있다.

천부경의 천지인사상으로 볼 때는 인간은 인중천지일(人中天地一: 無始無終, 無時無空)의 존재(존재론적 존재)로 살던가, 아니면 천지중인간(天地中人間: 時間空間)의 존재(현상학적인 존재)로 살 수밖에 없다. '천지중인간'은 인간(인간=시간+공간)이 스스로 천지의 사이에 있다고 생각함으로써 본래하나였던 천지의 순환과 소통을 시간과 공간의 지평으로 해석하는 존재가 됨을 말한다. **'인중천지일'의 존재가 되면 '성인(聖人)' 혹은 '도인(道人)'이라고 이름을 붙인다. 모든 사람은 인중천지일에서 깨닫고 천지중인간에서 설 수밖에 없다.** 내 안에 있는 '나'는 보기는 어렵다. 그래서 성찰할 수 있는 자만이 자기를 볼 수 있다. 성인은 안과 밖이 따로 없는 존재이다. 그런 점에서 신은 주관객관적 존재일 수밖에 없다.

—— 6

하늘은 하늘이 아니고 땅이다. 땅은 땅이 아니고 인간이다. 인간은 인간이 아니고 하늘이다. 이렇게 돌고 도는 것이 하늘이고, 땅이고, 인간이다. 자신의 몸에 천지를 받아들인 것을 두고 접신(接神)했다고도 하고, 도태(道胎)하였다고도 한다. 접신은 하늘을 중심으로 보는 것이고, 도태는 땅을 중심으로 보는 것이다. 접신하는 자에게는 세계가 신이 창조한 것과 같다면, 도태하는 자에게 세계는 아이를 품고 있는 여성과 같다. 하늘에서 보는 땅과 땅에서 보는 하늘은 다르다.

—— 7

존재는 있는 것인가, 살고 있는 것인가. 존재는 언어인가, 삶인가. 언어가 없는 인간을 상상할 수 없지만, 언어는 결코 존재가 아니라는 점도 확실하다. 언어는 존재와 병렬적인 부호(기호)의 형식이며, 몸의 옷과 같다. 그래서 언어에 지피는 것을 빙의(憑依)라고 한다. 존재는 부호 이전, 언어 밖의 삶이다. 존재는 선험과 초월과 지향(현상학적 지평)을 넘어선, 살아있지만 규정될 수 없는 그 무엇이다.

《 006 》

존재와 현실, 삶과 앎

—— 1

진정으로 있는 것은 무엇인가? 흔히 **현실과 꿈**(가상)**을 말하지**
만 현실이 꿈인 줄 아는 사람은 드물다. 인간이 아는 것은 모두
가상(假相)**이다. 인간은 '생각하는 동물'이며, '상상하는 동물'이**
다. 생각은 상상력(상상계)**을 통해서 동일성에 도달하는 것이다.**
인간은 상상력의 동물이기에 동시에 도그마의 동물이다. 생각
이 생멸하는(변화하는) 자연을 잡으려면 동일성(진리)을 바꾸지 않
으면 안 된다. 바로 그렇기 때문에 인간은 '가상의 동물'이다.
가상이 현실(現實, reality)이며, 시간과 공간도 가상이다. 인간은
상상계를 통해 현실계를 다스리는 상징적 동물이다.

—— 2

인간은 시간과 공간의 동물이다. 시간은 물질이다. 이는 공간
이 물질인 것과 같다. 시간과 공간이 있기 때문에 물질이 있다.

인간의 앎은 삶(우주적 삶)을 쪼개서 설명하는 것이다. 그래서 인간은 결국 삶의 전체 혹은 삶 자체를 죄다 설명할 수 없다. 죄다 설명할 수 없는 것이 존재이다. 앎은 삶의 부분일 수밖에 없고, 동일성을 추구하는 것이다.

——— 3

앎은 부정될 수 있는 것이지만 삶은 부정될 수 없는 것이다. 예컨대 어머니에게서 태어남은 부정될 수 없다. 설사 내가 그 태어남을 부정한다 하더라도 그렇게 부정할 수 있는 것조차 이미 태어났기 때문에 부정할 수 있는 것이다. 앎에는 긍정의 의미와 함께 부정의 의미가 동시에 있다. 앎이 삶을 죄다 설명할 수 없는 것이 삶과 존재의 신비(神祕)이며, 신비야말로 신(神, god)이다. 신은 논리적으로 설명할 수 있는 존재가 아니다.

——— 4

신은 그것 자체가 운(運, 運命, fortune)이며, 행운(good, 幸運)인 동시에 불운(不運, misfortune, bad)이다. 삶과 앎의 접점은 결국 자문자답(自問自答)이다. 존재는 스스로 묻고 스스로 답한다. 존재는 존재이다. 이는 신(神)이 "나는 나다."라고 하는 것과 같다.

≪ 007 ≫

춤추는 우주, 음악과 책, 그리고 여자

—— *1*

음악은 춤(dance)이며, 책(text)이다. 음악은 눈에 보이지 않는 책이고, 책은 눈에 보이는 음악이다. 그렇지만 음악은 또한 추상이 아니고 구체이며, 책은 또한 구체가 아니고 추상이다. 음악은 그러한 점에서 존재와 현상을 넘나드는 이중적 조형의 상징이다. 음악은 신체적 존재의 동적인 조형미이다. 시각은 봄에 따라 구성(시공간 속에서)할 수밖에 없고, 청각은 들음에 따라 공명할 수밖에 없다.

—— *2*

시각적으로 존재의 근원을 탐색하면 선험적·초월적·지향적·객관적이 될 수밖에 없다. 시각은 현상과 언어의 합작이다. 청각적으로 존재의 근원을 탐색하면 공명적·내재적·직관적·주관적일 수밖에 없다. 청각은 존재와 감동의 합작이다. 시각은 결국 실체(입자)를 추구할 수밖에 없고, 청각은 소리(파동)를 추구할 수밖에 없다. 결국 시각과 청각은 교차할 수밖에 없다. 그래서 관음(觀音)과 견성(見性)이 있다.

—— 3

음악은 청각과 시각 사이에 있다. 음악은 신체와 머리 사이에 있다. 이는 시가 운율과 이미지 사이에 있는 것과 같다. 서양사 람들은 '소리'를 '음악'으로 생각하거나 '음악'을 '소리'라고 생 각한다. 이는 니체(Friedrich Wilhelm Nietzsche: 1844~1900)의 『음 악의 정신으로부터 비극의 탄생』에서도 잘 드러난다. **음악은 자연의 소리에 이미 이성(logos) 혹은 조형성(造形性)이 들어간 것 이다. 서양사람들은 또한 '소리' 혹은 '빛'을 '이성'이라고 생각 하기도 한다. 그런 점에서 자연을 존재가 아닌 사물(thing) 혹은 논리(logic)로 생각하는 사람들이다. 소리는 이성이 아니다. 소리 는 실체가 없는, 생멸하는 존재의 상징이다.**

—— 4

시각과 언어는 존재의 산물이지만 존재를 대상화하고 존재를 소유하고자 한다. 이는 마치 여자에게서 태어난 남자(아들)가 여 자(어머니)를 대상화하고 소유하고자 욕망하는 것과 같다. 이는 또한 자연에서 태어난 인간이 자연을 대상화하고 소유하고자 하는 것과 같다. 존재(자연)와 인간(문명)은 모순율(동일률)을 지닐 수밖에 없다. 인간의 뇌는 자연의 산물이지만 자연을 대상화하고 소유하고자 한다. 인간자체가 바로 모순의 산물이다. 인간은 생멸과 생명을 소유하고 다스리고자 한다. 이것이 바로 비극이다. '음악의 정신으로부터 비극의 탄생'이 아니라 '언어의 존재로부터 비극의 탄생'이라고 해야 보다 근본적인 것에 다다른 것이다. 음악은 생명 그 자체이며, 그 생명력은 신화와 신과 신비를 향한 인간의 상상력을 불러일으킨다. 그런 점에서 음악은 존재 그 자체로의 귀향의 의미를 내포하게 된다. 이에 비해 힘(권력)은 처음부터 모순의 산물이다. 부분이 전체를 대상화하고 소유하고자 하는 것이기 때문이다. 니체의 '힘에의 의지'는 그러한 점에서 전체를 하나의 진리(거대이론)로 설명하고자 하는 총체적 환원주의의 절정이다.

5

음악은 소리와 책(언어) 사이에 있다. 그렇지만 책은 이미 죽은 것이다. 죽은 책을 살리는 것은 살아있는 사람이다. 부활은 죽은 자가 다시 살아나는 것이 아니라 죽은 자가 산 자에 의해 다시 살아나는 것이다. 이것이 춤추는 우주이다. 춤추라. 그대는 이미 우주와 하나가 되었다. 모든 책은 죽은 책이다. 모든 삶은 살아있는 춤이다. 음악은 춤으로의 충실한 안내자이다.

—— 6

죽은 책을 살리려면 춤을 춰라. 그래서 예부터 무당(巫堂)을 지무(知舞)라고 하였다. 살아있는 무당이란 '지금(至今)의 춤'을 추는 자이다. 지금의 춤을 추려면 온고지신(溫故知新), 지신온고(知新溫故)하여야 한다. 온몸으로 춤을 추는 자를 상무(上巫), 즉 샤먼 킹(shaman-king)이라고 한다. 샤먼 킹이 되려면 모름지기 만물의 사이에서 만왕만래(萬往萬來)하여야 한다. 만왕만래하는 자만이 만왕(萬王)이 된다.

텍스트(text) 아래에는 콘텍스트(context)가 있다. 콘텍스트는 기운생동이다. 기운생동의 신(神)만이 현재에 살아있는 신이다. 니체는 '음악의 정신으로부터 비극(悲劇)의 탄생'을 썼다. 진정으로 깨달은 자가 있다면 비극이 아니라 '마음의 소리로부터 자비(慈悲)의 탄생'을 쓰리라. 음악의 정신은 비극으로 사람을 일깨우지만 마음의 소리는 자비로 평화를 일깨운다.

—— 7

여자는 남자에게 음악과 같은 존재이다. 여자는 철학을 좋아하지 않고 음악(노래와 춤)을 좋아한다. 여자는 책의 표면(surface)을 좋아하지 않고, 얼굴의 표면(face)을 좋아하고 화장을 좋아한다. 여자는 자손을 번식시켜주지만 때로는 남자에게 위험한 존재이다. 여자는 어머니이면서 동시에 음녀(淫女)가 될 수 있기 때문이다. 여자는 게임을 좋아하지 않고, 드라마를 좋아한다. 여자는 추상을 좋아하지 않고 구체를 좋아한다. 여자는 개념을 좋아하지 않고, 신체를 좋아한다. 여자는 메시지(message)를 좋아하지 않고, 마사지(massage)를 좋아한다. 여자가 출산을 좋아하는 것은 신체적 존재로서의 면모를 십분 발휘하는 것이다. 여자는 실속(알맹이) 있는 존재이다. 존재는 신체적 존재의 길고 긴 행렬이다.

—— 8

옛 우리조상의 축제 가운데 예(濊)의 '무천(舞天)'과 부여(夫餘)의 '영고(迎鼓)'라는 것이 있다. 무천은 글자그대로 하늘과 더불어 춤추는 것을 상징하는 축제이다. 영고도 북소리를 맞이함으로써 시작되는 축제를 의미한다. 북소리는 우주적 공명을 의미한다. 무천과 영고만큼 축제의 의미를 단적으로 표현하는 축제는 없다.

≪ 008 ≫

북두칠성은 북두칠성을 모른다

―― *1*

북두칠성은 자신이 북두칠성인 줄 모른다. 북두칠성의 일곱 별은 각자 멀리 떨어져 스스로 빛나고 있다. 북두칠성이라는 이름은 서로 다른 별들 사이(관계)를 인간이 붙인 이름이다. 성인은 자신이 성인인 줄을 모른다. 인간이 붙인 이름이 성인이다. 존재는 자신이 존재인 줄을 모른다. 인간이 붙인 이름이 존재이다. 존재는 모르기 때문에 존재이다. 무엇을 안다는 것(앎)은 존재의 전체성인 무(無)에 이르지 못한다. 존재는 삶이고, 살기 때문에, 삶의 사건이기 때문에 존재이다. 북두칠성은 북극성을 중심으로 돌고 도는 인간의 하늘시계였으며, 인생항해의 나침판이었다.

―― *2*

모든 진리는 환원적인 것이다. 진리는 환원적이기 때문에 진리이다. 인간은 자연을 진리로 환원시키는 언어놀이의 장인이다. 그렇다면 존재는 환원적인 것이 아니다. 존재는 환원적이 아니기 때문에 진리가 아니다. "존재는 진리가 아니다." 존재를 환원적인 것으로 보는 것이 현상학이고, 존재를 존재로 되돌려주는 것이 존재론이다. 존재는 철학(언어)도 아니고, 역사(존재사)도 아니다.

—— 3

논리적으로 환원된다는 것과 역사적으로 소급한다는 것은 서로 다른 것이다. 논리적 환원은 과학을 위해 필요하지만 역사적 소급은 역사의 나아감에 위배되는 것이다. 만약 역사가 소급된다면 어떤 역사도 정의와 정당성을 상실하고 말 것이다. 논리는 환원을 위해 결과를 원인으로 바꾼 것이고, 소급은 권력경쟁을 위해 현재를 과거와 바꾼 역사적 퇴행이다.

삶의 철학, 앎의 철학

―― 1

철학은 크게 '삶의 철학'과 '앎의 철학'으로 나눌 수 있다. 그동안 서양철학은 '앎의 철학' 위주였다. 필로소피(philosophy), 즉 애지(愛知)의 뜻에서 알 수 있듯이 앎의 철학은 이성을 중심으로 진위(眞僞), 선악(善惡), 정의부정의(正義不正義)를 가리는 것을 중요하게 다루고 있다. 따라서 진선미(眞善美)와 도덕을 추구하였다. 앎의 철학은 대체로 자신을 진선미의 입장에 놓고 남(적)을 그것의 반대에 놓음으로써 자신을 합리화하고 정당화한다. 앎의 철학은 그것을 구성하는 논리체계를 이해하는 것이 철학이해에 필수요소이다. 앎의 철학은 주체-대상의 이분법을 기초로 사물과 사건을 이해하고, 동일성(실체성, 정체성)을 추구하는 것을 목표로 하고 있다.

이에 비해 삶의 철학은 삶 자체를 목표로 하는 철학이다. 삶의 철학은 자연스럽게 인간의 신체(몸, 마음)와 감정을 중시하는 것과 함께 모든 존재의 '존재방식'이라 할 수 있는 도(道)를 추구한다. **삶의 철학은 존재 자체를 중시하고, 주어진 삶을 긍정하고 사랑하는 태도를 가지게 한다. 삶의 철학은 진선미보다는 신체에 가까운 것을 중심으로 미선진(美善眞)을 중시하는 경향을 보인다.** 삶의 철학은 인간의 욕망과 무의식을 중시하는 경향을 보이고 있는데, 필자는 욕망을 '신체의 이성', 이성을 '대뇌의 욕망'이라고까지 말했다.

동양은 본래 자연의 변화에 순응하는 삶이라고 할 수 있는 도학(道學)을 위주로 하였지만, 서양철학은 과학에 학문의 중심자리를 내주는 것과 함께 니체와 하이데거의 후기근대에 와서 본격적으로 삶의 철학을 중시하게 되었다. 니체의 삶을 긍정하는 운명애(運命愛)는 바로 삶의 철학으로의 전환점이었으며, 하이데거의 존재론에 이르러서 그 절정에 도달하였다고 할 수 있다. 특히 니체는 앎의 철학과 삶의 철학의 경계선상에서 실존적 고민을 한 철학자라고 할 수 있다. 니체의 '선악을 넘어서' '권력에의 의지' 등은 그것을 드러내는 좋은 주제들이라고 할 수 있다.

———— *2*

현상학은 서양철학의 전부이다. 독일의 철학자 니체의 생기존재론이나 영원회귀(eternal recurrence)사상·초인사상, 하이데

거(Martin Heidegger: 1889~1976)의 존재론이나 기원(origin)사상
도 결국 현상학에 지나지 않는다. 니체와 하이데거는 현상학의
언덕에서 그 맞은편에 있는 존재(본래존재, 자연)를 바라보았을 뿐
이다. 하이데거는 도(道)를 바라보았지만 자연(自然)에 이르지는
못했다. 니체는 존재(생기존재)를 바라보았지만 차안으로 돌아와
'힘(權力)과 초인(超人)'을 동경했다. 하이데거는 개인의 죽음을 기
독교의 종말론에 비유하면서 존재론철학과 개인존재사를 열었
으며, 실존적 입장에서 피안을 동경하고 '신적(神的)인 세계'를
동경하였다. 니체는 "신은 죽었다."고 선언했지만 불교를 '수동
적(受動的) 허무주의'라고 폄하했다.

니체의 진리가 '권력의 진리'라면 하이데거의 진리는 '존재의
진리'라고 말할 수 있다. 그렇지만 이들은 여전히 기독교의 신
(神)과 완전히 결별하지 못해 만물만신(萬物萬神)의 존재론에 이르
지 못했다. 하이데거는 기독교의 최초의 원인(first cause) 대신에
기원(origin)을 동경했고, 니체는 영원회귀(eternal recurrence)를
동경했다. 니체의 '영원회귀'는 하이데거에 이르러 '기원'으로
변했고, '운명애'는 '존재'로 변했다. 운명애는 존재 자체를 긍
정하는 삶의 태도이다.

———— 3

현상학은 서양의 철학이고, 기독교는 종교의 현상학이다. 니

체와 하이데거는 불교를 접했지만, 니체는 불교의 무(無)를 허무(虛無)로 보았고, 윤회(輪廻)를 영원회귀(永遠回歸)로 보았다. 하이데거는 불교의 무(無)를 존재(Sein)로, 혹은 도(道, Weg)로 보았다. 니체는 하이데거의 현상학이고, 하이데거는 니체의 존재론이다. 하이데거는 기분(Stimmung), 혹은 습기(習氣, Bestimmtheit, Gestimmtheit)에 대해서는 잘 알고 있었지만 생기(生氣, 氣運生動)에 대해서는 이해가 부족하였다.

—— 4

니체는 철학의 심리학, 심리학적 철학을 열었다는 점에서 후기근대철학의 시조이다. 서양철학에 니체의 심리학이 있음으로 해서 동양의 심학(心學)이나 물학(物學)으로 들어올 수 있는 통로를 개척한 셈이다. 심리학은 마음(정신)을 밖에서 물질(대상, 사물)처럼 관찰(觀察)하는 것이라면 심학은 마음을 안에서 내관(內觀, 內省)하는 것이다. 불교의 견성(見性)이라는 것은 내관의 산물이다. 심학과 심리학의 차이는 물학과 물리학의 차이와 같은 것이다. 물학이 내관의 산물이라면 물리학은 관찰의 산물이다. 그런 점에서 심학과 물학은 같은 것이다. 니체가 니체-예수 혹은 니체-부처가 되지 못하는 것은 그가 심리학적 철학과 생리학적 철학에 머물렀기 때문이다.

　독일의 관념론(Idealism, Idea)을 존재론(Ontology, Being)으로 바
꾼 하이데거는 불교의 유식학이나 화엄학에 대한 깊은 이해가
있었지만 서양철학의 족쇄를 벗어나지 못했다. 하이데거는 '생
멸'을 '존재'라는 말 속에 집어넣기 위해 온갖 철학적 노력을 다
한 인물이다. 그의 존재론은 불교에 대한 이해를 서양철학적 전
통에서 새로운 용어로 쓴 것이다. 니체의 생기존재론과 하이데
거의 존재론은 관념론적 전통(독일)의 철학자가 불교를 해석한
현상학에 불과하다.

　영국의 철학자이며 수학자인 화이트헤드(Whitehead, Alfred
North: 1861~1947)의 과정(process)과 실재(reality)도 경험론적 전
통(영국)의 철학자가 불교를 해석한 현상학에 불과하다. 화이트
헤드의 '초월적 주체-영원한 객체(eternal object)'는 니체의 '초
인-영원회귀(eternal recurrence)'나 하이데거의 '존재(Being)-존재
자(beings)'의 영국 경험론적 변종이다.

　프랑스 철학자 샤르트르(Sartre, Jean Paul: 1905~1980)는 하이
데거의 영향을 받았으면서도 프랑스의 현상학적 전통에 따라
"실존(existence)은 본질(essence)에 앞선다."고 함으로써 하이데
거의 존재론을 현상학적으로 옮겨놓고 말았다. 하이데거의 존

재론은 플라톤의 이데아(idea) 혹은 본질(essence)을 존재(Sein, Being, existence)로 바꾼(대체한) 것이다. 하이데거의 존재는 현상을 감싸는, 혹은 현상의 바탕이 되는 자연을 의미한다. 그래서 하이데거의 무(無)와 샤르트르의 '무'는 다른 것일 뿐만 아니라 정반대이다. 하이데거의 존재(Being)는 내재성이고, 샤르트르의 실존(Existence)은 외재성(초월성)이다. 둘은 같은 의미로 사용되기도 하지만 다르다.

샤르트르는 즉자(卽自)인 자연, 즉 존재를 가장 혐오한 인물이다. 샤르트르는 설명되지 못하는 존재에 대해 구토(嘔吐)를 할 정도로 반(反)자연적인 철학자였다. 즉자(卽自)인 자연을 그토록 싫어했으니 그가 '존재불임의 철학자'가 된 것은 당연하다.

—— 7

니체의 '생기존재론과 운명애'든, 하이데거의 '현사실적 삶과 존재론'이든, 서양의 '부정의 철학'이든, 기독교의 '부정의 신학'이든 현재(지금, 여기)의 삶을 긍정하는 '긍정의 철학' '긍정의 신학'으로 옮겨오고, 다시 '삶의 철학'과 '삶의 신학', 즉 '동양의 자연주의와 도학'으로 넘어오지 않으면 과학기술문명의 폐해에서 인류는 벗어날 수 없다. 니체와 하이데거는 서양문명이라는 풍토(조건) 속에서 정도의 차이는 있지만 '현세의 삶을 부정하는 기독교'와 '자연과학을 자연으로 생각하는 서양문명'에 대해 경고를 하고 있다. 즉 서양이 근대에 이룩한 근대문명을 부정함으로써 후기근대를 지향하고 있다.

—— 8

화이트헤드의 초월적 주체와 영원한 대상, 샤르트르의 자유와 실존주의("실존은 본질에 앞선다.")도 서양문명의 이성주의에 대한 전면적인 반성은 하고 있지 않지만 서양문명의 현상학적인 패러다임을 벗어나기 위한 이성적인 노력을 병행한 인물이다. 이들은 이성주의를 극단적으로 실천함으로써 그 경계선상에서 반이성주의를 엿보이고 있다. 서양문명의 이성주의와 과학주의와 산업주의의 종착역은 어쩌면 인류공멸일지도 모른다.

—— 9

철학은 추상이다. 인간 대뇌의 산물인 철학은 결국 추상과 기계로 수렴될 수밖에 없다. 이에 비해 존재는 구체이고, 생명(생멸)이다. 이제 구체의 세계, 존재의 세계를 향하는 철학은 논리적 언어, 수학적 언어, 기계적 언어와 싸워야 하는 일상(생활) 언어, 은유적 언어, 상징적 언어의 대반란이다. 이것은 대뇌중심으로 전개된 서양철학에 대한 신체(몸과 마음)의 대반란이다.

여성, 몸, 디오니소스, 귀의 철학

──── 1

인간은 설명하기 전에 이야기하고자 한다. 신화가 철학과 예술보다 앞서는 이유이다. 서양문명을 신화-철학, 시-예술의 입장에서 종합할 수 있다. 이것은 충분히 동양의 음양론으로 설명할 수 있다. 서양문명은 양(陽)-양(量)이라면, 동양문명은 음(陰)-음(音)으로 설명할 수 있다. 서양은 현상(표상, 대상)-환유(지시, 설명)의 문명이라면 동양은 존재-은유(상징, 비유)의 문명이다. 전자는 과학에서 문명의 절정에 이르고, 후자는 시(詩)에서 문명의 절정에 이른다.

──── 2

필자가 니체에게 한 수 가르쳐준다면 디오니소스는 여성의 은유라는 점이다. 아폴론은 남성이고, 남성의 운명이다. 디오니소스는 여성이고, 여성의 운명이다. 아폴론은 마음(주체)이고, 디오니소스는 몸(신체)이다. 아폴론은 남성적인 것의 총체라면, 디오니소스는 여성적인 것의 총체이다. 니체는 고대에 철학(logos)이 신화(mythos)에서 출발했으며, 중세에 종교(religion)를 거쳐 근대에 이르러 과학(science)으로 변신했음을 깨닫게 해준다. 오늘날 철학의 핵심은 '권력' 혹은 '힘'임을 인정하지 않을 수 없다.

—— 3

서양철학은 남성의 철학이고, 남성의 철학은 '눈의 철학'이다. 서양철학만을 안다면 '눈의 철학'만을 아는 셈이 된다. 이에 반해 동양철학은 여성의 철학이고, 여성의 철학은 '귀의 철학'이다. 동양은 일찍이 자연(우주)과 하나가 되는(조화를 이루는) 신체(신체적 존재)를 중시했다. 신체에는 마치 자연(우주)의 소리를 듣는 귀가 있는 것처럼 여겼다. 신체는 자연과 공명하는 존재였다. 동양의 철학은 그런 점에서 도학(道學)이라고 말할 수 있다. 철학은 수컷이 되는 것이고, 도학은 암컷이 되는 것이다. 수컷과 암컷은 항상 서로 보완되어야 생명을 함께 할 수 있다.

동양철학이 여성철학인 것은 여성이 귀에 민감한 것과 통한다. 여성은 청각(귀)과 촉각(신체)에 민감하고 이들 감각은 서로 긴밀하게 통한다. 남성은 시각(눈)과 미각(혀)과 후각(코)에 민감하고 이들 감각은 서로 긴밀하게 통한다. 남성이 눈으로 보기에 아름답고 향기로운 여성에게 욕망을 느끼는 것은 이 때문이다.
여성이 귀에 속삭이는 말과 신체를 부드럽게 해주는 남성에게
이끌리는 것은 이 때문이다.

신화- 성격	예술- 조형성	철학- 사유·존재	권력- 자연	이성- 감성	음양론
아폴론/ 햄릿	조형- 질서 (미술·건축)	의식- 현상학 (앎-눈-철학)	권력- 남성성 (공장-생산)	대뇌- 이성 (시공간)	서양문명: 양(陽)- 양(量)
디오니 소스/ 돈키호테	비조형- 혼돈 (음악)	무의식- 존재론 (삶-귀-도학)	자연- 여성성 (자궁 재생산)	신체- 감성 (신체존재)	동양문명: 음(陰)- 음(音)

—— *4*

신체의 살갗은 온몸에 붙은 귀다. 살갗은 세계의 진동과 소리
를 흡수하여 온몸에 전달한다. 살갗은 세계가 신체적 존재임을
깨닫게 해주는 영매(靈媒)이다.

—— *5*

여성은 신체적 존재이다. 여성은 생활의 주인이다. 여성의 철
학은 생활의 철학이다. 생활의 철학에 가장 민감한 계층(계급)은
백성(시민, 국민, 민중)이다. 여성은 민중과 통한다.

악과 부정의, 그리고 평화에 대하여

—— 1

　선과 악, 정의와 부정의가 있는 것이 아니라 적이 악이고 적이 부정의이다. 따라서 전쟁은 저마다 자신의 선과 정의를 가지고 남(敵)의 선과 정의와 싸우는 것이다. 나의 선과 정의를 버릴 때 남의 악과 부정의도 없어진다. 싸우는 것이 악이고 부정의이다. 싸우지 않는 것, 평화만이 선이고, 정의이다. 평화의 가장 확실한 모델은 갓난아이에게 젖을 주는 어머니의 자애로운 모습이다. 그러나 역사는 평화를 그냥 내버려두지 않는다.

—— 2

　역사는 모자지간(母子之間)의 법에 의해 운영되는 것이 아니라 부자지간(父子之間)의 법에 의해 운영되기 때문이다. 가부장-국가 사회의 역사 속에는 항상 갈등과 전쟁의 씨앗(의미)이 숨어있다. 전쟁 속에는 인류종말의 프로그램이 내장되어 있다. 그런 점에서 평화는 인류종말을 지연시키는 지혜이다.

───── *3*

　평화를 인류문명의 차원에서 보면 서양(유럽)기독교문명은 '신들의 전쟁'의 문명이다. 이에 비해 동양(동아시아)신선문명은 '신들의 평화'의 문명이다. 이 양자의 사이에 인도불교문명이 있다. 불교문명은 언어적으로 인도유럽어문명권과 한자문명권이 교차하는 지점에 있음으로써 양 문명의 교류와 번역(소통)을 담당하였다고 볼 수 있다. 불교가 한자문명권으로 번역된 격의불교(格義佛敎: 중국의 魏晉남북조시대 3세기 초에서 6세기 말까지 불교의 空사상을 노장의 無로 번역한 불교를 격의불교라고 한다)와 불교가 유대문명권으로 전달된 예수기독교사건(서력기원전후)은 그 대표적인 사례이다.

───── *4*

　'신들의 전쟁'의 문명은 전쟁(패권경쟁)을 통해 패권자(승리자)가 나오면 '역사적(현상학적) 평화'가 이루어진다고 한다. 패권은 말로 하는 것이 아니라 행동으로 하는 것이다. 이에 비해 '신들의 평화'의 문명은 무위자연(無爲自然)을 통해 '마음의(존재론적) 평화'를 달성한다고 생각한다. 따라서 기독교문명이 불교문명을 배우고, 다시 동양의 신선문명을 배워야 진정한 마음의 평화가 이루어진다고 할 수 있다.

<< 012 >>

자연만이 본래존재이다

―― *1*

인간은 궁극적으로 스스로를 볼 수 없다. 밖을 바라보는 눈(眼)과 달리 안을 성찰하는 내성(內省)이 있긴 하지만 그것도 불완전하다. 그래서 인간은 타자(대상)를 보고 스스로를 조금 이해할 수 있을 뿐이다. 타자를 바라보는 것은 결국 자기를 바라보는 것이다. 자기를 바라보는 것은 결국 타자를 바라보는 것이다. 인간이 세계에서 파악하고 이해한 것은 이미 현상이다. 현상학은 의식학(유식학)이고, 마음이 작용한 결과이다. 인간의 의식은 실재로 다른 이유(혹은 복합적 이유)로 한 행동을 사후에 정교하게 합리화시킨 것일 뿐이다. 세계는 하나의 원인에 하나의 결과를 말하는 인과관계(一因一果)가 아니라 일인다과(一因多果), 다인일과(多因一果), 그리고 다인다과(多因多果)일 수도 있다. 그럼에도 불구하고 과학은 하나의 인과를 고집하는 경향이 있다. 그러나 존재론에 이르면 세계는 심즉물(心卽物)이다. 심물은 심물존재, 심물

자연이다. 존재는 그것 자체이다. 인간은 그것 자체를 알 수 없다. 존재는 그것 자체(자신)를 살 뿐이다. 인간은 존재를 현상으로 해석하며 살아가는 동물이다.

———— 2

　현상학이라는 것은 이원대립적인 세계를 설정하고 각각을 실체화한 뒤 어느 한쪽을 변증법적으로 끝없이 추구하는 것이다. 현상학은 정반합의 통합(통일)을 위해서 항상 새로운 초월적 사유의 평면을 요구한다. 그렇지만 세계가 이원대립적으로 있는지는 알 수 없다. 만약 세계(존재)가 일원적이라면 현상학은 동일성(모순율, 배중률, 충족이유율)의 모순과 이율배반에 지나지 않는다. 세계전체로서의 하나는 '동일성의 하나'가 아니다. 존재는 이유가 아니다. 동일률과 모순율과 배중률과 충족이유율은 처음부터 인간의 공작이다.

———— 3

　현상학적인 인간은 결국 이원대립적인 세계의 동일성(同一性)을 넘어 동거적(同居的)이고 동시적(同時的)인 세계에 들어가야 존재(본래존재)의 진면목을 볼 수 있다. 동거와 동시에도 현상 안의 것이 있고, 현상과 존재 사이의 것도 있다. 동거와 동시의 세계를 느끼는 자만이 '하나로 공명하는 우주'를 알 수 있다. 공명하는 우주에서는 시간과 공간이 없이 모두가 하나(본래하나)이다. 본래하나인 본래존재의 세계는 공(空)의 세계 혹은 수학적으로는 공집합(空集合)의 세계, 무(無)의 세계 혹은 무위(無爲)의 세계, 중도(中道)의 세계이다. 중도의 세계는 '중간=사이'의 의미가 아니라 공(空)의 의미이다. 여기에 들어가는 자만이 자력구원이 될 수 있다.

——— 4

현상학은 '이원대립'에서 출발하기 때문에 끝없는 부정의 변증법을 통해 새로운 통합(통일)으로 나아갈 수밖에 없지만 불교는 이원성(dualism)을 이중성(애매모호성)으로 보기 때문에 불일이불이(不一而不二)를 존재의 진면목으로 본다. 불교의 불이론(不二論)은 동양의 다른 도(道)와 마찬가지로 '중도(中道)'가 목표가 되지 않을 수 없다. 동양의 도는 그 이름이 무엇이든, 결국 자연으로 돌아가는 것(자연적 존재)이 목표이다. 자연만이 본래존재다. 자연의 봄·여름·가을·겨울은 변하면서 항상성(consistence)을 유지한다.

선험, 초월, 지향
― 현상학적 지평의 이름들

—— 1

선험성과 초월성과 지향성은 결국 현상학적 지평에 있다는 점에서 같다. 이들은 하나의 지평선 위에 있다. 선험은 초월이고 초월은 지향이다. 칸트의 이성철학이 순수이성을 기초로 한 '초월철학(초월적 관념론)'이고, 후설의 현상학이 순수의식을 기초로 한 '초월의 현상학'인 것은 현상학의 시종이다. 순수이성이나 순수의식의 현상학적 지평선 너머(아래)에 존재가 있다. 이 지평선을 넘어가면 존재 자체, 본래존재에 도달하게 된다. 이 지평선에서 이중성의 접점을 발견하면 모든 이원대립적인 것을 무화시키는 것은 물론이고, 본래존재에 도달하는 길이 열린다.

—— 2

칸트 비판철학의 선험적 종합론은 결국 선험적-분석적, 경험적-종합적이라는 철학의 인식론을 통합한 것인데 이러한 통합이라는 것도 결국 '의식학'으로서의 현상학을 벗어나지는 못하는 것이다. 마찬가지로 선험적 종합론도 광의적으로 독단론 혹은 회의론의 어느 한 쪽에 있거나 양자 사이를 왕래하는 수밖에 다른 도리가 없다. 이것이 바로 현상학이다. 서양철학과 현상학의 공식은 다음과 같다.

인식=선험=초월=이성(언어)=지향(의식)=욕망(무의식)=무한대
정신(언어/구문)=정신분열=주체-대상=초월적 주체-영원한 대상

——— 3

본래존재에 도달하는 것은 현상을 극복(克服)하고 생멸하는 자연을 긍정하는 것이다. 세계는 동일율과 모순율과 배중율과 이율배반(二律背反)의 세계가 아니라 '동시성(同時性)-동거성(同居性)'으로 이루어진 '하나의 세계'이다. 초월적(meta-) 사고는 철학의 기본이다. 초월적 사고는 현재의 무엇을 '넘어가는 사고'이다. 넘어가기 때문에 초월이라고 하는 것이다. 니체의 초인(Übermensch, Overman)은 초월적 인간의 한 극점이다. 초인은 현상학적 인간의 완성이다.

——— 4

초월은 인간이 만든 것이다. 초월적 관념이든 초월적 존재이

든 모두 인위(人爲)와 유위(有爲)의 소산이다. 인간이 시간과 공간에 매이는 역사현상학적 존재자라는 점에서 인위와 유위는 피할 수 없지만 모든 존재는 동등한 존재라는 것을 아는 것이 존재의 본향으로 돌아가는 거룩한 철학적 여행(순례)의 귀착점이다. 현상학의 선험-초월-지향(권력)은 결국 역사적이고 지배적이고 권력적인 성격을 피할 수 없다. 이와 반대로 존재론의 내재-평등-평화(해탈)는 실존적이고 탈(비)지배적이고 탈(비)권력적인 성격을 갖는다.

———— 5

성인(聖人)뿐만 아니라 모든 존재는 언어로 규정될 수 없다. 바로 언어로 규정될 수 없다는 점에서 모든 존재는 성인을 내장하고 있다. 이는 여래장사상(如來藏思想)과 같다.

≪ 014 ≫

존재와 4T(Thing-Time-Text-Technology)의
굴레

— *1*

서양 사람들은 존재(Being)를 으레 사물(Thing)로 받아들인다. 왜냐하면 그들은 눈으로 존재를 파악하기 때문이다. 눈에 보이지 않으면 그들은 없다(nothing)고 생각한다. 그들의 이러한 존재에 대한 착각은 플라톤과 기독교의 세계관에 닿고, 아래로는 과학에 이른다. 똑같은 이치로 서양사람들은 자연을 자연과학으로 받아들인다.

서양 사람들의 이러한 생각(Think, Thought)의 습관이나 굴레를 필자는 몇 해 전부터 아예 4T(Thing-Time-Text-Technology)로 표현해왔다. 4T는 결코 주체-대상화될 수 없는 존재(현성적·현존적 존재)의 굴레이며 감옥이다. 이러한 자신들의 착각을 어렴풋이 알아차린 인물이 바로 하이데거이다. 하이데거는 동양의 천부경과 불경, 특히 선불교에 조예가 깊었기 때문이다.

존재(Being)에 대한 서양 사람들의 집착과 애정은 참으로 병적인 측면이 있다. 독일의 철학자 하이데거는 '존재'라는 말을 포기하지 않기 위해 종래의 '존재'를 '존재자'로 바꾸었다. '존재'에는 동사적인 성격이 있고, '존재자'에는 명사적인 측면이 있다. 하이데거는 서양철학이 지금껏 '존재'라고 한 것이 '존재자(존재하는 짓)'였다고 주장했다. 하이데거는 '존재'를 '생성'으로 바꾸는 대신 '생성'을 '존재(Being, Sein)'라고 명명하면서 그 대신 종래의 '존재'를 '존재자(beings, seiendes)'라고 둔갑시켰던 것이다. 그러나 하이데거의 이러한 명명은 생성과 존재, 혹은 존재와 현상을 혼란스럽게 만들었고, 하이데거 자신도 문맥에 따라 혼동을 범하기도 했다.

하이데거는 이데아(idea, essence)에서 존재(being, existence)로 넘어오기는 했지만 이데아와 완전히 결별하지는 못했다. 그의 '존재' 속에는 이데아적인 고정불변의 요소가 남아있다. 그래서 그는 후기에 시적 은유(隱喩)를 통해 존재에 도달하려고 애를 썼다. 서양철학은 '생성(becoming)'을 '존재(Being)'로 둔갑(도치)시킨 말놀이에 지나지 않는다. 생성을 아무리 존재로 둔갑시켜도 생성과 존재를 둘로 나누는 한(형이상학적 이분법을 유지하는 한), 존재는 생성이 될 수 없다. 말로 이루어진 것은 존재가 아니다.

존재는 존재 자체를 설명하지 못한다. 그렇지만 존재는 시작
(원인)-끝(결과)을 동시에 잡고 있는 꼬리를 물고 있는 뱀과 같다.
그래서 존재는 존재하는 모든 것이다. 존재는 부분이면서 전체
이다. 이것이 존재의 비밀이다. 존재는 설명하고자 하면 이미
존재가 아니다(존재자이다). 그렇지만 존재를 깨달으면 순간과 영
원이 함께 있고, 부분과 전체가 왕래하는(뒤섞이는) 혼돈이 된다.
깨달은 자는 존재와 존재자의 경계에 서 있기 때문이다.

——— 4

서양철학은 이데아(idea)를 사물의 본질(essence)이라고 생각
하고, 본질을 처음으로 현상화했다. 이것은 일종의 이데아현상
학이다. 그러나 플라톤의 이데아는 생성을 이데아로 혼돈한(왜
곡한) 사건이었다. 서양철학체계가 생성(생멸)을 이해한다는 것
은 참으로 지난한 일이다. 서양철학의 이데아와 기독교의 신(神)
과 자연과학은 본래존재가 아니다. 인류문명에 있어 이데아 혹
은 절대유일신의 발명은 세계의 이분화(창조주-피조물)를 의미하
며, 이것은 자기기만을 생존의 도구로 선택한 인간의 자연선택
의 극치인지도 모른다. 다른 동식물은 생존을 위해 남(다른 종)을
속이는 수법(보호색)을 종종 선택하기는 했지만 인간처럼 자기를
속이는 지혜를 선택하지는 않았다. 그런데 인간만은 무제약적

인 영혼(주관적 무제약자)·세계전체(객관적 무제약자)·신(주객포괄적 무제약자) 등을 발명함으로써 세계를 다스리는 데에 성공했던 것이다.

———— 5

세계의 이분화는 끝없는 세계에의 투쟁(경쟁)을 의미한다. 서양철학은 나(남)의 생멸(生滅)은 보지 않고, 남(나)의 생사(生死)만 바라보니 깨달을 수 없다. 생사는 생멸(존재)의 현상학에 지나지 않는다. 철학은 '존재(존재자)'에서 '생성(존재)'으로 돌아갈 수 없다. 철학은 결국 생존을 위한 것이긴 하지만 '앎의 문제'이기 때문이다. 서양철학은 그래서 현상학이다. 존재론의 진면목은 나의 생멸이고, 나의 존재이다. 동학(東學)의 시천주(侍天主: 호울님·하늘님·한울님·하느님·하나님을 모심), 사인여천(事人如天: 사람을 섬기기를 하늘처럼 하라), 인내천(人乃天: 사람이 곧 하늘이다)사상은 이를 잘 말해주고 있다. 특히 이천식천(以天食天: 하늘이 하늘을 먹는다)의 사상은 이를 가장 적나라하게 말해주고 있다.

———— 6

모든 존재는 자기존재를 알 수 없다. 동시에 모든 존재는 다른 존재를 지각하지만 자기체계나 자기관점 안에서 상대를 알 뿐이다. 결국 모든 존재는 본래존재를 알 수 없다는 결론에 도달한다. 우리가 아는 것은 현상학적인 존재일 뿐이고, 생성적인 존재는 알 수 없다. 생성적인 존재는 그냥 무시무종(無始無終)의 삶, 만물만신(萬物萬神)의 삶일 뿐이다. 무시무종, 만물만신이 존재의 진면목이다. 동양인에게는 생성(becoming)과 과정(process)이 있을 뿐이다. 그런 점에서 "존재는 진리가 아니다."

진리와 해체와 해탈은 다르다

진리와 해체와 해탈은 다르다

—— *1*

하이데거를 카피(copy)한 프랑스의 철학자 데리다는 하이데거가 '생성'을 '존재'라고 한 것과 유사하게 '생성'을 '해체'라는 말로 오역하기 시작했다. 데리다는 기존의 철학을 극복하기 위한 방법론으로 하이데거가 제안한 '해체(destruction)'라는 용어를 잘못 적용하여 '해체'를 목적으로 하는 '해체주의(deconstructionism)'를 만들어냈다. 해체는 구성된 것을 해체하는 것이지 구성되지 않은 것을 해체할 수 없다.

요컨대 구성되지 않는(생멸하는) 자연은 해체할 수 없는 것이다. 데리다는 '해체'라는 말을 마치 하이데거의 '존재'라는 말처럼 사용한다. 이것은 난센스이다. 존재는 해체될 수 없기 때문이다. 더욱이 해체는 알맹이가 없는 것으로 판명되었기 때문이다. 하이데거의 '존재'이든 데리다의 '해체'이든 생성(생멸)을 표현하기에는 역부족이다.

**해체와 해탈은 다르다. 해체는 어디까지나 구성된 것의 해체
인 반면 해탈은 구성자체를 넘어선, 혹은 구성이전의 본래존재
로의 귀의를 의미한다. 그러한 점에서 하나의 진리의 해체는 동
시에 다른 진리의 구성을 의미한다.** 보다 더 정확하게 말하자면
다른 진리가 암묵적으로라도 구성되어있지 않으면 기존의 진리
를 해체할 수 없다.

데리다의 해체주의(철학)는 구성주의와 대립되는 개념으로 서
양철학사에서는 의미가 있지만 구성주의를 배격하는 동양의 도
학, 특히 노장철학과 불교에서는 의미가 없다. 자연은 해체할
수 없는 것으로서 생멸하는 것이기 때문이다. 생멸을 해체할 수
는 없지 않은가! 따라서 해체주의는 구성주의의 다른 면으로서
구성주의에 포함되는 것이다.

해체란 서양철학사적으로 회의(데카르트)나 비판(칸트), 변증법
(헤겔)과 판단정지(후설)와 같은 것으로 말만 달리한 것이다. 진리
는 구성된 것이다. 진리는 또한 눈(eye)과 나(I)의 산물이다. 둘
다 영어로 발음이 같은 '아이'다. '아이'는 또한 한글로 '어린이'
를 말하는데 이는 이들 사이에 고도의 상징성(이중성)이 개재되
어있음을 시사하고 있다.

해탈은 다른 무엇을 구성하지 않는다. 해탈은 모든 구속(장애)에서 벗어나는 것이다. 진리는 존재를 잡은 것이고, 해탈은 잡은 존재를 놓는 것이다. 진리는 이분법(분별)에서 시작하여 그것을 관통하는 법칙을 찾는 것이라면 해탈은 법칙 이전에 존재하는 존재를 깨닫는 것이다. 진리는 현상의 산물이지만 해탈은 존재 그 자체로 돌아가는 것이다. 해탈은 진리로부터의 벗어남이고, 진리로부터의 해탈이다. 그래서 반야무지론(般若無知論)이고, 열반무명론(涅槃無名論)이다.

자연은 해체될 수 없다

—— 1

　자연은 생멸하는 전체일 뿐 해체되는 것은 아니다. 과학에서는 하나의 진리가 해체되어 다른 진리로 향하지만 그것이 자연으로 돌아가는 것은 아니다. 진리는 구성된 것이지만, 자연은 구성될 수도 없고, 따라서 해체될 수도 없는 생멸 그 자체이다. 자연과학은 자연을 자연과학(체계)으로 바라볼 뿐이다. 그러한 점에서 자연과학도 자연에 대한 하나의 해석학에 불과하다.

　대수학이든 기하학이든 하나의 해석이고 추상이다. 수학은 자연의 추상이다. 자연수는 실체(현상)를 의미하고, 분수(확률)는 존재를 의미한다. 무한대는 무의 현상학이고 무는 무한대의 존재론이다. 0, 1, ∞의 관계는 상관적이다. $1/\infty=0$이고, $\infty/\infty=1$이다. $\infty/1=\infty$이다.

—— *2*

흔히 0의 발견은 인도에서 이루어진 것처럼 알려져 있지만 동이족의 최고(最古)경전인 『천부경』의 상수학(象數學)을 보면 0을 전제하고 있었다고 볼 수 있다. 1수에서 9수까지를 말하고 있지만, 천부경의 무시무종(無始無終)의 사상이 바로 0을 의미하고 있다. 1이 유시유종(有始有終)의 현상학적 사유의 0이라면, 0은 무시무종의 존재론적 사유의 1이라고 볼 수 있다. 0(空)은 그것 자체가(구체적으로 무엇을 대상으로서 지칭하거나 지시하지 않더라도) 이미 물자체로서 '전체로서의 1'을 말하고 있다. 0은 무형의 1이고, 1은 유형의 0이다. 0 속에 1이 있고, 1 속에 0이 있다.

무형은 유형으로, 유형은 무형으로 왕래한다. 그래서 만왕만래(萬往萬來)이고, 용변부동본(用變無動本)이고, 본심본태양(本心本太陽)이고, 앙명인중천지일(昻明人中天地一)이다. 이것이 불교의 부진공론(不眞空論)이고, 진공묘유(眞空妙有)이고, 불일이불이(不一而不二)이다.

기계는 추상의 산물

―――― 1

자연과학은 구체를 다루는(다스리는) 추상이다. 그러한 점에서 기계는 구체가 아니라 추상이다. 인간이 기계를 구체적인 사물이라고 느끼는 까닭은 자신의 육체 때문이다. 신체적 존재로서의 인간은 자신의 생각(기억, 관념)으로 인해 자신과 자연의 살아있는 신체를 '육체(물질)'라고 생각하고, 존재를 사물 혹은 '죽은(정지한) 텍스트'로 생각한다. 기억과 기록에 매이는 한, 본래존재에 도달할 수 없다. 깨달음이란 기억과 생각, 시간과 공간에서 벗어나는 길이고, 일이고, 놀이이다.

―――― 2

생각(Think)-시간(Time)-사물(Thing)-텍스트(Text)-기술(Technology)은 모두 관념이고, 초월이고, 추상이다. 존재의 입장에서 보면 진리는 거짓말일 수 있다. 기술과 기계는 생각하는 동물인 인류문명의 가장 최근의 성과이다. 자유-자본주의든, 공산-사회주의든 과학기술에 의존하고 있다. 과학기술에 의존하는 세계는 그것을 어떻게 사용하느냐에 따라 전체주의로 갈 위험이 다분하다.

———— 3

자유-자본주의라고 하더라도 전체주의에서 자유로운 것은 아니다. 자유민주주의와 공산사회주의는 서로 자신의 선(善)과 정의(正義)를 주장하면서 싸우고 있지만 모두 '기계적 전체주의' 속으로 들어가고 있는지도 모른다. 인간의 대뇌와 보편성이라는 것이 지금까지 인류의 번영에 기여하였다면 앞으로는 그 반대로 인류의 멸망에 가담할지도 모른다.

≪ 018 ≫

진리는 의미의 아들, 존재는 신체의 딸

—— *1*

의미가 발생하지 않으면 진리는 존재할 수 없다. 그러한 점에서 진리는 의미(개념)의 연결에 지나지 않는다. 의미의 연결은 어디까지나 인간의 언어(기호)의 조합놀이이다. 말놀이에는 환유적 놀이와 은유적 놀이가 있는데 전자는 표상(현상, 능기)을 향하는 놀이이고, 후자는 존재(본질, 소기)를 향한 놀이이다.

—— *2*

철학과 과학은 표상의 놀이의 결과이고, 시와 예술은 존재의 놀이의 결과이다. 종교는 이러한 놀이의 대중적 향연을 위한 신학과 제의의 종합이다. **진리는 의미의 아들이고, 존재는 신체의 딸이다. 여자의 신체적 아름다움에 대한 욕망은 남자의 진리에 대한 욕망과 막상막하이다.** 여자는 거울로 얼굴을 보고, 남자는 눈으로 사물을 본다. 존재는 언어(제도, 제도적 존재자) 이전에 신체에서 일어나는 자연스런 현상이며, 자연적 존재이다.

—— *3*

　존재는 이용당하기 위해 존재하는 것이 아니다. 존재는 스스로 있는 존재이다. 스스로 있는 존재는 인간에 의해 이용당하는 대상, 타자가 되어버렸다. 이용을 좋아하는 인간은 스스로 존재의 타자가 되어버렸다. 이용을 좋아하는 인간은 자기로부터도 소외되어버렸다. 이런 현대인에게 세상은 '자기천국'이 아니라 '타자지옥'이다.

≪ 019 ≫

뇌의 자살, 인간생태학의 종막(終幕)

──── 1

뇌에 좌뇌와 우뇌가 있고, 이것을 연결하는 뇌량(corpus callosum)이 있다. 좌뇌가 논리적-분석적 영역을, 우뇌가 감성적-창조적 영역을 담당하는 것으로 알려졌다. 그러나 이러한 뇌의 영역보다는 양쪽의 교량적 역할을 통해 뇌가 각종 활동을 수행하는 것으로 나타났다. 뇌에 대한 자기공명장치 연구결과에 따르면 좌뇌적 인간, 우뇌적 인간이 있는 것처럼 주장되는 된 것은 허구로 밝혀졌다. 대부분 좌뇌와 우뇌를 공평하게 사용하는 것으로 나타났다. 오늘의 뇌과학자는 이렇게 말한다. "인간이 분석적인 작업이나 창의적인 작업을 할 때 사용하는 뇌는 특정영역이라기보다는 이들의 연결입니다. 좌뇌가 우뇌보다 논리나 이성적 사고와 더 연관되어 있다든지, 창의적 작업은 좌뇌보다 우뇌에서 더 수행된다는 주장은 사실이 아닙니다."

2

칸트에 따르면 인간은 누구나 관념적-분석적 사고와 경험적-종합적 사고를 함께 한다. 뇌는 인간에게 생각하고 사물을 이해하는 이성적 힘을 주었고, 도구의 제작과 함께 욕망에 따른 소유관념을 주었다. 그리고 역사적으로 보편성의 등장과 함께 가부장-국가사회를 선물하였다고 할 수 있다. 하지만 이들은 모두 '주체-대상'의 현상학적 변용(변형)에 지나지 않는 것으로 귀결되고 있다. 인간의 뇌는 결국 인간을 인간공룡, 즉 '뇌 공룡'으로 자연 속에 자리 잡게 할 것이고, 드디어 어느 날 '뇌의 감옥'에 갇힌 인간은 스스로 멸종하는 운명을 맞게 될 것이라는 비관론을 저버릴 수 없다. 이러한 멸종은 일종의 뇌의 자살이면서 자기타살이다.

3

뇌는 결국 추상과 기계의 아버지이다. 가장 강력한 기계인간에 의해서 인간은 멸종할 것이다. 이것이 인간종의 생태학적인 비극의 종막(終幕)이다. 인간이 멸종하더라도 자연의 어머니는 그러한 멸종이 가장 성공적이고 지배적인 종에서 일어날 수 있는 범사에 지나지 않는다고 여길지도 모른다. 자연은 얄미울 정도로 태연자약(泰然自若)하다. 태연자약하기에 자연이다.

≪ 020 ≫

인간신(人間神), 신인간(神人間),
물신숭배, 신물숭배

—— *1*

자연에서 신을 상상한 인간은 이제 자연을 좌지우지할 수 있
는 인간신(人間神, 인간중심주의)이 되었다. 그렇기 때문에 인간신의
오만과 소유욕(악마의 유혹)에 빠지지 말고, 다시 신을 자연(신=자
연)으로 돌려줌으로써 겸손할 할 때가 되었다. 이것이 '신인간(神
人間, 신중심주의)'이다. **신인간은 과학기술문명의 물신숭배(物神崇
拜)에서 다시 신물숭배(神物崇拜)로 돌아가는 인간을 말한다. 인간
중심이면 결과적으로 세계가 닫히고 신중심이면 세계가 본래존
재로 돌아간다.**

—— *2*

인간은 이제 세계를 끝없이 타자화(他者化)하든가, 아니면 세계
를 끝없이 자기화(自己化)하든가 둘 중에 하나를 택할 수밖에 없
다. 어느 것을 택하든 결과적으로 하나로 만나기(통하기) 때문에

걱정할 것이 없다. 전자가 '기독교-科學(自然科學)'의 길이라면, 후자는 '불교-無(無爲自然)'의 길이다.

<hr>

3

　유물론과 자연과학의 공통점은 물신숭배이다. 전자는 인간에게 투쟁(계급투쟁)과 혼란을 주고, 후자는 수단과 편리를 준다. 신물(神物)이 하나였다가 둘로 분리되는 바람에 창조(神)-피조(物)가 생기고, 정신-물질이 생기고 끝내 물신숭배에 이르렀다. 자연은 신물(神物)이다. 세계는 물신(物神)이다. 신물로 돌아갈 때 도리어 인간은 본래존재를 회복한다.

≪ 021 ≫

대뇌, 계산하는 동물의 감옥

──── *1*

시간과 공간을 운위하는 한, 인간은 현상학적인 차원을 벗어나지 못할 것이다. 즉 계산하는 동물에 갇힌 신세가 될 수밖에 없다. 인간은 '현상학이라는 감옥'에 갇힌 동물이다. 인간은 끝내 자기를 보지 못한다. 자기는 신이고, 사물 자체이고, 영혼이기 때문이다. 인간이 본 것은 결국 대상(사물)이다. 인간은 계산하는 순간, 존재의 천국에서 현상의 지옥으로 떨어진다.

──── *2*

흔히 시간은 공간을 흘러가는 것이라고 생각한다. 이는 잘못된 것이다. 시간이 공간이고, 공간이 시간이다. 만약 공간이 있다면 시간이 공간이다. 태초에 시간과 공간이 서로 다른 것이고 떨어져있다면 시간을 벗어난 공간이 있고, 공간을 벗어난 시간이 있게 된다. 이것은 동일성과 이분법의 함정이다. 따라서 시간과 공간은 없다.

—— *3*

무한대(무한소)라는 개념은 현상학적인 인간이 자연(존재론적인 자연, 본래자연)의 무(無, 無爲)에 접근하는, 자연을 설명할 수 있는 장치이다. 인식론의 선험과 초월과 지향은 자연을 현상학적인 세계로 설명하는 각기 다른 말이지만 결국 같은 궤도를 설명하는 것이다. 이는 마치 과거와 현재와 미래를 설명하는 것과 같다. 이는 존재를 시간에 얽매이게 하는 것과 같다. 그러한 점에서 진정한 존재론은 시간과 공간이 없는 경지이다.

—— *4*

인간은 자기가 아는 것(지식)을 버리지 않는 한, 자유로울 수 없고, 본래존재(지혜)로 돌아갈 수도 없다.

≪ 022 ≫

자연과 놀이, 어린아이

━━ 1

인간은 항상 '인간이라는 감옥'에 처할 위험성이 있다. 여기서 벗어나려면 결국 자연에 몸을 맡기거나 어떤 놀이와 게임에 빠질 수밖에 없다. 놀이야말로 자연과 어린아이의 본성이다. 자연에 몸을 맡기는 것도 놀이에 빠지는 것이고, 게임을 하는 것도 놀이에 빠지는 것이다. 결국 자연이냐 게임이냐, 어느 놀이에 빠지느냐가 다를 뿐이다. 인간은 자연의 놀이를 게임으로 바꾼 동물이다.

━━ 2

어린아이를 보라. 어린아이의 기운생동을 보라. 기성세대의 문화와 법칙이라는 것이 얼마나 쓸데없는 제도인지, 심지어 머지않아 죽을 제도이고, 최악의 감옥인지를 깨달아야 한다.

'하면(doing) 된다(becoming)'의 철학

—— 1

대한민국 이승만 건국대통령은 "뭉치면 살고 헤어지면 죽는다."라는 말로 한국인의 삶의 철학을 한 마디로 요약해서 들려주었다. 이어 박정희의 '하면(doing) 된다(becoming)'의 철학은 한국의 철학한다는 학자들이 비웃었지만 실은 실사구시의 백미이고, 실용주의(실행주의)의 첨단이다. 세계는 '처음과 끝이 있는 세계'가 아니라 '하기에' '되는' 세계, 그야말로 '시작하기에' '시작되는' 세계이다. 자연(自然)은 저절로 되는(becoming) 것 같지만, 실은 항상 무엇을 하는(doing) 자가 있기 때문에 돌아가는 것이다. 이것은 역사철학적으로도 가장 보편적인 철학적 명구라고 할 수 있으며, 국가라는 권력의 의지로 볼 때도 가장 성공적인 명구라고 할 수 있다.

대한민국이 개념 없는 국민이 된 데는 실사구시(實事求是)의 철인정치가 박정희의 '자주(自主)철학(勤勉, 自助-自立, 協同)=새마을운동'의 의미를 제대로 몰랐기 때문이다. 제 3세계 개발도상국과 아시아·아프리카 후진국에서 세계적으로 각광받고 있는 새마을운동이 한국에서만 외면 받고 있다는 사실은 무엇이 잘 못되어도 한참 잘못된 것이다. **자주(自主)가 주체(主體)보다 중요한 이유는, 자주는 스스로(저절로), 자연스럽게 주인이 되는 반면에 주체는 누군가를 대상화(노예화)하면서 주인이 되기 때문에 폭력을 숨기고 있다.**

자유민주주의공화국인 대한민국의 건국의 아버지인 이승만과 근대화의 초석을 놓은 박정희는 '독립의 철학'과 '자주의 철학'을 세우고 실천한 대통령이다. 이 두 인물을 독재로 몰아가는 민주민중민족세력이야말로 얼빠진 세력이고, 적어도 다른 사이비 세력을 주인으로 섬기는 세력이고, 끝내는 북한을 주인으로 섬기는 종북세력이다. 종북세력은 북한이 망하면 안 되는 세력이기 때문에 결사적으로 북한을 보호하고 지키는 세력이다. 종북세력은 한마디로 대한민국을 부정하는 세력이다.

≪ 024 ≫

지식인 노예, 잘사는 노예, 못사는 노예

——— *1*

자신의 문화는 무속(巫俗)으로 비하하고, 남의 문화는 성현(聖賢)으로 숭상하는 얼빠진 민족이 한민족, 한국인이다. 무(巫)도 한 때는 유라시아대륙을 석권한 종교였는데 그것의 타락한 형태가 무속이다. 불교나 기독교가 타락하면 불속(佛俗), 기속(基俗)이 될 수 있다. 한국문화의 자아상실 과정을 고대에서부터 보면 우선 무(巫)에서 무속(巫俗)으로 타락하게 된다. 그 후 외래종교인 불교·유교·기독교가 들어오면 무조건 숭상하는데 나중에 그것이 세속화·권력화 되어 타락하게 되면 무속화되었다고 비난한다. 이것은 무속으로 무속을 매도하는 행태라고 하지 않을 수 없다. 결국 자신의 고유한 성스러움(聖)은 없는 셈이다. 오늘날 한국의 기독교인들 중에는 자신이 기복신앙(무속화된 기독교)에 빠진 줄도 모르고 무속을 함부로 비난한다. 자신의 무속은 보지 못하고 남의 무속만 보는 꼴이다. 내 눈의 들보는 보지 못하고,

남의 눈의 티끌만 보는 꼴이다.

——— *2*

　오늘날 남한과 북한은 한민족의 두 얼굴을 가장 적나라하게 보여주고 있다. 조선왕조가 망한 뒤에 한민족의 DNA가 이룩한 극단적인 두 갈래 길로서 남한은 자유민주공화국체제이고, 북한은 왕조전체주의사교체계가 되었다. 두 나라의 공통점은 아직 주인국가가 되지 못했다는 점이다. 진정한 노예는 가짜주인에게도 노예가 된다. 진정한 주인은 자신이 주인이 되기 위해 남을 노예로 만들지 않는다. 진정한 주인은 어떤 주인에게도 스스로 노예가 되지 않는다. 남한은 '잘 사는 노예'이고, 북한은 '못 사는 노예'이다. 둘 다 노예이다.

——— *3*

　남한의 민중과 귀족노조는 '종북(從北) 개'가 되었고, 지식권력 엘리트와 지식인좌파는 '살찐 돼지'가 되었다. 청년은 국민소득 3만 달러의 자기가 사는 땅(나라)을 '헬(지옥) 조선'이라고 하는 황당한 자기부정에 빠져있다. 한민족은 이제 주인이 되느냐, 노예가 되느냐의 갈림길에 있다.

오늘날 한국 사람들은 돈밖에 모른다. 사람들은 탐욕과 분노와 어리석음, 탐진치(貪瞋痴, 貪瞋癡)에 빠졌다. 얼이 빠졌으니 결코 주인이 될 수 없다. 기독교마저 철저하게 '돈의 노예' '노예의 기독교(민중신학)'가 되었다. 민중민주주의는 주인민주주의가 아니다. 민중사회학은 주인사회학이 아니다. 민중사학은 주인사학이 아니다. 민중문학은 주인문학이 아니다. 민중은 떼거지로 문제를 해결하려는 전근대적인 삶의 형태이고 행태일 뿐이다. 대한민국 어느 곳, 어떤 계층에서도 나라의 주인을 발견할 수 없다. 한민족은 어쩌면 그렇게도 예수를 십자가에 못 박혀 죽게 한 바리새인들을 닮았나. 율법학자와 제사장은 모두 명리(名利)에 썩어버렸고, 교회와 성당은 장사꾼의 천지가 되어버렸다.

한민족의 출애굽기는 언제 달성될 것인가? 그것은 한민족국가성원 각자가 스스로 주인이 될 때일 것이다. '노예의 기독교'가 아닌 '주인의 기독교'가 되어야 그것이 달성될 것이다. 민중신학은 주인신학이 아니다. 주인신학은 "하느님에게 복을 비는 신학이 아니라 하느님을 불쌍하게 여기는 신학"이고 나아가서 "불쌍한 자를 하느님으로 여기는 신학"이다. 하느님을 불쌍히 여기는 마음은 '여성성의 하느님'이고, 여성성의 하느님은 '빼앗긴 하느님'이고 '이름 없는 하느님'이다.

—— 6

하느님은 만물을 창조하자마자 악마에게 모든 것을 빼앗겨버린 불쌍한 존재인지 모른다. 이것이 성경에 숨은 진정한 의미인지 모른다. 하느님을 불쌍히 여기는 마음만큼 자비로운 마음이 어디에 있겠는가. 이것이 바로 예수부처이고, 부처예수이다. 이러한 마음은 물론 모든 중생과 피조물을 불쌍히 여기는 마음이다. 예수부처, 부처예수는 철학적으로 현상학과 존재론의 화해이기도 하다. 기독교적 현상학과 불교적 존재론의 화해이다. 현상학과 존재론의 화해는 바로 세계가 하나의 원천에서 나온 것을 의미한다.

—— 7

한민족의 자아 상실은 우선 남의 문제의식을 자신의 문제의식으로 곧바로 받아들이는 데서 찾아볼 수 있다. 자신의 독자적인 문제의식이 없으니 독자적인 답변도 얻을 수 없다. 따라서 나의 문제를 항상 남의 문제의식과 해결에서 찾는 앵무새이다. 이는 가부장-국가사회에서 남성성(페니스)이 없는 여성성의 극치이면서 맹점이라고 할 수 있다. 여성을 페니스가 없는 것으로 보는 프로이트심리학의 문맥에서 보면 한민족의 역사문화를 이해하기 쉽다.

——— 8

적으로 둘러싸인 한 나라의 왕이 적국의 왕을 흠모하고, 그 나라의 백성조차 적국의 백성이 되기를 원한다면 그 나라는 존재이유가 없다. 한 나라의 권력엘리트들이 다른 나라를 흠모하고 그 나라의 엘리트가 되기를 원한다면 그 나라는 존재가치가 없다. 또한 한 나라의 평화에 대한 열망이 무정부주의나 반체제주의로 흐른다면 그 나라는 국가를 자포자기하는 것이다.

≪ 025 ≫

위선적 선비의 허영과 망상

—— 1

대한민국을 망하게 한 출발은 김영삼의 문민정부시절부터다. 김영삼의 사대적·위선적 민주주의는 국가부도사태로 IMF의 구제금융을 받게 하였지만, 그보다 더 큰 죄과는 대한민국의 정통성을 훼손한 사건이다. 그는 대한민국의 정통성을 상해 임시정부에 두고 이승만, 박정희정권을 부당한 정권이라고 함으로써 역사의 척추를 꺾어놓았으며, 자신의 정권을 진정한 '문민정부'라고 하였다. 그는 그 다음 정권인 김대중의 '국민의 정부', 노무현의 '참여정부', 그리고 문재인의 '촛불혁명정부'가 별도의 이름을 짓게 함으로써 국가의 영속성을 훼손케 하는 원죄를 지었다.

—— 2

김영삼에 의해 대한민국의 정통성(척추)은 토막 나고 말았다.

김영삼은 대한민국의 비상을 꺾어버린 건달정치꾼이었으며, 그 뒤의 조폭정치와 국가해체를 있게 한 '민족적-국가적 원죄(原罪)'를 지었다고 말할 수밖에 없다. 김영삼 정권 때부터 '세계경영'이라는 말이 사라졌으며 민주주의의 허영과 위선적 선비정신의 결탁으로 국가발전은 퇴보하였다. 사대주의와 당쟁은 아직도 한민족의 선진국화를 가로막고 있는 최대의 장애물로 작동하고 있다. 남북분단 이후의 여야당쟁은 선의의 정치적 경쟁이 아니라 마치 체제와 반체제의 대결국면 같은 양극성을 연출하고 있다. 이러한 당쟁은 외래문물에 의존하는 사대주의에서 비롯된다.

3

한국의 민주주의는 조선의 관념산수(觀念山水)와 같다. 관념산수는 화가의 관념이나 상상을 그린 것이 아니라 남의 산수, 즉 중국화첩을 보고 중국산천을 모사(모방)한 것이다. 관념산수는 성리학적 사대주의의 문화적 절정이다. 본래 관념에 빠지면 남의 실재(실경)를 그리는(숭배하는) 어리석음에 빠지게 된다. 관념산수 뿐만 아니라, 한 문화가 남의 문화에 종속되면 자신의 철학과 역사를 잃어버리고 모든 문화에 걸쳐서 관념산수화한다. 이것을 두고 얼빠졌다고 한다.

—— *4*

영혼(얼)이 없는 무(武)는 남의 도구(하수인)가 되기 쉽고, 영혼(주체)이 없는 부(富)는 자기를 부패(타락)시키기 쉽다. 문화적 타락은 바로 겉으로는 화사(華奢)하지만 속으로 얼빠짐에서 비롯된다. 얼이 썩어버린 **어리석음의 극치는 남의 이상 때문에 자기의 현실을 도외시하는 것, 영원히 살기 위해 지금을 즐기지 못하는 것, 존재와 사유를 혼동하는 자기기만에 빠져서 깨달음을 놓쳐버리는 것이다.** 그렇게 되면 노예가 되거나 후회를 하거나 해탈을 하지 못하게 된다. 이것이 결국 탐진치이다.

—— *5*

국가 혹은 국가종교시대인 오늘날 국가를 도외시한 모든 덕목은 허위나 위선에 불과하다. 국가가 없는 자유와 평등과 박애라는 것은 공염불과 같다.

오늘날 민족 운운하는 나라치고 선진국은 없으며, 그것 자체가 후진국을 증명하는 것이다. 개인을 중시하는 근대에서 국가주의와 사회주의는 위험한 것이지만, 국가가 없이 이루어지는 것은 하나도 없다. 근대란 국가와 개인의 팽팽한 긴장관계 속에 균형점을 찾는 역사이며, 세계화 속에서 국가는 인간이 자신을 담는 인격이며 개성이라고 할 수 있다. 국가는 인간존재의 집이다.

≪ 026 ≫

2개의 컬트(cult)체계, 4개의 연줄족벌체계

───── *1*

한반도에는 지금 2개의 컬트(cult)체계와 4개의 연줄(족벌)체계에 의해 움직이고 있다. 2개의 컬트체계는 북한의 김일성 전체주의사교체계와 남한의 박정희 근대화사교체계이다. 이중 김일성사교체계는 백성을 굶겨 죽인 공산전체주의체계임에도 불구하고 아직까지 건재하고 있다.

───── *2*

김일성사교체계는 거짓신화 '백두혈통신화'로 구성되어 있기 때문에 결국 오래 가지 못한다. 이와 반대로 박정희사교체계는 백성을 살리고 나라를 건설한 체계이지만 독재체제였다는 올가미에 쓰여 제대로 '근대화신화구성'을 실현하지 못하고 있기 때문에 사교에 머물고 있다. **전자는 신화를 구성하였으나 가짜신화이기 때문에 사교체계이고, 후자는 단지 신화를 구성하지 못**

했기 때문에 사교체계이다. 후자가 만약 신화로 구성된다면 오래오래 갈 신화가 될 것이다. 두 사교체계 중 어느 것도 한 나라(nation)의 항구적이고 영속적인 문화체계(culture system)로 승격되지 못하고 있기 때문에 사교체계이다. '컬트(cult)'가 '문화(culture)'가 되려면 '문화의 틀(체계)'을 갖추어야 하고, 자신의 문화요소를 '신화화(mythologize)'하는 승화과정을 거치지 않으면 안 된다.

——— *3*

한편 대한민국에는 4개의 연줄족벌체계가 있다. 서울대족벌체계와 경상도족벌체계, 전라도족벌체계, 그리고 각 성씨족벌체계가 그것이다. 서울대족벌체계는 학연의 족벌체계이고, 경상도족벌체계와 전라도족벌체계는 지연의 족벌체계이고, 각 성씨족벌체계는 혈연의 족벌체계이다. 대한민국은 헌법과 법률 등 국가체계는 근대자유민주주의 체계를 갖추고 산업화에는 성공했지만 국민의식은 아직도 농업공동체사회(community)의 '연줄의식'과 '공동체정신'을 벗어나지 못하고 있다. 그래서 개인의 자유와 산업(공업)을 기초로 수립된 근대국가, 혹은 자유민주주의 국가의 시민의식(citizenship)보다는 공산사회주의(communism)와 민중주의(populism)에 빠지기 쉬운 성향을 지니고 있다. 대한민국은 제대로 자유민주주의 국가를 만들기도 전에 북한의 방해공작에 의해서 해체되는 국가가 될 수도 있다. 북한이 적화통일을 포기하지 않는 한, 미성숙한 남한의 자유와 민주는 '트로이의 목마'가 될 수도 있다.

—— 4

김일성 주체사상이 남한의 좌파지식인 혹은 남한의 국민에게 호소력이 있는 이유는 바로 남한의 지식인이나 국민들이 철저하게 의식적으로 노예라는 사실을 반증하는 것이다. 국민을 노예로 만드는 국민노예사상이 그 본질인 주체사상은 철저한 가짜 주체사상이지만 의식적으로 노예인 사람들에게는 그것이 진정한 주인사상(주체사상)인양 받아들여지고 있는 현실이다. 이것은 사상적 공허나 허영을 의미한다. 말하자면 김일성 주체사상은 완벽한 가짜 주체사상이기에 더욱 유혹적인지도 모른다. 남한의 종북좌파들은 철학과 사상이 없는 남한의 실정을 폭로하기에 충분하다.

—— 5

한국에 민중(떼거지)주의 혹은 민중민주주의가 쉽게 뿌리를 내릴 수 있는 이유는 무엇보다도 조선후기의 가렴주구와 양반의 계급적 착취에 있었다. 백성(국민)을 착취하는 양반(지식권력엘리트)들은 결코 주인이 될 수 없다. 주인이 없는 나라는 결국 망할 수밖에 없었고, 일제식민지시대의 악랄한 수탈은 그것을 더욱 강화하였다고 볼 수 있다. 감정과 정서에 의존하는 문화운영을 해온 한국인은 한(恨)과 신(神, 신바람)에 의한 심정문화의 특성을 보인 반면에 이성의 측면에서는 역량이 부족하였다. 자유와 창의보다는 평등과 평화가 더 호소력이 있었을 것이다.

한과 신의 민족에게는 민중혁명이야말로 기다렸던 사상이었을 수도 있다. 그렇지만 민중의 한(恨)은 동학란과 같은 운동은 벌일 수는 있어도 제도적 대안을 제시하지 못하는 약점이 있다. 결국 제대로 된 국가(시민국가)를 만드느냐, 못 만드느냐는 엘리트계층의 주체성여부에 달려있는데 엘리트가 사대적이니 국가는 항상 외세에 의해 사분오열되기 마련이다. 구한말의 상황은 오늘도 변함이 없다. 그나마 간헐적으로 신바람을 일으키는 영웅의 등장에 의해 나라의 명맥을 유지했다.

===== 6

집단을 다스리는 권능(권력)은 그것이 어떤 과정과 절차를 거칠지라도 결국 항상 역사적 보편성을 획득한 소수자에게 있다. 민주주의도 민의(民意) 혹은 일반의지(一般意志)를 거친다고 하지만 일반의지(일반성)라는 것도 결국 보편성(절대정신)의 간지(奸智)를 거치지 않고서는 역사성을 획득할 수 없다는 것이 문제이다. 개개인(존재 개개인)은 일반의지(일반성과 공통성과 평등성)를 향하고 있지만 인간성의 본질적인 개조 없이는 자유·평등·평화·행복을 이룰 수 없다. 그 본질적인 개조를 이루려면 참주인과 참사랑의 정신이 필요하다.

——— 7

한민족이 컬트체계 및 족벌체계를 벗어나려면 사리사욕(私利私慾)에서 벗어나 공리공론(公利公論)과 함께 진정한(힘이 있는) 현대국가신화 체계를 완성하여야 한다. 이것은 반드시 한민족의 기원신화인 단군(檀君)의 '홍익인간(弘益人間)정신' 플러스 '현대국가신화'가 되어야 할 것이다. 한민족이 개인과 개인의 자유를 기초로 산업사회를 구성하는 근대국가(시민국가)를 만들지 못하는 민족이 될까봐 항상 걱정이다. 한국의 많은 소위 진보 지식인들은 농업사회적 발상이 마치 정의인양 생각하는 좌파이론에 빠져있다. 농업이 중요하지 않은 건 아니지만 산업사회로의 이동을 지체하면 공산품에 비해 상대적으로 싸게 파는(부가가치가 떨어지는) 농산물을 파는 후진국에 머물게 될 것이다.

——— 8

한민족은 언제부턴가 신화를 잃어버린 민족이 되었고, '한(恨)의 민족'이 되었다. 민족의 서사시를 쓰지 못하고, 민족의 역사를 쓰지 못하는 민족이 되어버렸다. 신화를 잃어버렸으니까 역사는 주체성(정체성)을 잃을 수밖에 없었고, 남의 신화나 철학, 남의 이데올로기에 의해 민족정신이 좌지우지될 수밖에 없는 처지에 놓이게 되었다. '한의 민족'은 '신(神)의 민족'이 되어야 한다. '신의 민족'은 다시 정신을 똑바로 차리는(얼을 되찾는) '정신의 민족'이 되어야 한다. '정신의 민족'이 되어야 역사와 신화를 쓸 수 있는 문화능력을 갖추게 된다.

———— 9

역사와 신화가 없는 민족은 망할 수밖에 없고, 기껏해야 잠시 잘 살 수는 있어도 결국 다른 나라의 '문화적 노예'가 될 수밖에 없다. 신화는 단지 허무맹랑한 거짓말이나 꾸며낸 이야기가 아니라 '집단상징과 정체성'을 획득하기 위한 부단한 글쓰기작업, 요컨대 역사쓰기와 철학쓰기의 산물이다. 우리는 현재 독자적인 역사적·철학적 글쓰기작업을 하지 못하는 '얼빠진 민족'이 되어있다. 심지어 오늘의 지식인들은 스스로 '쓰지 못하는 민족'이라는 사실조차 인지하지 못하고 남이 써놓은 '텍스트(고전, 경전)'를 자신의 기둥과 중추로 삼고 있다.

———— 10

한국인의 역사 찾기, 뿌리 찾기는 패배한자, 잃어버린 자, 이

주(移住)한 자의 입장이 되는 경우가 많다. 대륙에서 이주한 자의 입장에서 보면 한민족의 고토회복론(故土回復論)이나 일본인의 정한론(征韓論)은 마찬가지이다. 한국 사람들에게는 만주일대의 고토에 대한 향수가 있지만, 일본 사람들에게는 한반도와 만주일대의 고토에 대한 향수가 있다.

역사 찾기나 뿌리 찾기가 고토(영토)회복론으로 발전하면 낭만적 역사학(낭만적 민족주의, 낭만적 대륙사관)이 되기 쉽다. 이는 이스라엘민족의 고토회복과 마찬가지 발상으로서 신화적·종교적 접근이다. 이러한 접근은 항상 현재와 과거의 불일치로 인해 불화와 전쟁을 수반하게 된다. 중동에서 일어나고 있는 각종 크고 작은 전쟁과 불화는 바로 그러한 것이다. 역사학은 현재를 중심으로 자기 힘(문화능력)을 확대재생산(강화하는) 방식으로 해석하지 않으면 안 되는 것이 운명이자 한계이고 맹점이다.

―――― *11*

역사학에서 정복-전쟁-승리자와 피정복-평화-패배자의 입장은 다르다. 그런데 주의할 점은, 전쟁의 가부(可否)를 떠나서 승리자는 의식적으로도 주인-지배자의 입장을 견지하고, 패배자는 노예-피지배자의 입장에 선다는 사실이다. 패배자로서의 평화는 노예의 입장을 대변한다는 점이다. 한국인의 평화주의가 패배자로서의 그것이 되어서는 세계를 이끌 문화적 힘(역량)

을 갖춘 것이 되지 못한다. 역사에서 승리는 적어도 목숨을 걸고 자신의 일에 책임을 지는 자들의 전리품이다. 시인들은 종종 '패배자의 노래'로서 시적 완성과 경지를 뽐내지만 역사에서는 패배가 결코 자랑일 수 없고, 더더구나 정의일 수도 없다.

───── 12

한국의 자유민주주의 시민들은 부정부패한 지식권력엘리트들에게 나라를 맡길 것이 아니라 자유시민연대를 통해 스스로 일어나서 정신적인 전쟁(mind-war)을 치러야한다. 여기서 정신적인 전쟁은 예수부처, 부처예수의 대승기독교정신과 초종교초국가마인드로 국가위기에 대처하는 것을 말한다. 가장 큰 전쟁은 결국 '정신적인 전쟁'이다.

───── 13

나는 나에게서, 너에게서 노예적 속성을 발견하였을 뿐이다. 그래서 나는 세계의 주인이 되고 싶었고, 나의 주인이 되고 싶었다. 매사에 내탓을 하면 주인이고, 남탓을 하면 노예이다.

───── 14

국가와 나라는 다르다. 국가는 지상에서의 나라이고, 나라는 마음의 국가이다.

문화(culture)와 컬트(cult)의 차이

1

컬트(cult)에 대한 사전적인 정의는 생활방식태도사상 등에서 추종숭배를 의미한다. 『종교학대사전』에는 "어떤 체계화된 예비의식, 특정한 인물이나 사물에 대한 예찬, 열광적인 숭배, 열광자의 집단, 또는 주교적(呪教的)인 종교단체를 의미하는 말. 보편적으로 볼 수 있는 종교현상이지만 특히 미국 사회에서 현저하며, 무시할 수 없는 의미를 지니고 있다."고 되어 있다.

컬쳐(culture)는 인간의 정신적·물질적 생활양식을 말한다. "인간이 자연 상태에서 벗어나 일정한 목적이나 생활이상을 실현하려는 활동의 과정에서 성취한 물질적, 정신적 소득, 즉 지식 · 신념 · 행위의 총체'이다." 『정치학대사전』에 따르면 "경작(耕作)이나 재배(栽培)의 의미를 갖는 culture가 현재와 같은 문화의 의미로 사용되기 시작한 것은 18세기 후반으로 프랑스어에서 유럽 각지로 확산된 것이지만, 국민(국가)의식에 자각하고 있던 상층 시민계급이나 지식인은 문명을 대신하는 말로서 동일 외래어인 문화(culture→Kultur)를 사용하기 시작한다."

2

'컬트'와 '컬쳐'에 대한 사전적인 정의는 이상과 같지만, 필자의 견해로는 **모든 문화는 컬트에서 시작해서 컬쳐가 됨으로써 완성되지만 다시 컬쳐가 쇠락하면 컬트의 형태가 되어 소멸한다고 여겨진다.** 컬트의 가장 대표적인 것이 사교(邪敎)·조폭(組暴) 집단이고, 컬쳐의 가장 대표적인 것이 바로 선진(先進)·제국(帝國) 문화이다. 선진제국문화는 컬트에서 출발했지만 자신의 문화를 문화적으로 승화시키는 데 성공한 문화이다. 자신의 문화를 문화적으로 승화시키지 못하면 결코 선진국이 될 수 없다. 그렇지만 어떤 선진문화도 망할 때는 결국 컬트로 돌아가고 만다. 말하자면 한 사회에서 컬트적 요소가 많이 등장하면 기존의 문화체계가 많이 흔들린다고 말할 수 있다.

문화(culture)는 오랜 세월을 두고 한 문화(집단)에서 주체성을 가지고 수립한 체계, 하나의 문화체계, 즉 문화전통(전통문화)을 가진 것을 말한다. 문화가 전통이 되기 위해서는 많은 사람들의 합의와 동의를 얻어야 되고, 시간을 이겨내고 살아남아 고전적(classical) 성격을 구비하여야한다. 물론 문화도 생물처럼 변화를 하여야 하기 때문에 혁신(innovation)이나 혁명(revolution)을 감행하는 속에서도 그 바탕에 흐르는 공통성이나 정체성 같은 것이 있어야 한다.

사교(cult)는 성숙한 문화가 되기 전에 지극히 '맹목적인 숭배·사이비체계'에 머물거나, 아니면 성숙한 문화가 타락함으로써 '세속화(世俗化)·권력화(權力化)된 것'을 두고 말한다. 사교는 문화화하지 못하고 일부세력이나 편협한 집단에서 자기들만이 신봉하는 어설픈 위계체계 혹은 사이비체계 같은 것들에 붙여진 이름이다.

———— 3

고도로 세련된 문화 중에서도 빨리 타락하고 속화되어서 문화의 말기현상으로서 사교가 되는 것도 적지 않다. 예컨대 고등종교들의 경전이나 정치적 법전 등을 자기 마음대로 해석하고 거두절미하거나 아전인수 격으로 해석하고 이용하면서 소위 경전과 법전을 단지 '팔아먹는 자들' '권력화는 자들' '세속화하는 자들'을 두고 사교라고 하기도 한다. 사교체계라는 것은 일종의 사기꾼문화, 사리사욕만을 노리는 장사꾼문화 같은 것이다. 따라서 문화의 주체성 혹은 자기생산·자가(自家)생산이라는 측면에서 보면 일종의 '사이비문화'라고 할 수 있다.

사이비문화에는 결국 남의 문화, 선진국의 문화를 맹목적으로 섬기는 사대문화도 포함된다. 사대문화는 그 문화의 정수를 이해하기보다는 이용이나 이익을 목적으로 '맹목적 사대'를 하게 되는 것이 특징이다. 선비양반문화보다는 아전문화가 여기에 속하고 기술편중문화도 사교적 측면을 내포하고 있다고 할 수 있다. 이러한 사교문화는 시대적 격변기(문화적 격랑)에는 적응(문화적 균형)을 하지 못하고 결국 망하고 만다. 왜냐하면 스스로 창조적으로 대처하는 힘이 부족하고 구심력이 없기 때문이다. 우리의 조선후기, 구한말의 문화는 바로 그러한 좋은 예이다.

————— *4*

사교는 흔히 사이비집단, 패거리문화, 당쟁문화, 조폭문화의 성격을 갖는다. 청소년들이 패거리문화를 형성하는 것은 이해가 가지만 기성(어른)세대가 패거리문화에 빠지거나 그것에 만족하여 놀아난다는 것은 바로 문화타락의 가장 대표적인 징표이다. 패거리문화는 정당한 권력획득과정이나 구성과정이 없이 야만적인 힘, 즉 물리력만으로 상하복종체계를 구성하는 경우가 많은데 깡패·무단집단뿐만 아니라 지식엘리트그룹에도 그러한 경우가 적용된다. 한 문화가 지나치게 정치적이 되는 것은 바로 조폭문화가 되는 과정이라고 말할 수 있다. 겉으로는 양반인체 하지만 속내가 조폭선비(지식인깡패)인 것은 차라리 조폭들보다 못하다고 할 수 있다. 이들 조폭선비들은 문화적 영향력이 커서 문화 전체를 위에서부터 아래까지 완전히 황폐화시키기 때문이다.

≪ 028 ≫

멸종을 지연시키는 인간

—— *1*

인류멸종의 징조는 하나둘이 아니다. 그래서 나는 영구평화 혹은 진정한 평화를 이룩하기 위해서 평화철학을 주장하기보다는 인간의 멸종을 지연시키기 위해 평화철학을 주장할 뿐이다.

—— *2*

인간의 멸종은 자연의 제로섬 게임이다. 한국인인 내가 '평화(平和)철학'을 구성하는 것은 일본사람들인 니시다 기타로가 '절대무(絶對無)의 철학'을 구성하는 것과 같이 자연스런 움직임이다. 니시다 기타로의 절대무의 철학은 실은 철학적 용어를 사용하기 때문에 고상한 것처럼 보이지만 실은 그것은 '할복(割腹)의 철학'에 지나지 않는다. '절대무'는 동양의 '무(無)의 철학'을 서양철학의 현상학으로 번역한 왜곡한 것에 지나지 않는다. 절대무는 또한 탈아입구(脫亞入歐)를 추구한 일본사람들의 염원을 담은 것이기도 하였다.

───── 3

　니시타 기타로의 '절대무'는 '동일성의 무(無)'에 지나지 않는다. 동양의 무위자연(無爲自然)이나 불교의 무(無)는 그러한 '동일성의 무'는 아니다. 그런 점에서 니시다 기타로는 '동양의 무'를 왜곡함으로써 일본문화의 서양화에 철학적 길을 열어준 셈이다. 동양의 '무'는 도리어 본래자연을 의미하는 것이다. 니시다 기타로의 이러한 사정을 철학적으로 밝힌 자는 필자가 처음일 것이다. 일본은 동양문명을 대표하는 용어인 도(道)를 근대일본문화의 특징(상징)으로 점유했지만, 그것의 완성인 덕(德)을 얻지는 못했다. 겉으로 드러나는 예의는 바르지만 마음속 깊숙이 숨어있는 덕을 기르지 못한 것이 일본문화의 결함이다.

───── 4

　서양철학은 '하나(oneness)=하나의 세계=세계전체성'을 초월성에서 찾고 동양도학은 '하나'를 내재성에서 찾는다. 그래서 서양철학은 끝없이 밖에서 구원(타력신앙)을 찾고, 나아가야한다. 이에 비해 동양철학은 끝없이 안으로 침잠하여 스스로 안심입명(자력신앙)에 이른다. 자력신앙과 타력신앙의 방식은 서로 틀렸다고 말할 수 없고, 서로 다른 방식으로 존재와 진리에 접근하는 방식일 뿐이다.

───── 5

　서양의 동일성의 철학은 결국 경쟁의 철학이고, 드디어는 전쟁의 철학이다. 동일성의 철학의 이면에는 '신들의 전쟁'의 신화가 숨어있다. 필자의 평화철학은 그야말로 고대 동아시아에서 오래 동안 평화적 제국('느슨한 제국')을 경영하였던 고조선의 선도(仙道)의 전통의 후예답게 '신들의 평화'의 신화를 바탕으로 깔고 있다. 필자의 평화철학이 지구적으로 이해되기 위해서는 약 1백년은 걸릴 것이다. 그동안 인류가 멸종하지 않기를 바랄 따름이다.

≪ 029 ≫

진리, 우상, 환상, 그리고 이상형들

———— *1*

플라톤의 동굴의 우상은 서양철학의 출발점에 서있다. 이는 동굴 속에서 그림자를 보고 그것이 실재로 착각한다는 설명이다. 그래서 동굴 밖을 나오면 태양 아래에서 빛나는 사물의 실재를 볼 수 있다는 우화이다. 플라톤이 동굴의 이미지를 사용한 까닭은 호모사피엔스라는 조상인류들이 실지로 살았던 최초의 주거지가 동굴이었다는 점에서 매우 적절한 예화의 선택인 것 같다(계통발생과 개체발생의 비유이다). 그런데 과연 동굴 밖에 나온 인간은 자연의 실재를 있는 그대로 보는 것인가. 플라톤은 눈에 보이는 사물의 본질로서 이데아(idea)를 설정한다. 이데아야말로 사물의 본질이라는 것이다.

그런데 인간의 인식은 주관(초월적 주관)에서 출발할 수밖에 없다는 점에서 동굴의 우상은 주관(주관과 독단론의 동굴)을 의미한다. 그리고 태양 아래 빛나는 사물은 객관(객관은 불가지론에 빠지지만)이 된다. 결국 동굴의 우상은 인식론에 있어서 주관과 객관의 문제로 변하게 된다. 인간은 눈의 수정체를 통과하여 망막에 맺힌 상을 보고 사물을 인식한다. 망막의 상은 상하가 거꾸로 맺히고 그것이 뇌의 지각과정을 통해 다시 원래대로 회복되는 까닭에 사물을 제대로 보게 된다. 그런데 좌우는 거울의 상처럼 바꾸어서 보게 된다.

———— 2

인간이 눈으로 본다는 행위는 결국 사물의 실재(사물 그 자체)**를 보는 것이 아니라 상**(image)**을 보게 되는 것이고, 그러한 점에서 필연적으로 우상**(偶像) **혹은 가상**(假像)**일 수밖에 없다. 진리라는 것도 실은 우상·가상에서 출발하는 것이고, 결국 인간의 사유과정은 가상**(假想, 假相)**이다.** 인간은 지각이미지(sense-image)를 통해서 사물을 본다. 눈은 거울과 같다. 인간이 거울을 통해 자신을 볼 때와 사물을 보는 것은 같은 위상에 있다.

그렇다면 플라톤의 말처럼 인간은 사물의 본질인 이데아를 볼 수 있을 것인가. 칸트는 대륙의 합리론(주관론)과 영국의 경험론(객관론)을 통합하여 '선험적 종합론'으로서의 자신의 도덕철학을 수립했지만, 오늘날 철학의 결과로 보면 이데아는 결국 가상실재라고 할 수밖에 없다. 가상실재(일종의 오류)를 설정함으로써 얻은 것은 과학적 진리라는 것이다. 형이상학이라는 철학이 얻는 결과는 자연과학과 유물론이다. 서양철학의 대장정의 결과는 정신이 물질(헤겔과 마르크스의 전도)이 되어버린 총체적 상황이다. 현대철학은 이제 가상실재가 아닌 '존재(본래존재)'를 찾아야 하는 형국을 맞았다. 존재는 근대철학의 아버지인 칸트가 '물 자체(Thing itself)'라는 말로 논의를 유보한 주제이다. 이는 우리가 흔히 사물(Thing)이라고 할 때에 갖는 선입관인, 고정불변의 어떤 실체가 있는 것처럼 생각하는 것에 대한 전면적 도전이다.

───── *3*

어떠한 진리도 우상이다. 인간은 진리의 우상과 우상의 진리를 모시고 사는 동물이다. 대중이 종교를 좋아하는 까닭은 우상의 진리를 믿기 때문이고, 철학자가 학문(과학)을 좋아하는 것은 진리의 우상을 추구하기 때문이다. 인간에게 있어 진리도 우상이고, 우상도 진리이다. 우리는 '눈(시각)과 언어(기호)의 연합'에 의해 조합된 진리에 대해 의심하지 않을 수 없다. 그 대안으로 '귀(청각)와 소리의 교감'에 의한 철학으로서 존재론을 내놓을 수밖에 없다. 그것이 필자의 '소리의 철학'이다. 소리의 철학은 '공명(共鳴)의 존재론'이며 '공명의 우주론'이다.

4

프란시스 베이컨은 종족의 우상, 동굴의 우상, 시장의 우상, 극장의 우상이라는 4개의 우상을 설정하고 경험론에 입각한 과학을 제창하였지만 과학조차도 실은 인간의 과학적 환상임에랴! 현대인에겐 4개의 우상에 종교의 우상, 국가의 우상, 기계의 우상이 추가되어야 할 것 같다.

인간은 자연(存在)보다 환상을 좋아한다. 거듭 말하지만 "존재는 진리가 아니다." 진리는 존재와의 평행적인 거리두기(parallelism)에 성공했을 때에 그 모습을 드러낸다. 진리는 존재의 이용가능성이고, 존재의 도구화이고, 그것의 절정이 과학이다. 그렇지만 진리는 존재와의 끊임없는 교섭을 통해서만 자신의 영역을 확보할 수 있다. 이것이 존재와 진리의 상생관계이다. 이를 유무상생(有無相生)이라고 말할 수 있다.

5

인간은 이상형을 통해 스스로를 다스린다. 사랑은 섹스의 이상형이고, 행복은 삶의 이상형이고, 자유는 자아의 이상형이고, 평등은 계급의 이상형이고, 영원은 죽음의 이상형이고, 앎은 삶의 이상형이고, 평화는 고통의 이상형이다. 시간은 변화(흐름)의 이상형이고, 공간은 존재(실체)의 이상형이다. 이성은 감정의 이상형이고, 이상형이 아닌 것은 오직 생멸(生滅)뿐이다.

미래인간의 '사주덕(四柱德)'

≪ 030 ≫

미래인간의 '사주덕(四柱德)'

—— 1

인류가 2천5백 년 전의 성인들에게 아직까지도 매여 사는 까닭은 존재자체, 본래존재, 자연에 이르지 못했기 때문이다. 성인들도 자연을 기준으로 볼 때는 유위(有爲)이고, 인위(人爲)이다. **성경과 과학이라는 것도 자연에 대한 해석에 불과하다. 성경은 성인의 말씀을 모은 텍스트이고, 과학은 과학적 제도이다.**

—— 2

성인들의 말씀(聖經)과 자연을 본받는다면(道法自然), 미래인간의 덕은 무엇이 되어야할까. 우선 자연을 검소하게 쓸 줄 알아야 하고, 둘째, 사람에 대해 겸손할 줄 알아야 한다. 자연에 대한 검소는 사람에 대한 겸손과 같다. 셋째, 나와 남의 자유를 소중하게 다룰 줄 알아야 하고, 넷째, 창의를 삶의 나침판으로 삼을 줄 알아야 한다. 자유가 없으면 창의가 발휘될 수 없다.

'검소(儉素), 겸손(謙遜), 자유(自由), 창의(創意)'는 미래인간의 '사주덕(四柱德)'이다. 이 사주덕이 한 사람의 몸에서 하나가 될 때 '도덕군자'라고 할 수 있다. 서양에는 플라톤의 사주덕인 '지혜, 용기, 절제, 정의'가 있지만 후천시대를 맞아 새로운 사주덕이 필요한 시기이다.

—— 3

자유(自由)의 의미는 유별나다. 자유의 자(自)는 '존재'의 의미를 함의하고 있고, 유(由)는 '이유(理由)'를 나타내고 있다. 말하자면 존재이유가 자유인 셈이다. 인간은 존재에서 이유를 찾는 특이한 생물종이다. 자유의지와 초월적 자아와 초월적 자유는 인간의 뇌가 만들어낸 환상이지만 인간의 특이점이기도 하다. 뇌의 명령은 자유의지보다 빠르다고 한다. 그렇지만 뇌의 명령은 인간의 생존본능을 담고 있는 신체적 요구(자극-반사)를 수행하고 있는지도 모른다. 인간의 뇌가 아무리 명령을 한다고 하지만 생존을 위한 신체의 일부라는 사실은 부인할 수 없다.

그렇지만 뇌의 판단과 명령이 생존과 반대방향을 선택할 수도 있음을 전적으로 배제할 수 없다. 설사 뇌의 판단이 틀릴 수 있다고 하더라도 그것이 생멸하는 존재의 일반적 특성을 배반한 것은 아니다. 아무튼 신체는 단순히 기계적인 육체가 아니라 일반존재로서의 신체적 존재라고 보아야 한다.

≪ 031 ≫

예술이라는 신체적 놀이

——— 1

예술은 인간이 '신체적 존재'라는 것, '놀이하는 존재'라는 사실을 현상학적으로 증명하는 일이다. 그러나 예술의 진정한 의미는 '신체적 존재론'에 있다. 신체는 현상학적인 대상으로서의 육체가 아니다. 인간을 포함한 모든 존재는 신체적 존재이다. 신체야말로 진정한 마음이고 몸이다. 인간은 본래 놀이하는 신체적 존재로서 '상징-의례(symbol-ritual)'의 존재이다. 인간은 놀이를 하기 위해 '상징'을 만들고, 그것을 '의례(게임)'로 즐긴다.

——— 2

미셀 푸코의 '언설-실제(discourse-practice)'라는 것은 권력이라는 지향점을 갖는 '의례의 역사적 현상'에 불과하다. 신체는 생멸이면서 실체인양 짐짓 놀이를 한다. 그것이 예술이고, 퍼포먼스이다. 예술마저도 닫힌 체계가 되어서는 안 되는 까닭은 신체적 존재의 신체적 놀이이기 때문이다.

———— *3*

필자는 예술인류학과 철학인류학의 창시자이다. 예술은 살아
있는 신체를 가진 신체적 존재로서의 인간에게 필수불가결한
문화장르이다. 삶의 퍼포먼스 그 자체가 바로 생활예술이기 때
문이다. 예술인류학의 목적은 한 나라 혹은 한 문화를 이해하는
최종귀착점은 예술을 이해하는 것에 있다는 점과 예술이야말로
인류의 마지막 구원이라는 점을 강조하는 데에 있다. 철학인류
학의 목적은 철학도 문화풍토의 소산이라는 점과 철학은 앎을
표방하는 것이 사실이지만 결국 그 앎도 삶을 위해서 행해지고
있다는 점을 고취시키는 데에 있다. 예술은 구원이고, 철학은
삶이다.

———— *4*

예술적 삶은 긍정적 삶이고, 창조적 삶이고, 춤추는 삶이고,
스스로를 제단에 바치면서도 후회하지 않는 운명애적 삶이고,
최종적으로 비권력적인 삶이다. 철학은 권력을 추구하지만 예
술은 권력보다는 삶 자체를 추구한다.

본능, 본성, 존재, 자유, 신바람

—— 1

생문화적(生文化的)으로 보면 인간은 동물의 '존재성'을 '본능'이라고 비하·매도하면서 자신의 본능을 '본성'이라고 구별하고 '도덕'을 필요이상으로 과대평가하는 자기중심주의에 빠져있는 생물종이라고 할 수 있다. 인간이 사회적 동물로서 도덕과 법을 숭상하는 것은 질서유지를 위해 필요한 일이지만 동물의 본능을 비하함으로써 자연적 존재(본래존재)에서 멀어지거나 그것을 잃어버릴까 걱정이다.

자연적 존재성을 잃어버리지 않기 위해서는 차라리 인간을 '호모 사피엔스(지혜의 인간)'가 아니라 '생각하는 동물'로 규정해 놓는 것이 훨씬 건강하고 바람직할 것 같다. 그런 점에서 동물의 본능과 인간의 본성이 통일되어도 좋을 것 같다. 도리어 동물의 본능은 인간의 욕망이나 이성보다 공생적이다. 존재론적으로 보면 동물과 인간은 같다. 존재론적으로 보면 생물과 무생물이 같다.

동물을 보라. 동물은 인간이 구속되어 있다고 생각하는 본능에 충실하면서도 아무런 구속감을 느끼지 않는다. 동물들은 배가 부르면 더 이상 욕심을 내지 않는다. 동물은 이성이 없는 대신 욕망도 없다. 이성과 욕망은 같은 것이다. 그런데 정작 자유롭다고 생각하는 인간은 여러 종류의 구속에 얽매여있다.

돈, 명예, 권력 등등… 칸트는 초월적 자아의 초월적 자유의 존재인 인간이 자연의 필연성과 이율배반의 입장에 있다고 말했다. 그러나 자연의 필연성을 추구하는 과학 자체가 초월적 자아와 초월적 자유의 산물이고, 자연과 자연과학도 이율배반과 모순의 입장에 있다. 서양문명 자체가 이율배반과 모순 위에 건립된 문화이다.

인간은 심리학덩어리이다. 물리(物理)와 심리(心理)의 차이는 진리와 이율배반(역설)이다. 진리는 이율배반과 모순 위에 핀 꽃이다. 물리학이든 심리학이든 모두 이성의 산물로서 자연적 존재와는 거리가 멀다. 물리학과 심리학을 벗어난 신물일체, 심물일체, 심물존재, 만물만신에 도달한 자만이 본래자연과 본래 신인 만물만신의 신바람은 느낄 수 있다. 인간은 고정불변의 신(인격신, 인간신)이 아니라 기운생동하는 신바람을 느껴야 살맛이 난다.

———— 4

자유는 계산할 수 없다는 점에서 신과 같다. 자유는 차라리 신바람이라고 말해야 그 진의에 가깝다. 옛 사람들은 현대인의 자유를 신바람이라고 했다. 신바람이 나야 인간은 진정한 자유와 기쁨과 행복을 느낀다. 신은 멀리 있는 것이 아니라 너무 가까이 있다. 더 정확하게는 항상 함께 있다. 신이 없는 곳은 없다. 신은 사방팔방에 통해있다. 이것을 두고 무소부재(無所不在)라고 한다.

신은 안팎이 없다. 신은 내 몸 안에 있는 동시에 내 몸 밖에 있다. 동시에 있기 때문에 시공간을 초월해 있고, 더 정확하게는 시공간이 없다. 단지 말하여진 신은 신이 아니다. 단지 이름 붙여진 신은 신이 아니다.

<< 033 >>

호모사피엔스, 자기기만의 동물

―― 1

호모사피엔스인 인간은 자기기만의 동물이다. 아마도 자기기만을 통해 생존의 확률을 높이는 동식물은 없을 것이다. 대체로 동식물들은 보호색을 띠거나 남을 기만함으로써 자기의 생존율을 높이는 게 상례이다. 인간은 상상력과 생각을 통해 자기기만으로 신(神)과 이데아(idea)를 만들고, 종교와 과학(철학)을 만드는 등 만물의 영장이 되었을 것이다. 전에 없던 생존의 탁월한 기술인 자기기만을 통해 번성한 인간은 자기기만으로 망할 가능성을 점차 높이고 있다는 불길한 예감을 저버릴 수 없다. 호모사피엔스의 자기기만은 궁극적으로 존재기만으로 출발하고 있다.

―― 2

인간은 상상계를 동원하여 본래존재(자연)에 '가상의 세계=허구의 실체'를 덮어씌우고, 존재를 존재자로 환원시킨 절대정신의 소유자다. 절대정신은 자칫 잘못하면 자신을 절대신(絶對神)으로 동일시하거나 착각하는 정신병에 빠질 수 있다. 그런 점에서 정신은 정신병이다. 인간은 자기기만을 위해 끊임없이 기억을 조작하고, 신화를 구성하면서 자신을 합리화한다. 인간은 정도의 차이가 있는 합리화의 정신질환자인지 모른다.

——— *3*

세속적 인간에게 가장 중요한 것은 돈과 권력과 섹스이다. 돈은 권력과 섹스로 교환되고, 권력은 돈과 섹스로 교환되고, 섹스는 돈과 권력으로 교환된다. 교환체계를 만들어낸 인간은 마지막에 신과 권력과 돈과 섹스를 거래할지도 모른다. 인간은 자신의 우주론(cosmology)을 구성하기 위해 '죄와 도덕과 법률'이라는 입구(入口)와 '자유와 구원과 해탈'이라는 출구(出口)를 만들어 낸, 완벽한 절대주의의 정신질환자이다. 인간은 천국과 극락과 지옥을 만들어낸 동물이다.

——— *4*

생태학적으로 보면 인간종의 멸종도 가장 성공적으로 번성한 생물종이 운명인지도 모른다. 인간의 멸종은 어쩌면 자기기만의 '제로섬 게임(성공과 실패)'인지 모른다. 인간은 비록 몸집은 공룡에 비해 상대가 되지 않을 정도로 작지만 개체군(인구)의 크기로는 공룡이상이며, 특히 대뇌를 발달시켰다는 점에서 '뇌공룡(腦恐龍)'이라고 할만하다. 인간은 자기 힘(권력)을 과시하는 '인간신(人間神)'이 되느냐, 아니면 자연과 더불어 살아가는 겸손(소박)한 본래존재인 '신인간(神人間)'이 되느냐의 기로에 서 있다. 전자에 서면 멸종을 피할 수 없고, 후자에 서면 다시 부활할 기회가 올 것이다.

마르크시즘 ─ 닫힌 철학, 닫힌 종교

1

마르크스의 상부구조와 하부구조의 패러다임은 서양철학의 형이상학과 형이하학을 정치사회학적으로 변형시킨 것이다. 마르크스는 서양과학의 영향을 받아서 과학사회학을 창설하였고, 이를 위해 유물론과 무신론을 제창하였다. 이것은 인문사회학의 과학화였다. 마르크시즘은 아이러니컬하게도 과학시대의 '무신론적 종교'가 되었다. 그럼에도 불구하고 마르크시즘은 '닫힌 철학, 닫힌 종교'라는 점에서 '전체주의'라는 재앙을 내재하고 있다. 이는 과학기술에 내재한 전체주의적 속성과 통한다.

2

신이 있느냐, 없느냐('신의 존재, 비존재')의 문제는 철학적으로 이율배반에 속한다. 가만히 생각해보면 신의 존재가 인간이 있다고 하면 있고, 없다고 하면 없는 존재라면 신의 가치와 의미는 없을 것이다. 신이라는 존재는 인간이 유무(有無)를 가릴 수 없는 존재이다. 여기서 우리는 신이라는 존재가 유무의 존재가 아니라는 사실에 이른다. 그렇다면 우리가 신을 상상하거나 거론하면서 신을 군이 창조주(제조자)라고 말할 필요가 없게 된다. 신의 성격이 본래 '(현상학적인) 존재신학'의 주제가 아니라 '(존재론적인) 존재론신학'의 주제가 되어야 함을 깨닫게 된다.

—— 3

신(神)이 없다고 단정한 마르크시즘의 무신유물론(無神唯物論)에 이르러 철학은 이데올로기(이념)가 되었다. 마르크시즘(공산사회주의)은 신이 없다고 하면서도 실은 '가장 맹렬하고 맹목적인 무신론의 종교'가 되었다. 헤겔(Hegel, Georg Wilhelm Friedrich: 1770~1831)의 유신유심론(唯神唯心論), 즉 '유심론(절대정신)'과 '절대국가'를 현상학적으로 뒤집은 것이 마르크시즘이다. 헤겔은 마르크스(Karl Heinrich Marx: 1818~1883)의 반면교사가 되었음에 틀림없다. 이때의 반면교사는 반대로 가는 의미의 반면교사이다.

—— 4

헤겔의 절대국가는 히틀러의 나치즘(국가사회주의)을 발생시켰고, 마르크스는 마르크시즘(공산사회주의)을 발생시켰다는 점에서 둘 다 전체주의를 발생시켰다는 공통적인 뿌리를 떠올리게 한다. 근대서양철학을 집대성한 독일관념론의 완성자로 칭송받는 헤겔은 그러한 점에서 철학의 산봉우리에 있었다고 할 수 있다. 그 산봉우리의 한쪽은 올라오는 경사면이고, 다른 쪽은 내려가는 경사면이다. 헤겔에 이르러 신화와 철학과 역사는 역사철학으로 종합되었지만, 그것이 바로 현대의 신화라고 할 수 있는 이데올로기의 헤게모니 싸움의 출발이 되었다.

—— *5*

이데올로기는 이성이 아니라 이성을 가장한 도그마이며, 폐쇄된 감정이며 분노이다. 이데올로기는 기술화·물질화된 현대사회의 폐쇄된 신화·종교체계이다. 좌파이데올로기는 그 중에서도 종교와 철학이 감정과 분노로 환원된 맹목적 신앙이다. 마르크시즘은 동일성을 추구한 서양철학이 생산한 것 가운데 '가장 나쁜 이성의 질병'이며 철학이 형이상학적 폭력이 될 수 있음을 보여준 실례이다. 그런 점에서 가장 죄질이 나쁜 죄악이다. 어떤 결정주의(determinism)이나 닫힌 체계나 닫힌 구조도 그것을 절대화하면 존재(본래존재)를 왜곡하게 된다는 사실을 알 수 있다. 이데올로기의 결정판인 마르크시즘(유물무신론, 공산사회주의)은 평등을 절대가치로 주장한, 가장 열렬하고 맹목적인 무신론 종교이다.

마르크시즘은 기독교문화권에서 발생한 변종이라는 점에서 기독교마르크시즘이다. 마르크시즘은 악과 제휴를 한 독선적 기독교 중에서도 가장 악랄한 변종이다. 마르크시즘은 남을 철저히 책망하고 비난하면서 자기의 분노와 추악함을 미화하는 악마가 된 천사장의 후신이다. 강하게 남을 비난하는 자는 그 비난하는 자를 닮는다. 북한의 김일성 우상숭배는 마르크시즘의 변종 가운데서도 최악의 것이다. 말하자면 마르크시즘 플러스 전제주의 플러스 사교체제 플러스 대량 학살체제 플러스 국민노예 만들기 체제이다.

헤겔의 유심론(절대정신)과 마르크스의 유물론(무신론)이 다른 점은 전자는 정신의 변증법적 발전의 결과로서 절대성(전체성)에 도달한 것을 후자는 정신이 규정한 물질이라는 절대성의 역방향에서 철학을 시작함으로써 세계를 전체성이 아닌 전체주의로 몰아갔다는 점이다. 마르크스의 유물론과 유물사관은 과학의 이름을 빌린 인간정신의 거짓이상, 혹은 거짓과학이다. 과학으로 해결할 수 없는 '인간성의 문제'를 사회과학으로 해결하려고 한 것이 유물론이다. 헤겔의 절대정신, 혹은 절대관념론은 절대물질론인 유물론을 낳음으로써 현상학의 역설과 이중성(왕래성)

을 노출하였다.

8

**마르크스의 유물론은 노동을 '근육노동이라는 동일성'으로
환원한 가운데 공산당 일당 독재체제와 함께 계급**(프롤레타리아계
급)**을 투쟁의 도구**(계급투쟁)**로 사용함으로써 결과적으로 공산당
귀족계급을 탄생시켰다.** 공산당-유물론은 계급타파를 슬로건
으로 내세웠으면서도 '가장 계급적인 계급주의'를 고착시키는
가운데 역사를 중세(마르크시즘종교)로 되돌린 이데올로기적 재앙
이다. 공산진영의 공산당귀족과 자유진영의 노동귀족은 계급투
쟁과 프롤레타리아혁명이라는 거짓이상(僞想)의 뿌리에서 탄생
한 같은 것이다. 세계는 이제 개인자유주의와 사회전체주의의
대결장이 되었다. 개인의 자유가 없는 사회적 평등은 거짓평등
으로서 무의미하며, 인간에 대한 사랑이 없는 사회적 평등은 기
계적 평등에 지나지 않는다. 사랑이 없다면 개인도 사회도 구원
을 받을 수 없다.

9

마르크시즘의 모순과 이율배반을 가장 먼저 예리하게 지적한
철학자는 니체이다. 니체는 '주인의 도덕'과 '노예의 도덕'을 나
눔으로써 마르크스를 정면으로 비판하였다. 말하자면 마르크

스의 도덕은 '노예의 도덕'이라는 것이다. 니체는 도덕적 자연주의(moralischer Naturalismus)를 부르짖으면서 개인의 욕망을 인정함으로써 결국 '주권적 개인'을 중심으로 자신의 초인철학인 '권력에의 의지'를 전개하였던 데 반해 마르크스는 계급(집단)을 중심으로 프롤레타리아의 혁명(계급투쟁)을 선동하였다. 마르크스의 결정적인 하자는 바로 인간의 '욕망'을 무시하였다는 점이다.

니체와 마르크스는 공통적으로 인간의 신체를 중시하였지만 니체는 '개인적(심리적) 욕망'을 발견하고 그것을 인정함으로써 새로운 후기근대철학을 개척한 반면 마르크스는 인간의 '근육노동의 동일성'에 철학의 코를 박음으로써 어두운 지하세계(지옥)로 들어갔다. 니체는 '개인(individual, atom)'을 중심으로 하는 문화의 '근대성'을 이해하고 '후기근대성'을 선도하였던 데 반해 마르크스는 도리어 '전근대성'이라고 할 수 있는 '집단(공동체성)'으로 후퇴함으로써 역사를 역행하였다.

───── *10*

공동체사회(community)에 연원을 둔 공산주의(communism)는 언뜻 보면 매우 인간적이긴 하지만 실은 시대를 역행하는 무리(떼거지)본능에 의존하는 것으로서 개인을 기초로 하는 근대성에는 어울리지 않는(적응하지 못하는) 사상이었다. 유물론은 근본적으로 인간의 개인적 욕망을 부정하고 이성의 관념성(집단적 허구성)을 기초로 함으로써 전체적으로 '거짓(허위, 위선)의 피라미드'를 만들었다고 할 수 있다. 여기서 우리는 개인의 자유와 창조를 중심으로 하는 '생산적 자유자본주의'가 인간의 평등과 평화를 주장하는 '이상적 공산사회주의'를 이기는 이유를 발견할 수 있다. 그러나 불행하게도 헤겔에 의해 집대성된 독일관념론은 마르크스의 계급투쟁과 니체의 초인에 이르러 둘 다 본의 아니게 '전체주의라는 괴물'을 만들어내는 데에 일조하고 말았다.

———— *11*

공산사회주의는 결국 인간의 욕망을 부정한 이상적인 형태(ideal form)이긴 하지만 '닫힌 이상주의(노동자의 지상천국)'와 '닫힌 정의(노동자의 평등)'에 매달림으로써 도리어 스스로를 배반하고 위선과 가난과 독재(전체주의)로 끝나고 말았다. 이것은 전통-집단-농업사회에서 형성된 공동체주의가 근대-개인-산업사회의 적응에서 집단적으로 실패한 역사적 사례로서 인류의 기억 속에 남을 것이다.

공산당이 망할 수밖에 없는 이유는 처음부터 당파(계급당파)로 출발하였기 때문이다. 당파는 결국 편당(偏黨)을 하는 것을 목적으로 하고 있고, 편당은 결국 국가경쟁에서 낙오하게 된다. 국가 위에 있는 당파인 공산당은 국제코민테른을 조직하고 했지

만 소련의 패권주의에 봉사했을 뿐, 소련조차도 해체되고 말았다. 지금은 중국이 공산당 패권을 유지하고 있지만 그것도 언제까지 갈지 기약할 수 없다. 국가해체를 시도하면서 출발한 공산사회주의는 결국 자기모순에 의해서 국가를 해체할 수밖에 없다. 이것이 사필귀정이다.

———— *12*

'자유의 길'이라는 철학대작을 쓴 샤르트르가 개인적으로는 자유를 끝없이 추구했지만 이데올로기적으로는 유물론에 빠진 것은 프랑스의 현상학적 전통의 결과이다. 프랑스사람들이 사회주의에 경도되는 것은 그들의 합리주의(rationalism) 때문이다. 합리주의는 역사 속에서 흔히 이상주의(idealism)에 빠지기 쉽다. 인간이성의 정신분열증적 오만과 도착을 치유하기 위해 가장 시급한 것은 삶의 열린 태도이다.

열린 철학, 열린 종교, 열린 교육이 되어야 한다. 열린 철학, 열린 종교, 열린 교육이 되지 않으면 사교(邪敎)·컬트(cult)이다. 인간은 자기-내-존재이기 때문에 세계와 자연을 향해 열린 자세를 갖는 것이야말로 어떤 '선한(good) 마음'보다도 가장 '바람직한 선(good)'이다.

───── *13*

인류학적으로 보면 유물론(materialism)에는 원시모계사회
(Mater, matter)의 향수가 숨어있다. 유물론은 존재론적(자연적) 성
격을 가진 어머니(Mater) 혹은 바탕(matter)을 현상학적으로 옮겨
놓은 것이다. 그런 점에서 유물론은 현상학이다(과학이 물리학적 현
상학인 점을 상기할 필요가 있다). 유물론은 '나쁜(Bad) 여성성'이다. 나
쁜 여성성은 질투의 여성성이기 때문에 분쟁과 갈등이 잦을 수
밖에 없다. 당파싸움은 마치 여성들이 머리끄덩이를 잡고 싸우
는 형상과 같다. '좋은(good) 여성성'이 등장할 때 세계평화가
실현된다. 좋은 여성성은 마치 '평화의 어머니(모성성)'과 같은
것이다.

───── *14*

서양철학사 전체를 일별하면, 가장 먼저 시간의 선후(先後)에,
그 후 공간의 상하(上下)에, 이념의 좌우(左右)에, 신(존재)의 내외(內
外)에 초점을 맞춘 흐름의 족적을 발견할 수 있다. 이들 모두는
결국 자연을 자연과학으로 대체한 서양문명의 심리적 치료제
역할을 한 것으로 볼 수 있다.

≪ 035 ≫

성인(聖人)과 철인(哲人)의 화해

―― *1*

철인(哲人)은 성인(聖人)으로 가는 길목에 있다. 성인은 또한 철인이 되어야 한다. 소크라테스는 종교적 성스러움이나 자연의 신비스러움에 대해 철학적으로 질문을 한 '철학적 성인', '서양 철학의 아버지'이다. 소크라테스가 인류의 4대성인에 들어갈 수 있었던 것은 '성철(聖哲)'이었기 때문이다. 철학은 소수 현자의 종교이고, 종교는 다수대중의 철학, 즉 대중적 플라토니즘이다. 대중에게는 종교적 우상, 철인에게는 진리의 우상이 있다. 우상이 아닌 것은 '자연(본래적 존재)'과 '나(본래적 나)'밖에 없다.

소크라테스의 "나는 내가 아무 것도 모르고 있다는 것을 안다 (I know that I know nothing)."라는 말은 실은 현상학의 시작이면서 동시에 존재론의 시작이다. 야훼가 말한 "나 이외의 다른 신을 믿지 말라."의 진정한 뜻은 '나'만 믿을 수밖에 없다는 뜻이다. 결국 세계는 '나'라는 뜻이다. 이것이 '자신(自神)'이다.

—— *2*

석가, 공자, 예수, 소크라테스 등 4대 성인의 말씀은 모두 인간 각자가 자기가 사는 곳의 '주인이 될 것'을 역설한 것이다. 내가 사는 곳의 주인이 되지 못하면 사랑(愛)도, 자비(慈悲)도, 인(仁)도, 애지(愛知)도 실천할 수 없다. 주인이 될 때 진정한 사랑과 자비와 인과 애지를 실천할 수 있다.

—— *3*

인간은 너무 오래 동안 성인과 성인의 말씀과 행적을 기록한 경전에 의존해서 살아왔다. 성인은 인류 각 문화(문명)권의 경계선상에 있었던 인물이다. 경전은 각 시대마다 시대적 문제(필요)와 그것에 대한 해결책을 제시한 고귀한 책이다. 경전은 또한 새로운 해석을 가능하게 하는 지혜의 의미심장함으로 시대를 초월하는 고전이 되었다. 성인은 고문상서(古文尙書)를 금문상서(今文尙書)로 바꾼 인물들이다.

개인중심-이익사회-산업사회는 금문상서를 중시하고, 집단중심-공동체사회-농업사회는 고문상서를 중시하게 된다. 서구중심의 현대사회는 금문상서를 택할 수밖에 없다. 온고지신을 한다고 하지만 현재적 문제의식이 없으면 '온고'를 하다가 과거에 잡히기 쉽고, '지신'한다고 하지만 어떻게 지신할지를 모르기 쉽다. 결국 문제의식이 있어야 양쪽을 휘어잡을 가능성이 있다. 문제의식이 없다면 어느 것도 불가능하다.

———— 4

미래의 성인도 아마도 문명의 경계선상에 있는 인물일 것이다. 문명은 교류(흐름)와 전파(영향)에 따라 그것을 통합하는 과정과 함께 새로운 경전(법전)을 필요로 하고, 새로운 성인을 필요로 한다. 미래의 성인은 분명히 과학시대를 맞았기 때문에 종교와 과학의 경계선상에서 그것을 통합하고자 하는 인물일 것이다. 과학과 종교도 실은 여반장(如反掌)이다. 그 옛날 자연과 종교가 그랬듯이 말이다. 자연은 종교를 낳고, 종교는 다시 과학을 낳았다. 이러한 생성의 과정에 인간성이 개입되어 있다. 종교와 과학도 인간성이 개입한 결과이다. 인간성의 완성을 위해 신(神)이 설정되었다.

———— 5

성인과 철인의 화해는 종교와 과학의 화해이다. 그런데 성인은 시인을 닮아있다. 성인과 시인은 패배(敗北)함으로써 승리하는 자이다.

<< 036 >>

축복하는 인간, 저주하는 인간

—— 1

인간에게는 두 종류의 인간이 있다. '축복하는 인간'과 '저주하는 인간'이 그것이다. 샤먼에도 축복하는 샤먼이 있고, 저주하는 샤먼이 있다. 이것이 인간의 본래모습이다. 선(good)과 악(evil)이 어디서 나왔는가를 생각하는 것은 어렵지 않다. 악이라는 말을 발견한 자가 종국에는 악이 된다. 악(惡)은 적(enemy)이 보다 보편화된 말이다. 선(善)은 친구(friend)가 보다 보편화된 말이다.

—— 2

세계는 자기를 먹고 자기를 산다. 세계는 자기를 사랑하고 자기를 미워한다. 세계는 자기를 죽이고 자기를 살린다. 세계는 자기를 축복하고, 자기를 저주한다. 악이든 선이든, 적이든 친구이든 모두 자기이고, 자기의 변형이다.

≪ 037 ≫

누가 도(道)와 신(神)을 도적질(盜)하는가

—— *1*

도(道)와 도(盜)는 종이 한 장 차이이다. 도(道)를 추구하면서도 도를 소유하려는 자는 도둑이 되고, 신(神)을 추구하면서도 신을 소유하려는 자는 도둑이 된다. 말만 하는 자야말로 가장 큰 도둑이다. 가장 큰 도둑이기 때문에 말로써 세계를 소유하려고 한다. 마음속에 숨어있는 도둑을 경계하지 않으면 도둑에게 도를 도둑질당하고 만다.

—— *2*

도(道)는 앎(지식)보다는 실행을 앞세운다. 실행하지 않는 도(道)는 도가 아닌 것이다. 도학(道學)은 마땅히 행하여야 하는 것을 먼저 실행하고 후에 말한다. 심지어 도학은 실행하고 말하지 않는다. 서양의 철학은 '말의 체계'로서 철학을 인정받지만, 동양의 도학은 '말의 체계'뿐만 아니라 실행으로 덕(德)을 쌓아야 인정을 받는다. 그래서 동양의 도(道)는 '도덕(道德)'이라고 말한다.

—— 3

도(道)와 이름(名)은 견원지간이다. '도'를 '존재'로 말하면 우리는 『도덕경』의 첫 구절인 "말하여진 도는 도가 아니다(道可道非常道)"는 이렇게 패러디할 수 있다. "어떤 말도 말은 존재가 아니다. 말하여진 존재는 존재가 아니다."

—— 4

도(道)와 신(神)은 움직이는 것이다. 반자도지동(反者道之動)이다. 반자반(反者返)이다. 그러나 여기서 반운동이라는 것이 반드시 반체제를 의미하는 것은 아니다. 창조적인 반운동이라야 새로운 통합을 이룰 수 있고, 새로운 미래를 열어갈 수 있다. 창조적이지 않는 인물들의 반운동이라는 것은 잘못된 과거로 퇴행하거나 잘못된 역사적 혹은 철학적 환상(illusion)에 빠지기 쉽다.

《 038 》

현재(現在)는 존재와 소유가 반사되는 거울

—— 1

인간은 사물과 사건을 자기편으로 끌어들이기 위해서, 즉 자기화하기 위해서 절대유일신을 만들었다. 절대라는 것은 결국 세계를 소유하고자 하는 인간현존재(Dasein)의 대뇌적 전략전술에 속한다. '다자인(Dasein)'의 '다(Da)'는 어떤 '지향점(指向點)'을 말한다. 그렇기 때문에 신은 출발점(최초의 원인)이기도 하지만 동시에 지향점(최후의 결과)이다. 그래서 현상학에서는 '초월(超越, 先驗)-환원(reductionism)'과 '지향(志向)-회귀(recurrence)'가 원환(圓環)을 이루고 있다. 이 둘은 방향만 반대이지 결국 원점에서 만난다.

—— 2

하이데거는 현상학의 끝에서 존재를 바라보고 인간존재에게 'Da'자를 붙여 현존재라고 하였다. 'Da'는 무엇을 지향하고 환원하는 현상학적 인간의 특성을 가장 단적으로 드러내는 단어이다. 다자인의 다(Da)는 시간과 공간을 비롯하여 설명을 필요로 하는 어떤 것, 요컨대 육하원칙(六何原則) 같은 것을 내포하고 있다. 인간은 Sein을 모조리 Dasein으로 해석하는(바꾸려는) 존재이다. 인간은 사물을 설명하거나 해석하지 않고는 못 배기는 존재이다. 현존재(Dasein)인 인간은 '존재(Sein)'를 '말(언어)'로 표현할 수 있는 존재이다. 말이 없다면 현존재(인간)가 될 수 없다. 그런 점에서 현존재는 존재와 존재자의 동거이다. 현존재가 설정한 시간과 공간은 이미 존재자이다. 그러한 점에서 자연은 '자연적 존재', 존재자는 '제도적 존재자'라고 말할 수 있다. 제도적 시간과 공간이라는 것도 결국 사물을 소유하기 위한 인간의 그물망 혹은 제도라고 할 수 있다.

인간현존재는 소유적 존재의 탄생을 의미한다. 이를 거꾸로 말하면 인간에게 있어서 소유하지 않으면 존재하지 않는 것이 된다. 이를 두고 '존재와 소유의 역전'이라고 말할 수 있다. 존재는 소유의 바탕이다. 자연(Sein) 속에 인간(Dasein)이 있는데 인간(Dasein) 속에 자연(Sein)이 있다고 생각하는 존재가 인간이며, 이것이 바로 철학적 인간이다.

———— *3*

현재라는 시간은 존재와 소유의 경계지점을 의미한다. 현재는 시간이면서 동시에 시간이 아니다. 과거는 기억이다. 미래는 과거의 재구성이다. 과거를 창조적으로 재구성할 능력이 있는 자에게만 미래가 있다. 현재는 현재완료로서 미래를 향한다. 워낙 공기처럼 쉼 쉬고 사는 것이기에 제도로서의 시간과 공간은 낯설다. 시간이 없으면 속도도 없다. 공간이 없으면 질량도 없다. 우리는 흐르는 시간성을 시간이라고 말하고, 머무는 공간성을 공간이라고 말하고 있다. 결국 흐르고 머무는 것을 거창하게 시간과 공간이라고 말하고 있는 셈이다. 시간을 표시하는 말 중에 재미있는 것은 '미래(未來)'라는 말이다. 우리는 미래에 대한 희망을 미륵이나 메시아에게 위탁하고 있다. 어쩌면 미륵이나 메시아는 미래라는 시간의 의인화 혹은 종교화인지도 모른다.

———— 4

미래, 미륵, 메시아는 미래를 함의한다. 이들 단어들은 'ㅁ'자로 시작하는 공통점도 있지만 '소리(능기)와 의미(소기)에서 서로 통한다. '과거(過去)'의 과(過)자는 허물이나 과오와 통한다. 지나간 것은 항상 후회와 통하는 운명인가 싶다. 현재(現在)는 시간으로 머무를 수가 없다. 그래서 현재는 비시간(非時間)이라고 말한다. 인간은 현재라는 처소(감옥)에서 본래존재를 엿볼 수밖에 없다. 인간은 어떤 지향점을 가지고 있는 인간현존재이다. **미래(未來)는 과거의 재구성이고, 재구성을 할 수 있어야 창조가 가능하**

고, 미래의 신(神)을 만날 수 있다. 과거에 사로잡히면 귀신(鬼神)과 놀게 되고, 미래를 열면 신(神)과 놀게 된다. 신과 노는 것이 신바람이다. 현재는 과거와 미래의 경계선상에서 있는 거울이며 영매이다.

« 039 »

천부경(天符經)과 사방세계(Geviert)

――― 1

신은 존재이면서 현상이다. 『천부경』은 신의 이러한 이중적 성격을 잘 담고 있는 고대경전이다. **천부경은 인중천지일(人中天地一)에서 존재를 말하고, 천지중인간(天地中人間)에서 현상을 말한다. 인류의 경전 중의 경전은 천부경이다. 무시무종(無始無終)의 종교야말로 종교 중의 종교이다.** 서양의 존재론 철학자 하이데거는 『천부경』에 대한 지대한 관심이 있었다. 그는 천부경의 천지인 사상과 기독교의 신을 융합하여 '사방세계(Geviert: 하늘, 땅, 죽을 인간, 신적인 것)'을 완성했다.

――― 2

사방세계(Geviert)의 'ge'는 '모우다' '모이다'의 뜻이 있지만 '모여서 되다' '되다'의 뜻이 있다. 사방세계가 모여서 하나의 세계가 되는 의미가 있다. 이것이 서양철학적으로 변안된 천부경의 천지인사상이다. 서양기독교문명권의 하이데거는 천지인 이외에 '신(절대신)'을 별도로 설정하지 않을 수 없었다. 그래서 사방세계가 되었다. 천부경의 순환론(循環論)과 현상학의 원환론 (圓環論)은 다르다. 순환론은 실체가 없는 것이고, 원환론은 실체 가 있는 것이다.

천부경의 현대적 의미

—— *1*

천부경은 고대 동이족의 최고(最古)경전으로서 샤머니즘이 유라시아대륙을 횡행했을 때에 보편적인 경전으로 대접을 받았다. 그러나 그 후 세계인구가 번창하고 파미르고원에서 사방으로 퍼져나가면서 이 경전을 토대로 소위 고등종교인 유불선기독교의 경전이 새롭게 쓰여 지기 시작했다. 그런 점에서 천부경은 인류의 경전 중의 경전이라고 해도 과언이 아니다. 천부경은 모두 81자 속에 경전의 핵심내용을 축약해놓았을 뿐만 아니라 상징적인 상수(象數)로써 우주의 이치를 담고 있다.

—— *2*

여기서 천부경의 내용과 그 현대적인 의미를 다 말할 수는 없지만 대략을 소개하면 다음과 같다. 천부경은 천경(天經), 지경(地經), 인경(人經)으로 편의상 나눌 수 있다. 천부경의 천경(天經)은 존재론과 현상학이 함께 있는 구절(一始無始一에서 一積十鉅無櫃化三까지)이다. 지경(地經)은 현상학이 있는 구절(天二三부터 運三四成環五七까지)이고, 인경(人經)은 존재론이 있는 구절(一妙衍에서 一終無終一까지)이다. 그러나 천부경은 세계를 실체로 보지 않기 때문에 완전한 마디를 정할 수 없다. 천부경은 읽는 자에 따라 다양한 세계를 전개한다.

천부경 (天符經)	현상학-존재론 통합 (天經)	기독교와 불교의 통합	서양철학과 동양철학의 통합	一始無始一에서 一積十鉅無櫃化三까지
	현상학 (地經)	기독교 (현상학)	서양철학 (哲學)	天二三부터 運三四成環五七까지
	존재론 (人經)	불교 (존재론)	동양도학 (道學)	一妙衍에서 一終無終一까지

―――― 3

천부경을 종교 및 철학과 연결시키면 지경(地經)은 현상학-기독교-서양철학으로 연결되고, 천부경의 인경(人經)은 존재론-불교-동양도학으로 연결된다. 이들 현상학과 존재론을 통합한 것이 천부경의 천경(天經)이다. 불교와 기독교가 만나서 수렴을 하고, 다시 이들이 무교로 수렴되면 종교의 원시반본이 이루어진다.

천부경의 내용을 보면 우주는 무시무종(無始無終), 즉 시작도 끝도 없는 천지인의 순환체로서 변화무쌍한 생멸체이다. 그 가운데 인간은 우주의 이치를 깨닫고 활용하는 존재로서 결국 인중천지일(人中天地一)을 실현하는 구현체(具現體)이다. 인중천지일을 실현하는 인간을 도인(道人)이라고 말한다.

천부경은 일종의 미궁도(迷宮圖)이다. 처음과 끝이 '일(一)'자로 같고, 어느 곳에서 끊어도 의미가 통하고, 그 의미는 서로 가역왕래하고 있다. 그래서 해석의 정답이 없다. 일시무시일과 일종무종일은 바로 시종(始終)의 만남이고 이중성이다. 일(一)에서 일(一)로 시종함으로써 순환을 이룬다. 천부경의 중심은 육(6, 肉)이다. 육은 41자 째이고, 상호가역왕래의 중심에 있다. 그래서 중수(中數)와 인(人)의 만남이고, 천지부모(天地父母)의 자식(子)을 의미한다.

천부경의 상수학은 상수로서 인간과 우주의 변화를 설명하는 패러다임이다. 인간은 아버지(中數의 천, 4)와 어머니(중수의 지, 5) 사이에서 태어난 부모조상의 삼자합일지생(三者合一之生)의 자식(중수의 자, 6)으로 '아생(我生)의 존재'이다. 따라서 충효를 다하지 않으면 천지인(1, 2, 3)의 본수(本數)에 이르지 못한다고 한다. 인간은 하늘의 복록(末數의 7)과 땅의 먹이(말수의 8)로 살다가 결국 생멸(말수의 9)을 맞는다. 그렇지만 '내(我)'가 없으면 '세계'가 없는 것이다. 내가 바로 세계이다.

—— 7

본수는 하늘을, 중수는 사람을, 말수는 땅을 의미한다. 중수의 부모와 자식의 관계는 본수의 하늘(天)에도 적용될 수 있다. 그것이 '하늘부모'이다. 중수의 사람(人)에게도 천지인을 적용하여 '천지인참부모'가 될 수 있다. 그리고 말수는 삼라만상의 만왕만래를 의미한다. 인간은 천지의 발생 이후에 태어났지만, 태어난 뒤에는 천지의 사이에 있다. **천지의 사이에 있는 인간(사이-존재)은 천지중인간(天地中人間)과 인중천지일(人中天地一)을 선택하지 않으면 안 된다. 전자의 인간은 '역사철학적 인간'이고, 후자의 인간은 '본래존재적 인간'이다. 후자의 경지에 이른 인물을 우리는 성현(聖賢)이라고 부른다.**

象數	하늘부모	天	地	人	5가 生數(1, 2, 3, 4, 5=선천수)의 體이고, 10이 成數(6, 7, 9, 10=후천수)의 體이다
本數 (天)	하늘 (하늘부모)	1 (1)	2 (1)	3 (1)	三神(造化神, 治化神, 敎化神)은 一神이다
中數 (人)	천지인 참부모	4 (父)	5 (母)	6 (子)	아생(我生)으로서 유형의 존재가 태어난다(충효가 없이는 하늘에 도달할 수 없다)
末數 (地)	삼라만상 (萬往萬來)	7 (복록)	8 (먹이)	9 (생멸)	생성쇠멸(生成衰滅)한다. 10은 완성수이다

[我生 十一九 回通圖]

—— 8

객관적인 세계라는 것은 자연과학의 허상이다. 말하자면 이는 문학의 허구의 진실과 같은 것이다. 자연과학은 자연을 텍스트화한 것이다. 옛 사람들은 신령(神靈)을 초자연적인 (supernatural) 현상이라고 했지만, 오늘날의 자연과학이야말로 초자연적이고 형이상학적인 현상이다. 자연은 형이상학도 아니고, 자연과학도 아니다. 자연은 그냥 존재(자연적 존재, 심물존재)이다. 자연은 인간의 인식체계에서 이해된 것이 아닌 본래존재이다.

—— 9

일(一)에도 '초월적 일(一)'이 있고, '내재적 일(一)'이 있다. 초월적 일은 숫자를 더해갈 수 있지만(1, 2, 3… ∞), 내재적 일은 항상 일(一)이고, 따라서 본래일(一)이다. **천부경의 천일일(天一一), 지일이(地一二), 인일삼(人一三)에서 앞에 있는 공통의 일(一)은 내재적 일이다.** 내재적이라는 말은 셀 수 없는 세계를 의미한다.

—— 10

인간의 생각과 숫자는 이미 초월적이다.

<< 041 >>

씨앗과 열매와 나무

――― *1*

씨앗과 열매와 나무는 누가 먼저인지 알 수가 없다. 어느 쪽을 먼저 주장해도 틀리지 않는다. 씨앗과 나무와 열매는 동거하고 있기 때문이다. 현행훈종자(現行熏種子), 종자생현행(種子生現行)이기 때문이다. 인간은 씨앗이고 열매이고 나무이다. 나는 조상의 현행이며 자손의 종자이다. 세계는 지금도 순환하고 있다. 그러한 순환에서 마디를 끊은 것이 현행이며 종자이다.

――― *2*

씨앗(semen)과 의미(semantics)는 같은 뿌리를 가지고 있다. 남자는 씨앗과 의미를 좋아하고, 여자는 생산(출산)을 좋아한다. 남자는 의미부여를 하는 존재이고, 여자는 부여된 의미를 좋아한다. 이것이 생명과 음양의 이치이다. 남자가 '진리적 존재(진리를 위해서 존재하는 존재)'라면, 여자는 '존재적 진리(존재하는 것이 진리인

_{존재)}'이다. 여자는 이렇게 말한다. "존재는 진리가 아니다."

남자는 때때로 오만해져서 논리성이 부족한 여자를 혐오하기도 하지만 여자가 없다면 생명이 없다는 사실에 경건해져야 한다. 여자는 남자를 낳기도 하지만 종국적으로 남자의 구원이다. 여자가 없으면 구원도 없다.

<< 042 >>

영원을 숭배하는 병

—— *1*

세계를 '생성(생멸)'이라고 하지 않고 '존재'라고 말하는 것은 이미 실체론의 시작이며, 생성과 존재의 둘 중에서 존재의 편에 서는 행위이다. 자연은 생멸하면서 생존의 법칙에 충실하고자 하는데 인간만이 유독 '불멸'과 '영원'을 고집한다. 불멸은 결국 생멸의 무한대를 말하고, 영원은 순간의 무한대를 말한다. 영원은 순간이 있어야 가능하고, 순간은 '내(ego)'가 있어야 가능하다. '내'가 없으면 순간도 없다. 결국 순간과 영원이라는 것도 '에고(ego)의 산물'이다.

—— *2*

진정한 영원은 순간의 무한대가 아니라 무시무종(無始無終)의 영원이다. 시작과 끝이 없는 것이야말로 영원이다. 영원이 시간의 무한대라면 영혼은 공간의 무한대이다. 영원과 영혼은 실체적 사유의 결과이다.

───── *3*

영원과 영혼에 대한 숭배는 인간의 고칠 수 없는 병이면서 동시에 인간에게 삶의 용기와 힘을 불어넣는 종교이다. 영혼과 영원을 숭배하는 인간의 병은 일종의 좋은 박테리아와 같다. 영원을 살려면 순간을 잘(good) 살아야 한다.

≪ 043 ≫

언어의 실체론과 관계론, 구조주의

—— *1*

언어와 문화는 문법과 법칙을 지향한다. 언어는 관계와 구조
의 산물이지만 법칙을 지향함으로써 세계를 실체의 체계로 이
해하게 한다. 그러나 언어로 축조된 텍스트는 근본적으로 해체
되지 않을 수 없는 운명에 있다.

—— *2*

시적 은유는 언어의 관계론이다. 과학적 환유는 언어의 실체
론이다. 시와 과학은 언어를 사용하는 두 가지 큰 범례에 속한
다. 그런데 그 사이에 개념적 은유(conceptual metaphor)가 있다.
이것이 개념이 된다. 존재의 어떤 대립 속에도 반드시 그것을
매개하는 제 3의 매개물이 있다. 이것은 대립을 무화한다. 그렇
지만 존재(세계)는 본래하나이다. 그런 점에서 모든 존재는 천지
(天地)를 자기 속에 품고 있다. 이것이 내재성이고, 내포성이고,

일반성이다. 언어는 인간이 자연에 덧씌우는 빙의(憑依)와 같다.

———— 3

언어학의 구조주의, 즉 구조언어학은 서양철학의 '주체-대상'의 현상학의 프레임을 '눙기(能記)-소기(所記)'로 전환함에 따라 서양철학의 이원대립(주체-대상)의 세계를 동양철학의 음양론(이원대칭)으로 접근하게 하는 전기를 마련했다. 구조주의는 서양철학과 언어의 실체론을 상대관계론으로 전환하는 일대변혁을 이룬 사건이었다고 할 수 있다. **세계는 실체가 아니라 관계이다. 현상학은 주체-대상의 절대실체론을, 음양론은 음양의 상대관계론을 지향한다. 음양론에 이르면 신들도 '절대실체의 신'이 아니라 '상대관계의 신'이 된다. 절대와 평균과 중심은 인간이 만들었다.**

≪ 044 ≫

전쟁과 사랑, 지식과 지혜

―― *1*

남자는 권력과 전쟁의 족속이고, 여자는 생명과 사랑의 족속이다. 가부장-국가사회는 제국을 통해 권력-지배를 추구해왔고, 여자는 자식의 재생산을 통해 인적자원을 제공해왔다. 남자는 의미(씨앗)를 생산하고, 여자는 생명을 생산한다.

―― *2*

어리석은 남자는 아무리 지식을 쌓고 시련을 겪어도 여자가 아이를 배고 낳고 양육하는 과정에서 터득하는 지혜를 터득하지 못한다. 남자는 지식의 동물이고, 여자는 지혜의 동물이다. 지식은 쌓아가는 양적인 것이지만, 지혜는 양보다는 그것을 관통하는 질을 우선한다.

—— 3

남자의 의례(ritual, performance)는 게임(game)이고, 여자는 의례는 드라마(drama)이다. 게임은 승리(승패)를 위해 있는 것이지만 드라마는 승패보다는 율동(리듬) 그 자체를 위해 있는 것이다.

—— 4

사랑은 존재와 존재의 솔직한 만남이다. 존경은 존재와 존재의 거리가 있는 만남이다. 사랑은 자신을 버릴 수 있는 만남이다. 존경은 자신을 낮춤으로써 상대를 높이는 만남이다. 사람이 존경보다 사랑을 더 원하는 것은 앎보다 삶을 더 원하는 것과 같고, 지식보다 지혜를 원하는 것과 같다. 사랑은 더 쌓기를 원하지 않는 삶과 지혜를 닮았다.

신(God) - 정신(Geist) - 유령(Ghost)

《 045 》

신(God)-정신(Geist)-유령(Ghost)

───── 1

신(神, God)이 정신(精神, Geist)이 되면서 인간의 힘은 실질적으로 막강하게 되었다. 정신은 자연을 물질(대상)로 규정하면서 자연을 이용물로 소유하게 되었다. 그런데 신이든 정신이든 자연 그 자체가 아니라 인간의 사유과정의 산물이라는 점에서 모두 가상실재인 유령(幽靈)이다. 본래 신이라는 것도 조상신인 귀신에서 시작했다. 그래서 한자로 신(神)은 귀신(鬼神) 신자이다.

신의 발전과정을 보면 정령숭배(animism) → 토테미즘 (totemism) → 샤머니즘(shamanism)으로 나아가는데 샤머니즘에서 인간의 조상이 귀신으로 초월적인 지위를 얻게 된다. 바로 귀신에서 유일신인 신(God)이 추상되고 절대적인 신의 지위로 격상된다. 신은 다시 인간의 정신(Geist)이 됨으로써 절대정신의 지위와 함께 신에 근접하게 된다. 그렇지만 인간의 정신은 다시 유령(Ghost)으로 정체성을 폭로하게 된다. 그 유령은 다름 아닌,

가상실재를 설정하는 인간정신으로서 결국 귀신이나 신을 설정하는 것이나 마찬가지의 성격이 된다. 귀신=신=정신=유령인 셈이다. 유령이 다시 신이 되어도 아무런 이상이 없다. 이들은 모두 '동일성'이라는 공통성이 있다. 신이 귀신이고, 귀신이 신이다. **신은 가장 멀리 있는 추상적인 부모이고, 부모는 가장 가까운, 구체적인 신이다. 신이 인간이고, 인간이 신이다. 신이 부모이고, 부모가 신이다. 조상을 대표하는 할아버지와 '하느님(하늘, 할) 아버지'는 같은 뜻이다.**

───── *2*

정신이 유령(幽靈, Ghost)이 되면서 인간세상은 혼란에 빠졌다. 인간세상은 유령의 세상이 되고 말았다. 자본의 유령, 마르크스의 유령이 세상을 지배하고 있다. 인간이 만든 것은 모두 유령이다. 인간은 본래 신물일체(神物一體, 神物一切), 심물일체(心物一體, 心物一切)로 돌아가지 않으면 안 된다. 이것의 시작은 정령숭배이고, 이것의 끝은 만물만신(萬物萬神)이다. 사물에 정령이 있다면 인간에게 영혼이 있다. 정령-영혼, 귀신-신-정신, 정신-물질, 물질-유령의 순환 고리를 끊고 만물만신에 이르러야한다. 만물만신에 이르면 생멸(生滅)은 있지만 생사(生死)가 없다.

신(神, God)은 인간을 위해 탄생했다. 신을 위해 신이 탄생한 것이 아니라 인간을 위해 신이 탄생했다. 신은 인간의 자기존재에 대한 설명(존재이유)과 자기구원을 위해서 탄생한 것이다. 신은 세계에 대한 인간의 최초의 설명(해석)방식이었고, 존재방식이었고, 구원의 방식이었다. 신에게서 진리와 존재는 하나였다. 그런 점에서 신은 "나는 나다."라고 말할 수밖에 없었다. 그러나 철학과 과학의 등장이후 인간은 신 대신에 '이데아'와 '이성(진리)'과 '과학(수학)'을 등장시켰다. 신은 이때부터 세계에 대한 설명방식의 자리를 수학에 내줄 수밖에 없었다.

신은 이제 존재이유와 존재구원을 위해 존재하는 것이 아니라 본래존재가 되지 않으면 안 된다. 만약 과학의 이름으로 신이 존재의 자리(존재 그 자체)에서마저 버림받는다면(소외된다면) 더 이상 신의 유효성(생명)은 없어지게(사라지게) 될 것이다. 정신(Geist)이 신(God)을 죽이고, 유령(Ghost)이 정신을 죽인다면 인간종은 스스로 절멸할 수밖에 없다. 신과 정신과 유령은 같은 뿌리에서 나온 것이다. 신은 인간이 지상에 출현한 후 최초로 발한 화두(話頭)이다. '신'이라는 화두를 통해 인간은 세계와 처음으로 대화를 시작했다.

욕망은 이성이고, 이성은 목적이자 도구이다. 도구는 권력이고, 권력은 또한 욕망이다. 무욕에 대한 교육이나 체득이 없이는 인류의 평화는 요원하다. 인간은 스스로 지배하는 시대가 와야 더 이상 전쟁 없는 평화의 시대가 구현된다고 본다. 평화가 목적이라는 것은 영원한 평화라는 것은 달성될 수 없다는 말과 다르지 않다.

수학의 철학, 철학의 수학

—— 1

과학과 수학의 등장이후 신(神)은 0과 1과 -1, 그리고 무한대 (∞)로 대체되었다. 무한대(∞)의 모양은 0(원점)을 중심으로 플러스의 세계(1)와 마이너스의 세계(-1)가 양쪽으로 펼쳐진 모습이다. 0의 모습이 숫자적으로 표현된 불교의 공(空)의 세계라면 1과 -1과 무한대(∞)는 색(色)의 세계이다. 아무것도 없음(nothing)의 의미의 0은 본래 없는 것이다. 자신이 바라는(찾고자하는) 것은 없더라도 우주 속에는 무엇인가는 있기 마련이다. 그렇지만 좌표에 0이 없으면 무(無)나 공(空)을 표현할 길이 없다. 무엇을 설명한다는 것은 어떤 프레임으로 보는 것을 말한다. 수학의 좌표는 그 대표적인 것이다. 그러나 존재는 프레임과 좌표 이전의 것이고, 그 너머의 것이다. 존재는 설명할 수 있는 것이 아니다. 존재는 존재할 뿐이다.

0은 존재를 말하고, 무한대(∞)는 현상을 말한다. 동시에 0은 무와 공(존재)의 현상학이고, 무한대(∞)는 0을 향하지 않을 수 없다. 0과 무한대(∞)의 관계는 무극과 태극의 관계와 같다. 좌표의 수평선에 수직선이 없으면 0을 세울 수가 없다. 평등(수평, 상대)에 자유(수직, 절대)가 없으면 자신을 세울 수가 없다. 무상정등각(無上正等覺)은 불교철학의 수학이다. 공즉시색(空卽是色), 색즉시공(色卽是空), 일즉일체(一卽一切), 일체즉일(一切卽一)인 것은 물론이고, 공즉기(空卽氣), 공즉무(空卽無), 공즉중(空卽中), 공즉허(空卽虛)이다.

열려진 체계나 세계에는 본래 중심(0)이 없다. 중심은 폐쇄된 체계나 세계에서 발생하는 것이다. 원에는 항상 중심이 있고, 원운동에는 항상 중심이 확보되어있다. 중심이동이 자연스러워야 자연이다. 자연은 이미 중도(中道)를 실현하고 있다. 자연이 성실한 이유는 이미 중도가 체화되어있는 중화체이기 때문이다. 열려진 체계나 세계에는 주변만 있을 뿐이다. 그 주변이 있음으로써 한시적으로 중심이 있게 된다. 결국 시공간이 있음으로 해서 생기는 특수현상(특이점)이 중심이다. 이는 인간이 자연의 특이점이고, 중심인 것과 같다. 인간이 만든 모든 것은 인간

이 있음으로써 발생한 것에 불과하다. 우리는 그것을 있다(有), 없다(無)고 말한다.

———— 4

점(·)은 중(中)이고, 공(空)이다. 점(·)은 있고 없다. 중(中)도 있고 없다. 공(空)도 있고 없다. 영(0)도 있고 없다. 기(氣)도 있고 없다. 현재도 있고 없다. 시간도 있고 없다. 공간도 있고, 없다. 있음-없음, 유무(有無)조차도 있고 없다. 요컨대 유무(有無)는 음양(陰陽)처럼 상생한다. 그래서 유무상생(有無相生)이다.

———— 5

도는 무위자연을 말한다. 무위자연은 자연과는 거리가 있다. 무위니, 유위니 하는 말 자체가 이미 인간적인 것이 침투한 말이기 때문이다. 도는 다시 자연을 법으로 삼기 때문에 자연과는 거리가 있다. 생멸하는 자연을 무위(無爲)라고 하는 것과 없음(nothing)을 무(無)라고 하는 것은 다르다. 무위자연이라는 말보다는 만물만신이라는 말이 자연에 가깝다. 만물만신은 신이 만물을 창조했다고 하는 기독교의 이분법과 서양철학의 이분법(존재와 생성)을 무화시키고 넘어서기 때문이다. 만물만신은 천부경의 무시무종을 회복하는 새로운 진언이다.

《 047 》

진리(眞理)와 도(道), 그리고 철학의 종언

—— *1*

인간은 실재를 가정(假定)하는, 또는 실체를 가상(假像)하는 존재이다. 그런 점에서 인간이 가정하고 가상한 모든 존재는 가상실재이다. 인간은 끝없이 가상, 즉 진리를 통해서 본래존재에 이르는, 말하자면 세계에 대해 철저하게 우회로를 찾아가는(여행하는) 존재이다. 그 우회로란 바로 생각이다. 그런 점에서 인간은 생각하는 존재이고, 동시에 진리의 존재이다. 그 진리는 삶(생명)의 수단(way, how)이면서 동시에 목적(reason, why)이다.

—— *2*

삶에 있어서 수단 혹은 경로이면서 동시에 목적인 것이 바로 도(道)이다. 우리는 현상학적으로 목적이라고 한 것이 수단이 되고, 수단이라고 한 것이 목적이 되는 것을 종종 목격하게 된다. 그런 점에서 『성경』에서 "나는 길이요, 진리요, 생명이다."라고 한 예수의 말은 『도덕경』의 "인법지(人法地) 지법천(地法天) 천법도 (天法道) 도법자연(道法自然)"과 흡사하다.

길은 삶이고, 진리는 앎이고, 생명은 존재이다. 이 세상에 길 아닌 것이 없다. 이 세상에 진리 아닌 것이 없다. 이 세상에 생 명 아닌 것이 없다. 존재를 생명으로부터 설명하면 모든 존재는 생명이다. 존재를 사물로부터 설명하면 모든 존재는 진리이다. 존재를 존재로부터 설명하면 모든 존재는 존재이다. 존재는 길 일 수도 있고, 진리일 수도 있고, 생명일 수도 있다.

— *3*

철학은 '주체-대상'의 프로그램이다. 이 프로그램에는 신과 영혼과 세계전체가 필요하다. 그러나 진정으로 철학의 바탕이 되는 것은 '물 자체(Thing itself)'이다. 물 자체는 자기이다. 동양 사람들은 물 자체를 자연(自然) 혹은 심물(心物)이라고 말한다. 자 연은 주체-대상이 아니다. 자연은 자기-내-존재이다. 그런 점 에서 인간은 세계-내-존재가 아니라 자기-내-존재이다. 세계 라는 말 자체가 신과 영혼과 세계전체를 필요로 한다. 자연 속 에서는 자기(self) 아닌 것이 없다. 이것을 두고 자연의 내재성이 라고 한다. 철학은 그동안 초월(선험-초월-지향)을 주장해왔다. 그 러나 이제 그 노래를 중단할 때가 되었다. 세계는 이제 타자로 서의 신도 영혼도 세계전체도 사물도 아닌, 자기(self)이기 때문

이다. 오로지 자기인 세계에서는 생사도 없다. 철학이 종언되는
자리에 도학이 있다.

———— *4*

　동서양철학의 차이는 실체의 유무(有無)에 있다. 동양의 실체
가 없는 것은 서양에 들어가면 실체가 있는 것으로 둔갑한다.
동양의 법(法)과 도(道)가 그렇고, 심(心)과 물(物)도 그렇다. 동양의
자연은 서양에서는 자연과학이 된다. 서양에서는 으레 자연과
학이 자연이고, 자연은 자연과학으로 존재한다고 생각한다. 동
양의 존재는 서양에서는 존재자 혹은 사물이 된다. 서양문명의
바탕에는 동일성이 있고, 동양문명의 바탕에는 관계성이 있다.
**서양문명의 관계성은 실체가 있는 관계성이고, 동양문명의 관
계성은 실체가 없는 관계성이다. 동양문명은 유무상생(有無相生)
이고, 서양문명은 유무대립(有無對立)이다.**

———— *5*

　그동안 서양철학에서는 눈에 보이는 사물을 가변적 현상이라
고 하고 그 속에 있는 고정불변의 본질을 이데아 혹은 이성(理性)
이라고 했는데 이제 이데아 혹은 이성, 즉 이(理)를 현상(법칙)이라
고 하고 기(氣)를 존재(자연)라고 해야 한다. 이(理)는 현상이고, 기
(氣)는 존재이다. 심즉기(心卽氣), 물즉기(物卽氣)이다.

≪ 048 ≫

산스크리트어, 언어와 문명

───── *1*

'마고(麻姑)문명'을 기준으로 볼 때는 산스크리트어는 인류언어와 문화의 원형이다. 산스크리트어는 동아시아에서 뜻(의미)은 상형문자인 한자(漢字)로 다시 정착되고, 발음은 산스크리트어의 소리의미(예: 하늘 天)로 전해졌다. 동이족은 한자를 발명하고, 산스크리트어의 발음을 동시에 사용함으로써 의미와 뜻을 통하게 했다.

동이족에 전해온 소리는 15세기 중엽에 조선조 세종대왕에 의해 독립적인 문자인 훈민정음(한글)로 새롭게 창제되었다. 그렇지만 한글은 한자의 도움을 받지 않고는 의미를 정확하게 혹은 깊이 있게 전달할 수 없기 때문에 반드시 한자를 병용해야 전통문화를 보존할 수 있다. 이는 소리로서만 의미를 보존할 수는 없기 때문이다. 한자에는 소리(음차)와 의미(훈차)가 동시에 보존되어있는 경우도 많다.

인도유럽어문명권은 이원대립(對立) 속에서 균형을 찾아간 문명이라면 한자문명권은 음양대칭(對稱) 속에서 중도를 찾아간 문명이다. 전자의 최종산물은 세계를 객관적으로(타자로) 다스리는 과학이고, 후자의 최종산물은 자기를 주관적으로(자기로) 다스리는 도덕이다. 전자는 절대를 자기 밖에서 찾은 것이고, 이것은 기독교와 과학이 되었다. 후자는 절대를 자기 안에서 찾은 것이고, 이것은 성리학과 도덕이 되었다. 결국 이 두 문명은 세계사적으로 보면 음양관계, 상호보완의 관계에 있게 된다. 이 두 문명 사이에 불교가 있다. 불교를 통해서 상호소통하지 않으면 인류의 미래는 낙관할 수 없다.

주어를 철저히 사용하는 인도유럽어문명권(산스크리트어)에서 고정불변의 존재가 없음을 설파하는 불교가 생겼고, 그것은 중동유대문명권으로 전파되어 절대유일신으로 변형되었다. 불교는 또한 동아시아 한자문명권으로 전파되어 격의불교 혹은 불도(佛道)가 되었다. 기독교를 중국에 전파한 마테오리치는 "태초에 신이 있었다."는 성경의 구절을 '태초유도(太初有道)'라고 번역하였고, 한국의 기독교선교사는 기독교의 '여호와'를 '하느님'으로 번역하였다. 각 지역의 최고신이나 최고존엄을 빌려서 기독교의 유일신을 표현하였다. 우리는 여기서 기독교의 종교적 제국주의를 발견하게 된다.

≪ 049 ≫

시와 종교, 대중적 철학과 대중적 예술

―――― *1*

시(詩)는 일상적 종교이다. 시는 마음의 고향을 찾는 순진무구한 언어놀이다. 시는 대중이 본래존재에 이르는 지름길을 힐끗 힐끗 보여주는 안내자이다. 시는 대중적 예술이면서 동시에 대중적 철학이다. 시는 마지막으로 잃어버린 자연을 환기시켜준다는 점에서 은유를 통해 환유에 이르는 대중적 종교이다. 종교는 대중적 철학(기독교는 대중적 플라토니즘)이고, 철학은 지식인의 종교이다. 현대에 있어 대중적 시, 대중적 예술의 총아는 역시 영화이다. 문자 대신에 필름의 이미지를 사용하는 이미지예술인 영화는 사물을 즉물적으로 바라보게 하는 환상과 마력으로 인해 대중을 사로잡고 있다.

―――― *2*

인간은 탄생과 더불어 이미 종교적 언어 속에 세뇌·빙의되어

있다. 인간의 언어가 이미 종교문화 속에서 구성되어 있다. 따라서 인간은 누구나 종교적 습득과 과제를 안고 있다고 해도 과언이 아니다. 기독교문화권에서 태어난 사람들은 아무리 대단한 사람이라 하더라도 기독론(Christology)과 종말론(Eschatology)의 틀을 깨기 어렵다.

───── *3*

시는 일상 언어의 은유적 사용을 통해 특종종교를 믿지 않고서도 언어적 구원과 깨달음, 그리고 일상에서의 탈출을 시도할 수 있는 언어예술이다. 시는 마음의 평화를 달성하기 위한 몸의 울부짖음(몸부림)이다. 시의 이러한 기능은 예술일반으로 확대하여 적용할 수 있을 것이다.

───── *4*

대중예술의 총아인 영화의 최종적 목적은 신체적 존재와 이미지를 통해 가부장사회에서의 여성 혹은 창녀(여성의 성의 자유·해방)**의 입장에서 세계를 재해석하는 것이다**(천사는 드물게 등장한다). **이는 남성 혹은 권력**(도덕)**의 입장에서 세계를 해석해온 종래의 언어문자와 의미를 추구하는 예술과는 다른 것이다. 그런 점에서 문학이 '메시지의 예술'이라면 영화는 '마사지의 예술'이다.**

——— 5

　대중은 과거와 습관(관습)에 사는 사람들이다. 대중에게 창조적 삶을 기대하는 것은 실망하기 쉽다. 그러나 대중의 호응과 참여가 없이는 어떤 문화도 자리 잡을 수가 없다. 결국 창조적 소수는 대중과 소통하면서 창조적인 작업을 하지 않을 수 없다.

≪ 050 ≫

존재와 혼돈과 질서에 대하여

───── *1*

존재(being)는 왜 혼돈(chaos)처럼 보이는가. 이는 질서(cosmos)에 길들여진 때문이다. 인간은 자연의 생성을 자연과학의 법칙으로 환원하고자 하는 이성과 욕망을 가지고 있다.

───── *2*

철학자들은 특히 '존재'를 '무질서'이라고 생각하는 장본인이다. 그래서 어떤 체계와 질서를 세우고자 한다. 하늘과 땅 사이에 스스로 존재하고 있다고 생각하는 인간은 세계를 '사이-존재(espacement, 시간의 공간화)'로 규정하고자 한다. 어떤 대립되는 것의 사이에(inter)에 있는 '사이-존재'는 진정한 존재가 아니다. 사이(間, 間隔)가 있는 시간(時間, 時의 間)과 공간(空間, 空의 間)도 진정한 존재는 아니다. 존재는 어떤 존재가 다른 존재를 측량(기록)할 수 있는 것(측량한 것으로 존재하는 것)이 아닌, 그저 생멸하는 존재일 뿐이다. 존재는 자연적 존재, 본래자연이다.

—— 3

존재는 사물(Thing), 시공간(Time-Space), 텍스트(Text), 기술(Technology)이 아니다. 즉 4T가 아니다. 존재와 혼돈은 어떤 이름을 붙이거나 규정을 하거나 계산을 하면 질식하고 만다. 존재는 그냥 그대로 끊임없이 움직이고 변화하고 있는 것이다.

문명이란 자연을 4T의 프레임으로 가둔 것이다. 문명이란 결국 인간이 스스로 만들어서 스스로를 가둔 동물원이다. 문제는 그 동물원에서 벗어나면 죽을 것이라는 강박관념이다. 인간은 '우리' 밖에서 손에 잡은(움켜 쥔) 우리 안의 과자를 놓지 않기 위해 안간힘을 쓰다가 죽는 원숭이와 같다. 과자를 놓아버리는 순간 우리를 벗어나는데도 말이다. 해방은 놓아버리는 것이지만 그보다는 잡지 않는 것이다.

'국가 만들기'에 대한 저항과 음모

—— *1*

한민족은 왜 '국가 만들기'를 파쇼(국가사회주의)라고 하고 민주주의를 하면 '민중민주주의'가 되는지 이유를 알 수 없다. 국가 만들기 세력을 우파라고 지칭하는 한 대한민국은 근대국가를 만들 수 없다. 국가라는 주체(몸통)가 없는데 우파는 어디에 있고, 좌파는 또 무엇인가. 어느 쪽이든 제대로 국가를 만들 수 없는 운명이다. 남북체제경쟁 속에서 대한민국의 '국가 만들기 세력'을 우파라고 지칭하는 것은 북한중심의 통일을 위한 북한전체주의자들의 음모이며 거짓말공세에 불과하다.

속이는 자의 말은 달콤하고 유혹적이다. '평등'이라는 말보다 달콤하고 유혹적인 말은 없다. 속이는 자는 항상 좋은 말을 먼저 쓰고 그 말을 가장 먼저 배반한다. 악마는 바로 '소유'와 '평등'으로 속이는 자이다. 남을 속이는 것은 대상을 속이는 것이지만 자신을 속이는 것은 존재를 속이는 것이다. 악마는 존재를 속이는 것이다.

2

역사적으로 권력엘리트들이 얼마나 가렴주구를 했으면 민중주의나 무정부주의세력이 번창할까. 그러나 미안하게도 국가가 없으면 인간은 자유, 평등, 박애 등 그 어떤 것도 누릴 수 없다. 국가는 삶의 기본적인 그릇이다. 국가가 없으면 그 어떤 것도 담을 수가 없다. 반국가주의(공산사회주의)나 반체제나 무정부주의는 영원에 대한 숭배만큼이나 어리석은 이상(理想)의 질병이다.

3

국가에 국가철학이 있는 것과 국가가 목적인 국가주의는 다르다. 국가주의는 다른 모든 것을 희생시키면서까지 국가를 우상화하기 때문에 전체주의가 되기 쉽다. 국가든 종교든 개인이든 우상과 도그마에 빠지면 전체주의가 되기 쉽다. **인류에게 가장 무서운 적은 이상과 전체주의를 혼동하는 자기기만이다. 거짓착함인 위선(僞善)은 항상 거짓이상인 위상(僞想)에 속아 넘어가기 쉽다. 공산사회주의(공산당)는 바로 그 대표적인 것이다.** 공산사회주의는 가장 위선적·허영적인 집단(민족)이 그 숙주이다.

생태의 먹이삼각형과
민주주의·민중주의의 역삼각형

—— *1*

인간이 만든 민주주의와 민중주의라는 것은 자연의 생태학으로 보면 일종의 역설에 가깝다. 생물의 생존경쟁은 인간종에 이르러 권력경쟁으로 해석되고, 그러한 권력경쟁은 급기야 근대에 이르러 민주(주인) 혹은 민중(노예)의 역삼각형을 만들어냈다. 특히 민중이 권력의 주인이라는 것은 마치 생태학에서 풀(草)이 사자의 주인이라고 하는 것과 같다.

물론 생태학은 다른 생물종의 모임에서 발생한 것이고, 정치권력은 인간종의 모임에서 발생한 것으로서 같은 차원에서 비교할 수 없지만, **민주주의든, 민중주의든 생태학의 먹이삼각형과는 정반대의 역삼각형이다. 이는 민주주의든, 민중주의든 역삼각형을 정당화하는 의식화(교육, 세뇌)과정이 개입되어야 함을 의미한다. 주인으로 교육시키느냐, 노예로 교육시키느냐의 선택만 남게 된다.**

  니체의 말대로 만약 도덕에도 '주인의 도덕'과 '노예의 도덕'이 있다면 민주주의에도 '주인의 민주주의'가 있고, '노예의 민주주의'가 있을 수 있다. 주인의 민주주의가 될 때 진정한 민주주의가 될 수 있음을 알 수 있다. 그런 점에서 자유민주주의만이 진정한 '주인의 민주주의'이고, 공산사회주의·민중주의는 민주주의를 가장한 '노예의 민주주의'이다.

<< 053 >>

자유와 해방의 모순과 박애

—— *1*

자유(liberty)는 흔히 '무엇으로부터의 자유'라고 말한다. 해방(liberation)도 '무엇으로부터의 해방'이라고 말한다. 그러나 이둘의 결정적인 차이는 자유는 스스로 삶을 설계할 힘이 있는 반면, 해방은 남이 설계해 준 것을 따라 살아간다.

—— *2*

세계를 주인의 관점에서 보면 만물이 주인이 되고, 세계를 노예의 관점에서 보면 만물이 노예가 된다. 세계를 주인의 관점에서 보는 자는 노예도 주인으로 만들고, 세계를 노예의 관점에서 보는 자는 주인도 노예로 만든다. 전자는 자유민주주의이고, 후자는 공산사회주의이다. 전자는 자유를, 후자는 해방을 주장하지만, 자유는 스스로 질서를 만들고, 해방은 스스로 질서를 만들 힘이 없어 구속을 자초한다.

세계를 노예의 관점에서 보는 자는 감시와 감옥을 만들고, 세계를 주인의 관점에서 보는 자는 자유와 놀이를 만든다. 노예해방을 구체적으로 실천하는 자는 주인을 추구하는 자유주의자이고, 해방주의자는 말로는 해방을 주장하지만 스스로 해방의 노예가 된다. 자유와 해방은 얼른 보면 같은 것 같지만 정반대의 위치에 선다. 기독교는 바로 자유와 해방, 주인과 노예의 변증법적 모순에 직면해 있다. 주인과 노예는 이중적인 관계에 있다. 주인은 축복하고 노예는 저주한다. 축복하는 자가 될 것인가, 저주하는 자가 될 것인가, 이것이 문제이다. 자유와 해방의 모순을 극복하여야 진정한 주인이 되고, 진정한 주인이 되어야 박애에 이르게 된다.

21세기 세계는 자유-독립주의 대 사회-전체주의의 싸움이다. 자유-독립주의는 물론 선진국이고, 앞으로 잘 사는 나라가 될 나라인 반면 사회-전체주의는 감시감독의 나라이고, 앞으로 못 살게 될 나리이다. 사회주의는 그동안 이론적·이상적인 거짓말로 그 정체를 속인 까닭에 애매하였지만 이제 역사실증적으로 전체주의로 확실히 판명이 났다.

선선선, 단단단, 무무무, 그리고 잡학(雜學)

─── *1*

　유불선기독교를 통합하려면 선선선(仙善禪), 단단단(檀壇丹), 무무무(巫舞無)에 관통해야 한다. '선'은 우리말로 '선하다(그리워하다)'와 전반적으로 통한다. '단'은 사람이 우주와 교감하고 소통하는 '여러 단계'를 말한다. **'무'는 '샤먼(무당)'의 역할을 종합적으로 압축한 말이다. 이들이 모두 '하나'라는 사실을 알려면 잡학(雜學)이 필요하다.**

─── *2*

　신은 인간에게 메시지를 준다. 이것을 천명(天命) 혹은 신탁(神託)이라고 말한다. 이것을 무교에서는 공수(空手)라고 말한다. 공수는 '신의 보이지 않는(空) 손(手)'이라고 말할 수 있지만 더 정확하게는 '신(空)의 마사지(手)'라고 말할 수 있다. 신의 메시지가 인간에게 잘 전달되지 않을 때는 신은 인간의 신체에 메시지가 체득될 수 있도록 마사지를 한다. 신의 마사지를 옛 사람들은 '공수'라고 했을 것이다.

───── *3*

샤먼은 원시문화의 종합적인 해결사였다. 샤먼은 정치가였고, 예술가였고, 치료사였고, 과학자였다. 샤먼의 잡학은 종합학으로서 분과학문보다 낫다. 잡학이라야 전인적인 인간에 도달할 수 있고, 종교·국가적으로도 초종교초교파·초국가가 될 수 있다. 분과학문은 문화의 전체나 전반을 보지 못한다는 점에서 일종의 도그마와 같다.

≪ 055 ≫

만물만신, 자유·평등·박애·평화의 완성

—— *1*

깨달음은 만물의 주인이 되는 것과 동시에 만물이 주인임을 아는 것이다. 만물의 주인이 될 수 있는 자만이 본래 만물이 주인임을 알게 된다. 만물은 자업자득(自業自得), 만물만생(萬物萬生), 만물만신(萬物萬神)이다. 만물만신을 깨달으면 생멸(생사)과 소유에 대한 걱정이 없어지고, 미래(시간)에 대한 불안도 없어진다. 만물만신의 다른 이름이 본래자연이다.

—— *2*

인간은 자연에서 개체(individual)와 원자(atom)를 중심으로 자유·평등·박애, 그리고 과학을 만듦으로써 자신을 자연과 분리했다. 자연과 분리된 인간은 정신분열증으로 인해 끊임없이 세계를 쪼개지 않으면 안 된다. 인간은 무엇보다도 세계를 절단한 존재이다. 과학은 그 절정이다. 자연은 스스로 움직임으로써 자유를 실현하고, 자연은 모든 존재에 죽음(생멸)을 부여함으로써 평등을 실천하고, 자연은 사랑(박애)을 함으로써 번영을 이룬다. 자유평등박애는 인간이 자연에서 길러낸 문명의 꽃이며, 다이아몬드이다. 자유가 없는 평등은 사기(詐欺)이고, 평등이 없는 자유는 이기(利己)이다.

3

무릇 이기와 소유의 족쇄에서 벗어나야 자유와 평등과 박애가 제자리를 찾게 된다. 우리가 흔히 자유와 평등과 박애의 순으로 말을 하는 것은 자유가 가장 자연에 가까워서 자연스럽게 보장되어야 하기 때문이다. 그 다음이 평등인 것은 자유가 없는 평등은 평등의 가치가 왜곡되는 것은 물론이고 자칫 잘못하면 전체주의로 빠질 위험이 있기 때문이다. 그리고 마지막으로 박애를 말하는 것은 박애야말로 자유와 평등이 실현된 이후에야 도달할 수 있는 인간성의 최종적 목표이기 때문이다. 박애는 자유와 평등의 모순을 극복하고 치유하는 유일한 길이다.

사랑이 없는 자유와 평등은 오만이고, 겸손(謙遜)과 감사(感謝)가 없는 사랑은 아직 무르익지 않은 것이다. 겸손과 감사는 몸과 마음으로 정성을 다하는 것이다. 비우는 마음(가난한 마음), 낮추는 마음(겸손한 마음), 복종하는 마음(감사하는 마음)이야말로 미덕 중의 미덕이다. 그렇지만 인간의 자유와 평등과 박애가 아무리 훌륭하다고 해도 자연에 미치지 못하는 것은 자연은 이미 만물만신이기 때문이다. 만물만신은 자유, 평등, 박애, 평화의 완성이다.

—— 4

깨달음의 불교는 결국 중국에 들어와서 선종(禪宗)의 조사선(祖師禪)이 되었다. 깨달음의 기독교도 대승기독교, 즉 조사기독교(祖師基督敎)가 되어야 한다. 기독교든, 불교든 어떤 위대한 한 사람이 세상을 구할 수는 없다. 메시아든, 미륵이든 그것이 스승이 되고, 그 스승을 따르는 많은 제자들에 의해 세상이 구원되고 보다 더 평화로울 수 있을 뿐이다. 그렇지만 자연의 사계절보다 더 큰 스승은 없다.

자연보다 더 큰 스승이 없다면 결국 조사선이나 조사기독교조차도 마지막에는 자연으로 돌아가는 것을 스승으로 삼지 않을 수 없다. 이것이 종교의 원시반본이다.

생물의 바탕, 무생물

―― 1

살아있는 인간은 생물이지만 생물의 바탕에 무생물이 있음을 간과해서는 안 된다. 생멸은 무아(無我)를 말하는 것이지만, 무아의 경계에 자아가 있다. 자아에는 개인과 집단자아, 개체군(종)과 생물종 전체가 포함될 수도 있다. **생물과 무생물(무기물)의 분류는 생물현상학에 불과하다. 생물존재론으로 보면 생물과 무생물의 구분은 무의미해지고, 무생물은 생물의 바탕이다.**

―― 2

인간이 돌에 맞아 죽었다고 하는 것은 만물의 영장이라고 하는 인간이 돌과 같은 기반(차원) 위에 있음을 말하는 것이다. 세계는 생멸하는 거대생물(개체이자 전체)이면서 동시에 불생불멸(不生不滅)의 무생물이다.

<< 057 >>

본래(本來)가 여래(如來)를 이긴다

—— *1*

나는 본래 신이다. 만물도 본래 신이다. 나와 만물이 '본래
신'이 아니라면 세계는 '본래 하나'가 아니다. 본래 신과 만물과
부처는 같은 것이다. 본래(本來)가 여래(如來)를 이긴다. 본래는 다
함이 없기 때문이다. 다함이 없는 것을 본래라고 한다.

—— *2*

'본래의 세계'가 무시무공(無時無空) 무대무소(無大無小) 동정역동
(動靜易動) 이기신학(理氣神學)의 세계라면 '여래의 세계'는 의기투
합(意氣投合) 만물만신(萬物萬神), 만물만신 의기투합의 세계이다.

—— *3*

본래는 가고 옴이 없다. 말하자면 여래(如來)와 여거(如去)가 없
다.

_____ *4*

삶은 생로병사(生老病死)인가. 과연 삶은 일체개고(一切皆苦)인가. 고통의 처방은 고집멸도(苦集滅道)인가. 그리고 도(道)에 이르기 위해서는 팔정도(八正道), 육바라밀(六波羅密)을 지키면 되는 것인가. **삶은 무엇을 지키는 것이 아니라 스스로를 깨닫는 것이다. 깨닫는 자는 본래(본래존재)로 돌아갈 줄 안다.**

《 058 》

대리(代理)·대신(代身)·교대(交代)의 세계

——— 1

어떤 이치(理致)와 신체(身體)도 어떤 것(something)을 대리대신
(代理代身)한 것이다. 이치와 신체는 또한 서로 교대하지 않을 수
없다. 이것을 두고 '교대(交代)의 세계'라고 말할 수 있을 것이다.
나는 너를, 너는 나를 교대하고 있다. 신과 인간도 교대하고 있
다. 인간과 사물도 교대하고 있다. 그러한 점에서 세계는 신진
대사(新陳代謝)의 산물이다. 신체는 날마다 새로워지는데 인간의
관념은 고정되기 쉽다. 따라서 옛 관념으로 신체를 옥죄거나 제
어하려는 것은 시대착오적인 것이다. 세계는 새로운 말과 마음
과 몸이 마디와 리듬을 이루면서 펼쳐지고 교대되고 있는 파노
라마이다. 문화는 항상 대리와 대신을 교대하면서 살아가게 된
다.

　문화와 철학은 본래 자연의 생존에 대해 **보충대리적**(補充代理的) **성격을 지니고 있다. 그런데 그러한 대리적 철학체계는 항상 자연의 변화**(신진대사)**를 뒤따라가면서 사후적으로 개념화하는 특성을 지니고 있다.** 이성의 개념화는 욕망을 따라가면서 뒷받침하게 된다. 이때 개념화에 성공한 집단이나 국가는 역사적 지배권을 획득하고, 그렇지 못한 국가는 지배당하는 입장에 있을 수밖에 없다. 남의 나라를 사대하고 식민당하는 국가, 즉 지배당하는 국가는 항상 대리만족을 한다.

<< 059 >>

거울과 인식의 반사와 교차

—— *1*

시각으로 사물을 본다는 것은 좌우를 교차하여보는 것이고, 망막에서는 상하마저 교차되어 상이 맺힌다. 결국 인간의 신체에서는 상하좌우가 교차되는 과정이 있고, 시각적 현상에서는 좌우만 교차되어 나타난다. 현상의 이면에 있는 욕망은 이성과 상하가 교차되어 있지만 같은 것이다. 말하자면 아래(깊이)에 있는 욕망은 위(높이)에 있는 이성과 교차되어 있지만 둘은 같은 것이다. 그렇지만 존재는 본래존재로 그대로 있다.

'바람' '아버지'
'할아버지'

≪ 060 ≫

'바람' '아버지' '할아버지'

―― *1*

　내가 부르짖는 소리, 안에서 울려오는 소리는 오히려 나의 것이 아닐 수 있다. 남이 부르짖는 소리, 밖에서 들려오는 소리는 도리어 나의 것일 수 있다. 소리는 안팎이 없고, 무엇보다도 소리를 소유할 수 없다. 세계는 파동이고, 울림이고, 공명(共鳴)이다. 공명하는 전체가 하느님이고, 신불보살(神佛菩薩)이다. 자연과 세상의 모든 소리가 내 안에 있을 때에 신불보살(神佛菩薩)이된다.

―― *2*

　필자의 소리철학은 '바람의 하느님', '소리의 하느님' '신운(神韻)의 하느님'의 철학이다. 소리철학은 '바람의 부처보살' '소리의 부처보살' '신운의 부처보살'의 철학이다. 소리철학은 '관세음보살(觀世音菩薩)의 철학' '관자재보살(觀自在菩薩)의 철학'이다.

소리철학은 '만물만음(萬物萬音)의 철학', '풍류가무(風流歌舞)의 철학'이다. 소리철학은 소리와 음악을 중시한다는 점에서 성음학(性音學), 성리학(性理學)에 비하면 성기학(性氣學)이라고 할 수 있을 것이다. 소리철학은 '신(新)풍류도' '신(新)천부경'의 철학이다.

──── 3

'바람' 풍(風)자는 세계종교문명사적으로도 의미가 크다. 브라흐만(Brahman, 梵)의 뜻은 우주의 근본원리, 혹은 힘, 숨, 호흡, 생명을 의미한다. 브라만은 본래 중성명사였지만 가부장사회와 더불어 남성적 인격신인 브라흐마(Brahma, 梵天)로 신격화되었다. '브라만'은 우리말 '바람'과 발음이 비슷할 뿐만 아니라 동사로 '불다'와 어근을 같이한다. 불교에서는 지수화풍(地水火風)을 4대(大)라고 한다. 한국의 풍류도(風流道)도 '바람'이라는 개념을 핵심교리로 삼고 있다.

'아버지' 부(父)자도 바람에 못지않게 중요한 개념이다. 유대교와 기독교의 시조라고 할 수 있는 아브라함(Abraham)도 우리말 '아버지'와 발음이 비슷하다. 브라만, 바람, 아브라함, 아버지의 발음은 공통어근은 느끼게 한다. '브라만'과 '아(a, e)브라함', '브라함'과 '바람', 아브라함과 아버지의 '아버(ㅂ)'자도 근친성을 느끼게 한다. 이들 단어들을 관통하는 의미는 '바람'과 '아버지'이다. '바람(호흡, 생명)'에 대한 세계적인 신앙이 가부장제와 더불어 '아버지'와 결합한 것이 아닐까 생각해본다.

 '할아버지' 조(祖)자도 인류언어의 공통어근을 상기케 하는 좋은 예이다. 할아버지의 '할'은 '하늘(여기에 존칭인 '님'자를 붙이면 하늘님, 하느님이 된다)'의 줄임말이고, 따라서 기독교의 '하느님 아버지'는 결국 '할아버지'의 의미와 통하게 된다. 따지고 보면 아버지의 아버지인 할아버지야말로 거슬러 올라가면 종국에는 하느님(할) 아버지가 자연스럽게 된다. 할아버지야말로 하느님이다.

———— *4*

 살아있는 것이 신이고, 호흡하는 것이 신이고, 우주적으로 호흡하는 것이 바람이다. '바람의 신앙'은 범세계적이다. 가부장제와 더불어 '아버지의 신앙'도 범세계적이다. 우리는 살아있는 세계를 위하여 각자 자기 자신에게, 혹은 서로에게 이렇게 말해야 한다. "당신은 하느님입니다. 당신은 예수님입니다. 당신은 부처님입니다. 살아있는 당신이 하느님이 되고, 예수님이 되고, 부처님이 되어야 하느님과 예수님과 부처님이 살아있습니다." 예수님과 부처님의 부활과 재림은 살아있는 자 가운데서 그들을 감당(포용)할 자가 태어날 때 이루어지는 것이다.

≪ 061 ≫

어순(語順)과 품사(品詞)의 권력학

—— 1

인도유럽어문명권과 한자한글문명권의 관계를 보면 흥미로운 점을 발견할 수 있다. 어순(語順)을 보면, 한글과 범어(梵語, 산스크리트어), 영어와 한자가 같다. 전자는 '주어(생략)+목적어+동사'이고, 후자는 '주어+동사+목적어'이다. 동사를 앞세우는 문화는 행위의 성격이나 태도가 확실한 반면 목적어를 앞세우는 문화는 지향점이 강하지만 이상에 빠지기 쉽다. 물론 어떤 언어이든 때때로 어순을 바꿔 쓰는 것을 허용한다.

—— 2

인간의 문명은 어순과 관계없이 인위적(유위적, 인공적, 기계적)인 것을 강조하기도 하고, 자연적(무위적, 정령적, 생명적)인 것을 강조하기도 한다. 아마도 자연과 문명의 균형을 위해서일 것이다. 세계는 움직이는(기능하는) 것으로서 동사인데 문명은 움직이지 않는 것으로서 명사(체계. 구조)를 만들어낸다. 명사는 움직이지 않음으로써 권력이 된다. **명사는 세계를 정물(靜物)의 풍경으로 만든다. 나아가서 분류학적 풍경으로 세계를 해석하게 하는 타성이 있다. 명사에 빠지면 세계는 고정불변의 세계가 될 위험이 있다.**

≪ 062 ≫

전체와 전체주의

1

전체(totality)는 말할 수 없다. 전체는 유한한지, 무한한지 알수 없다. 전체에 집착하면 전체주의(totalitarianism)에 빠지기 쉽다. 우리가 '세계전체(全體)'를 말하고자 하는 것은 이미 그것을 제약하고자(현상하고 증명하고자) 하는 의지가 내포되어 있다. '세계전체'는 '세계자체'와는 다르다. 세계전체가 현상학적 차원이라면, 세계자체는 존재론적이다. '세계전체'를 말하면 객관적 무제약자로서 이율배반에 빠진다는 것이 칸트의 순수이성비판의 변증론이다.

2

우리는 '모든 것(all the things)' 혹은 '아무 것도 없음(nothing)'을 말하지만 정작 그것에 대해 판단명석하게 말할 수 없다. 우리는 이들에 대해 한없이 접근하는 것이지, 그것을 확실히 장악할 수 없다. 전체를 확실히 장악하려고 하면 전체주의라는 포악한 감시감독의 독재에 빠지게 된다. 전체주의 아래에서는 모든 존재는 부품 혹은 파편에 불과한 존재로 전락하게 된다. 전체라는 말은 그래서 환유적으로 사용하면 전체주의에 빠질 위험이 있지만, 은유적으로 사용하면 세계자체 혹은 본래존재에 이르게 된다. 현상학적인 전체는 전체주의에 빠지게 할 위험이 있지만, 존재론적인 전체, 은유적 전체는 본래존재에 이르게 한다.

—— *3*

헤겔의 역사철학(집단역사)은 전체를 개념화하는 절대정신을 통해 '절대국가(세계국가)'를 지향하였지만, 하이데거는 존재론(개인존재사)을 통해 '죽을 인간(개인종말)'의 실존적 구원을 요청했다. 그렇지만 나는 인류의 종말(종의 종말)을 염려함으로써 인간 각자가 각자부처, 각자예수가 될 것을 요청한다. 그런 점에서 신이 창조하고 신이 축복하는 것이 아니라 창조하는 자가 신이고 축복하는 자가 신이다.

—— *4*

현상학적인 전체는 실은 전체라고 하는 순간에 부분으로 전락한다. 왜냐하면 현상학적인 전체는 전체의 밖을 동시에 인정하지 않을 수 없기 때문이다. 현상학은 항상 동시성과 이중성에서 속수무책이 된다. 전체를 말하는 자가 전체주의에 빠지는 것은 전체라는 말에 스스로가 속기 때문이다. 사회주의사회가 전체주의사회가 되는 것은 사회구성원 각자가 스스로를 못 믿는 분위기가 만연하기 때문이다.

—— 5

완벽한 국가는 없다. 완벽한 신도 없다. 그래서 국가와 신도 새로운 기운에 열려있지 않으면 도그마로 전락하고 만다.

현상학과 존재론의 숨바꼭질과 화해

—— *1*

현상학과 존재론의 관계는 아이들의 숨바꼭질과 같다. 한 아이가 숨으면 다른 아이는 숨은 아이를 찾아야 하고, 찾은 아이는 다시 숨는 그런 술래놀이 말이다. 철학자는 죽기 직전까지 언어의 숨바꼭질을 하는 말놀이자이다. 서양문명에서의 존재는 현상을 말하고, 동양문명의 존재는 생성을 말한다. 서양철학자는 '무엇(what)' 혹은 '육하(六何)'에 관심이 많다. 동양철학자는 '삶(life)' 혹은 '도(道)'에 관심이 크다. 동양의 철학은 도(道)의 철학이고, 서양의 철학은 진리(眞理)의 철학이다. 동서양철학을 관통하는 관심은 '생명'일 수밖에 없다. 현상학과 존재론의 차이는 일상생활 속에서도 찾아진다.

—— *2*

존재론은 동양의 음양사상으로 보면, 음양상생(陰陽相生)을 유무상생(有無相生)으로 전환한 것이다. 양(陽)의 음(陰)과 음(陰)의 양(陽)이 다르다. 전자는 현상학이고, 후자는 존재론이다. 유(有)의 무(無)와 무(無)의 유(有)가 다르다. 전자는 현상학이고, 후자는 존재론이다. 유무(有無)는 본래 대립하는 것이었다. 그러나 존재론에 의해 상생하는 것으로 변하였다.

현상학 (서양)	有無대립 실체철학	앎의 철학: 진선(眞善)	존재= 앎:신체 현상학	철학의 삶: 부계- 권력	남성-부계 이(理) 철학	문명 (有)
존재론 (동양)	陰陽상보 실재철학	삶의 철학: 미(美)	존재= 삶:신체 존재론	道의 철학: 모계- 비권력	여성-모계 기(氣) 철학	자연 (無)

====== 3

신과 영혼과 세계 전체가 세계 자체(물 자체)에 대한 현상학적인 해석이라면 거꾸로 세계 자체는 이들에 대한 존재론적인 해석이다. 이를 대중적 철학이라고 할 수 있는 종교로 설명하면 전자는 기독교적 해석이고, 후자는 불교적 해석이라고 말할 수 있다. 결국 기독교는 현상학이고, 불교는 존재론이다. **현상학과 존재론의 화해는 기독교와 불교의 화해이고, 인간과 자연의 화해이다. 현상학과 존재론의 화해는 인류의 미래적 과제 중에 으뜸일 것이다. 인간은 역사적 존재이면서 동시에 자연적 존재이기 때문이다.**

<< 064 >>

실존의 죽음, 불안, 공포

—— 1

죽음은 죽음 그 자체보다 죽음을 생각하고 상상하는 것이 더 무섭다. 정작 죽음은 알 수 없다. 죽음의 찰나에 생멸이 실현된다. 인간은 왜 죽음을 불안과 공포로 받아들이는가. 결국 욕망과 이성 때문이다. 거꾸로 생각해보라. 죽음이 없다면 이 누추하고 헐벗은 몸을 어디에 안길 것인가. 죽음이 없다면 악취풍기는 쓰레기만도 못하는 육체를 어떻게 처치할 것인가. 죽음이여, 고맙다. 적절한 때를 찾아 은혜를 베푸는 사자(死者)여! 진정으로 자아(에고)를 없애면 죽음도 없어진다. 그런 점에서 생멸(만물이 변한다는 사실)은 불멸이다.

—— 2

실존은 죽음을 두려워하지만 죽음조차도 존재(본래존재, 본래자연, 심물존재, 신물자연)를 둘로 떼어놓지 못한다(不二). 초월적인 사유로는 죽음, 불안, 공포를 벗어나서 궁극적인 평화와 해탈과 열반에 도달하기 어렵다. 만물은 본래 자아가 없고, 자아가 없기 때문에 생사가 없고, 생사가 없기 때문에 불생불멸이다. 자아 자체가 이미 초월이고 절대이고 보편이다. 불생불멸이 열반이라면 열반도 무슨 대단한 사건이 아니라 만물에서 저절로 이루어지는 범사에 지나지 않는다.

—— *3*

　종교든 철학이든 죽음이 주제가 되는 것은 삶과 문명에 대한 모독이다. 종교든 철학이든, 문화의 그 무엇이든 삶이 주제가 되어야 한다. 죽음은 인간의 자기기만이며, 문명의 병이다. 무엇이든 죽음에 이르는 병이 되어서는 안 된다. 종교와 철학이 인간으로 하여금 죽음, 불안, 공포를 벗어나게 하는 것은 고사하고 그것을 흩뿌린다면 종교와 철학이야말로 믿음과 사유의 불행과 저주라고 하지 않을 수 없다.

바둑판과 신선(神仙)

—— 1

인류문명은 바둑판과 바둑을 두는 신선에 비유할 수 있다. 바둑판은 우주를 말하고, 바둑을 두는 신선은 사람을 말한다. 아무리 바둑을 잘(오래) 두어보았자 언젠가 신선은 바둑판을 놓고 가야 한다. 바둑을 철학에 비하면 바둑판은 존재이고, 바둑의 수는 현상이다. 자연은 바둑판이다.

—— 2

바둑에는 땅-실리(實利)바둑과 하늘-천공(天空)바둑이 있다. 주변으로 가면 실리가 되고, 중앙으로 가면 천공에 이른다. 천공에 이르면 신선(神仙)이 된다. 바둑의 어떤 기발한 묘수라고 하더라도 바둑판 안에 있다. **자연이야말로 가장 큰 바둑판이다. 바둑의 수야말로 확률이고, 존재의 예정된 운명이다. 어떤 행운보다 운명을 사랑하는 운명애의 축복을 맞으라.**

≪ 066 ≫

의지의 두 가지 성격

---- *1*

의지는 존재와 현상 사이에 있다. 니체는 존재론적 성격을 가졌던 쇼펜하우어의 의지를 현상학적으로 바꿔놓은 철학자이다. 그것이 바로 '권력에의 의지'이다. 하이데거는 니체의 권력에의 의지를 존재론으로 옮겨놓음으로써 철학의 주제를 바꾸어놓은 인물이다. 인간은 자연(자연적 존재)이면서 동시에 인간(제도적 존재자)이다. 하이데거의 현존재는 이것을 가장 잘 표현한 개념이다. 하이데거는 칸트가 현상학적 논의에서 제외한 물 자체(Thing itself)을 가지고 다시 존재론을 시작했다. 하이데거의 현존재와 존재론은 현상과 존재 사이를 왕래할 수밖에 없다.

---- *2*

서양의 근대철학은 칸트(전기근대)와 니체(후기근대)로 나눌 수 있다. 칸트가 이성(순수이성비판)철학자라면 니체는 의지(권력에의

의지)철학자라고 할 수 있다. 하이데거는 칸트가 감성적 직관의 산물이라고 한 시간을 현상학에서 존재론으로 옮겨놓았으며, 그 첫 작업인 『존재와 시간』은 그것의 대표작이다. '존재와 시간'은 존재의 실체성과 그것의 변화를 논하고 있는 반면 후기작인 『시간과 존재』는 존재의 실체성에서 벗어나서 존재의 존재성을 탐색하는 움직임을 보이고 있다. 하이데거는 서양의 형이상학을 그것의 밖에서 보는 태도를 취하고 있다. 그런 점에서 니체의 '권력에의 의지'를 형이상학의 완성으로 보았지만, 그것의 결정체인 과학기술문명의 '몰아세움'을 존재의 망각으로 비판하고 있다.

—— 3

  서양철학을 한 사람으로 압축하라고 하면 역시 철학의 아버지 소크라테스이다. 두 사람으로 압축하라고 하면 플라톤과 칸트이다. 네 사람으로 압축하라고 하면 플라톤과 칸트, 헤겔과 니체이다. 여섯 사람으로 압축하라고 하면 마르크스와 하이데거가 붙는다. 독일철학자들이 압도적이다. 여덟 사람으로 압축하라고 하면 여기에 영국의 경험론 철학자인 존 로크와 흄을 들 수 있을 것이다.

≪ 067 ≫

이데아, 유일신, X, 절대성, 동일성

———— 1

서양철학의 이데아(idea)는 기독교의 절대유일신(唯一神)과 과학의 X와 같다. 이것은 바로 동일성을 추구하는 것이다. 동일성은 개념이고, 추상이고, 초월이고, 가상이고, 대립이고, 무엇보다 인간이 만든 인위이고 유위이다. 이것이 바로 서양철학과 종교와 문명이 현상학인 이유이고, 끝내 '기계라는 유령에 사로잡힌 문명'인 이유이다. 서양문명은 X를 동일성으로 환원하고 현상하고자 한다. 동일성을 추구하는 것은 인간정신의 질병과도 같다.

절대와 완성은 내 안에 있다(內有). 절대와 완성은 내 안에 있는 것을 투사한 것이고, 내 안에서의 정지(靜止)이다. 절대와 완성은 한시적·한정적인 것에서의 절대완성이다. 실은 내 안에서든, 내 밖에서는 변화무쌍한 것이 자연(氣化)이다. 세계(자연)는 기운생동(氣)이고 바람(風)이다.

흔히 서양의 범신론자로 알려진 스피노자는 기독교의 '절대적인 신(神)'을 '실체(substance, 독립적인 실체)'라고 규정하고 그것이외에 다른 존재를 실체의 속성이 들어가 있는 양태(modes)로 규정하였다. 스피노자는 양태인 사물에 신의 속성인 절대성을 부여함으로써 역설적으로 유물론의 근대적 원조가 되었다. 하이데거도 존재(being)를 규정하면서 존재의 의미 속에 '일반성(존재일반)'과 '초월성(보편적 존재)'의 의미를 뒤섞어 사용함으로써 그의 존재론을 완성시키지 못했다. 이는 모두 서양철학의 동일성(초월성)의 설정과 결부되는 문제이다. 수학방정식의 X(미지수)도 결국 동일성의 문제(정답)이다.

과연 고정불변의 동일성은 있는 것인가. 설사 그러한 동일성은 없다고 하더라도 그것을 가정함으로써 인간이 얻게 된 유용성은 무엇인가. 그 유용성의 최대성과는 존재를 대상화(목적화)하고 도구화(도구체계)하는 과학을 통해 우주의 지배자가 된 계산적 인간의 승리인가. 과연 과학을 통해 인간은 존재의 영원한 승리가 될 수 있을 것인가. 현대의 과학기술은 '과학의 신'이 되었다.

존재를 흔히 'being' 혹은 'existence'라고 한다. 전자는 존재의 내포성에 초점이 맞추어져 있는 반면 후자는 존재의 외연성에 초점이 맞추어져 있다. 전자에는 존재의 생성(becoming)의 의미가 포함된 반면 후자에는 존재의 물질적 외연성(extension)과 연결되는 의미가 있다. 한편 본질은 'idea' 혹은 'essence'라고 한다. 전자는 고정불변의 생각에 초점이 맞추어져 있는 반면 후자는 존재 자체의 변화를 어느 정도 수용하고 있다. 독일 관념론 출신의 하이데거가 본질(essence)에서 존재(being)로 넘어간 것은 바로 본질에 숨어있는 생성(becoming)을 포착한 때문이다.

이에 비해 프랑스 현상학 출신의 샤르트르가 유물론자가 된 것은 존재(existence)에 숨어있는 외연성(extension)에 끌린 때문이다. 필자가 실존주의자인 샤르트르보다 존재론자인 하이데거에 더 끌리는 까닭은 존재의 내포성 혹은 내재성에 대한 주목 때문이다. '시각과 언어'의 연합문명인 서양문명은 존재의 내재성에 주목할 필요가 있다. 존재의 내재성은 존재가 '존재 그 자체'로서 충분한 것이다. 이때의 충분함이란 존재의 불안(不安)과 공포(恐怖)에서 벗어난 안식(安息)과 평화(平和)를 말한다.

영어에서 'ex'는 '밖'을 의미하고, 'in'은 '안'을 의미한다. 서양문명은 밖으로 표출(表現)된 것을 우선하고 동시에 밖에 있는 것을 있다고 생각한다. 서양사람들은 밖을 중시하지만 동양사람들은 안을 중시한다. 그래서 음(陰)을 중시하여 음양(陰陽)이라고 하고, 요철(凹凸)이라고 한다. 이는 남자(남성성)보다는 여자(여성성)을 중시하는 관점이다.

─── 4

X는 미지수, 신비, 신성, 그리고 섹스(Sex)를 풍자하는 기호이다. X는 또한 비대칭, 순환, 운동을 의미하기도 한다. X의 의미 연장선상에 크리스마스(X-마스)와 만다라, 태극도형, 북두칠성(윷판)이 있다. 북두칠성, 태양, 달에 이르는 일월성신(日月星辰)신앙이 모두 X에 함의되어 있다. 신화와 철학과 종교와 과학의 뿌리는 같다. 그렇지만 과학은 무한대로 달아나는 실체를 끝까지 따라가서 밝히는 현상학의 방법이고, 종교는 무한대로 달아나는 신과 신비를 남겨두는 존재론의 방법이다. 신비는 동일성과 맞서는 최후의 보루(寶樓, 堡壘)이며 우보(雨寶)이다. 인간은 어떤 점에서는 새로운 '신론(神論, godism)'을 계속해서 다시 써야하는 존재이다.

새로운 신은 인간이 투사된 신이 아니라 인간 이전의 자연과 같은 신을 말한다. 말하자면 신(神)이 도(道)가 된 경지이며, 나아가서 '도법자연(道法自然)의 신'이 되어야 함을 말한다. 서양기독교의 신(神)을 동양의 도(道)로 번역하면 문화적 맥락이 맞다. 참고로 『도덕경』 제 25장을 보자.

"물(物)은 혼돈이었다. 천지가 생기기 전에—. 소리도 없고, 형체도 없고, 스스로 존립하면서, 개조하지도 않았다. 두루 행동하지만 위태롭지도 않았다. 이것을 두고 '천하의 어머니'라 할 만하였다. 나는 그 이름도 모른다. 굳이 말한다면 '도'이다. 억지로 이름을 붙인다면 '크다'고 말할 수 있다. '크다'는 말하자면 쉼 없이 흘러가는 것이고, 흘러가는 것은 멀어지는 것이고, 멀어지면 되돌아옴을 말한다. 그러므로 도가 크면 하늘도 크고, 땅도 크고, 왕(사람) 또한 크다. 세상에 네 가지 큰 것이 있는데 왕도 그 가운데 하나이다. 사람이 땅을 본받고, 땅은 하늘을 본받고, 하늘은 도를 본받고, 도는 자연을 본받는다(有物混成 先天地生 寂兮廖兮 獨立不改 周行而不殆 可以爲天下母 吾不知其名 字之曰道 强爲之名曰大 大曰逝 逝曰遠 遠曰反 故道大 天大 地大 王亦大 域中有四大 而王居其一焉 人法地 地法天 天法道 道法自然).

––––– 5

인간은 다른 동식물과 마찬가지로 생식(reproduction)의 산물이다. 섹스(sex), 식스(six, 六感, 六識, 肉感)는 서로 의미가 통하고 있다. 엑스(X, 미지수), 엑스터시(ecstasy), 엑소시즘(exorcism), 엑스마스(X-mass)도 서로 의미가 통하고 있다.

≪ 068 ≫

갓(God), 굿(Good), 굳(Gut)

1

갓(God), 굿(Good), 굳(Gut)의 발음이 비슷한 까닭은 같은 뿌리
(어근)에서 파생된 단어를 짐작케 한다. 인류는 상고시대에는 하
나의 언어를 사용했을 가능성이 높다. '갓(God)'은 신(神)이고,
'굿(Good)'은 신이 인간에게 베푸는 좋은 일, 축복 혹은 행운이
다.

2

마지막으로 '굳(Gut)'은 순우리말로 신에게 행복과 행운을 비
는 푸닥거리, 제의·의례이다. 이들 세 단어는 공통의 어근을 가
지고 있으면서 소리(음운론)는 물론이고, 의미론에서도 서로 통
하고 있다.

제 4역(易)의 등장과 역지사지(易地思之)

———— 1

후천개벽여성시대를 맞아 천지의 변화를 상징적으로 알려주
는 새로운 역(易), 제 4역(易)이 나왔다. 제 4역은 선천복희팔괘
(先天伏羲八卦)-하도(河圖), 후천문왕팔괘(後天文王八卦)-낙서(洛書), 그
리고 정역(正易)에 이어 제 4역(易)이다. **제 4역은 건괘가 아래에
있고, 곤괘가 위에 있는 정역의 지천(地天)괘를 같이하되, 나머
지 괘는 모두 대각선으로 반조(返照)하면서 자리를 모두 바꾼 것
이다.** 다시 말하면 북쪽이 건괘, 남쪽이 곤괘인 것은 정역과 마
찬가지이다. 그리고 정역의 감괘의 자리에 진괘, 리괘의 자리에
손괘, 진괘의 자리에 감괘, 손괘의 자리에 리괘, 간괘의 자리에
태괘, 태괘의 자리에 간괘가 들어간다. 이로써 역은 순환의 법
칙과 모양을 다 보여주었다.

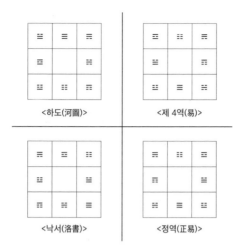

<하도(河圖)>　　　　<제 4역(易)>

<낙서(洛書)>　　　　<정역(正易)>

----------- 2

　천지가 변화하듯이 인간의 삶에서도 역지사지(易地思之)만한 철학이 없다. 역지사지는 처세술이나 남을 이해하기 위한 기술이 아니라 반구저신(反求諸身: 돌이켜서 자신에게서 구하다. 나에게서 깨닫다. 내 탓이다)함으로써 자신을 끝없이 일깨우는 철학이다. 인간은 모두 자기편(偏)에 서 있다. 자기가 바로 남이고, 남이 바로 자기라는 것을 모른다. 오늘의 자기가 내일의 남이라는 것을 모르고 어제의 남이 오늘의 자기라는 것을 모른다. 자기편이 아니라 물자체(itself)에서 보면 만물은 항상 중도(中道)를 잃지 않고, 동시에 평등(平等)하다.

——— 3

동양의 '반구저신'사상을 오늘에 비추어 보면 역지사지를 통해 끊임없이 보편성에 이르려는 노력이라고 할 수 있다. '반구저신'을 해야 주인이 될 수 있고, 주인이 되어야 자유(自由)를 누릴 수 있다. '자유'의 의미도 실은 '자기로부터 말미암는' 의미라는 점에서 '반구저신'이다. 결국 세계는 자기(自己) 자신(自身)이다.

우상(偶像)의 종말과 자기자신(自己自身)

―― *1*

인간은 지금껏 우상(偶像)을 섬기면서 살아왔다. 인간은 우상을 통해서 자신의 힘을 길러왔고, 생존을 위한 역경을 넘어왔다. 그러나 이제 우상을 버릴 때가 되었다. 인간의 우상은 이제 인간신(人間神)에 이르렀기 때문이다. 우상의 신, 우상의 부처는 없다. 우상을 섬기지도 말고, 우상이 되지도 말라.

우상으로 우상을 지우다가 어느 날 활연대오(豁然大悟)하면 우상이 저절로 없어지게 된다. 화엄(華嚴)과 선(禪)은 본래존재, 심물존재, 심물자연에 이르는 것을 말한다. 이것은 역설적으로 자기자신(自己自身), 자기-내-존재에 이름(到)이다. 인간은 세계-내-존재이면서 동시에 자기-내-존재이다.

흔히 우리는 '자기자신'이라고 말한다. 그런데 자기자신을 느끼거나 인지하기 위해서는 자신의 몸(身)이 전제되어야 한다. 자신의 몸을 기준으로 자기 몸 안의 세계로서 '자아(自我)로서의 자기(自己)'를 지각하게 되고, 자연스럽게 '자기 몸 밖의 세계'로서 '세계'를 설정하게 된다. 결국 자기 몸이 있음으로써 자기와 세계가 동시에 성립되는 셈이다. 그런데 왜 자기와 자신이 붙어있는가. 자기는 자아가 분명해지는 것을 지칭하는 것이고, 그렇지 않은 세계는 자신으로서 남겨두는 것이다. 자신으로서 남겨두는 세계는 자아와 분리된, 혹은 독립적인 세계인양(혹은 독립적인 세계로서 관계하고 있는 양) 인식하고 있지만 실지로 자기 몸과 떨어진 적이 단 한 순간도 없는 세계이다. 그런 점에서 세계는 본래 자신(自身)의 세계이다. 세계는 추상이 아닌, 신체를 가진 구체의 세계이다. 실지로 우리가 말하는 추상으로서의 세계(세계 전체)는 없고, 자기자신(self, selbsheit)만 있다. 결국 자기자신이 존재의 전부이다. 그런 점에서 존재는 모두 자기자신이다. 이것을 두고 "존재는 만물만신이다."라고 말한다.

—— 2

우상의 신은 신이 아니다. 우상의 부처는 부처가 아니다. 신과 부처는 우상을 싫어한다. 세계는 오직 자기 자신일 뿐이다. 자기 자신 속에 만물이 다 들어있다. 자연은 자신이고, 자신은 자연이다. 화엄경(華嚴經)의 사사무애(事事無碍), 선종(禪宗)의 평상심시도(平常心是道)는 이것이다.

3

우상의 종말을 실현하기 위해서는 기억하지 말고(無憶), 사유하지 말고(無念), 결국 망령되지 말아야 한다(莫妄). 이는 신라 성덕왕(聖德王)의 셋째아들로서 중국 사천성(泗川省) 대자사(大慈寺) 일대에서 두타행(頭陀行)으로 선풍을 드날린 정중종(淨衆宗)의 개조 무상선사(無相禪師, 684~762)의 삼구(三句)이다. 삼구에 따르면 앎이라는 것은 깨달음과는 거리가 멀다. 앎은 깨달음의 방해가 되는 것이기도 하다. 그렇지만 제대로 아는 것, 정견(正見)·정사유(正思惟)야말로 또한 깨달음에 이르는 길이다. 불교는 역설의 진리를 설파하기를 좋아한다.

무상은 인성염불(引聲念佛)로 유명하다. 인성염불은 소리를 통해(내지름으로써) 기억과 사유를 끊고, 일상의 번뇌를 정화시키고 법회에 집중하게 하는 방법이다. 무상은 마조도일(馬祖道一, 709~788)이라는 걸출한 제자를 두었으며 마조도일의 제자들은 신라의 구산선문(九山禪門) 중 칠문(七門: 실상, 가지, 동리, 사굴, 성주, 사자, 봉림)을 열었다.

≪ 071 ≫

자신(自身)·자신(自信)·자신(自新)·자신(自神)

—— *1*

　사람에게 가장 근본이 되는 존재는 자신(自身)의 몸(身)이다. 그래서 자신이 없으면 어떠한 것도 말할 수 없고, 심지어 만사가 무의미하다고 생각할 수도 있다. 몸 신(身)자는 '대상으로서의 육체'라기보다는 지금 내가 살고 있는 '주체로서의 몸(마음)'이다. 그렇다면 사람이 그 다음에 기댈 언덕은 무엇일까. 실존주의는 인간을 '불안의 존재'라고 하지만 불안보다 먼저 있는 것이 '믿음'이 아닐까 싶다.

—— *2*

　동양의 음양오행사상은 믿을 신(信)자를 인의예지신(仁義禮智信 =木金火水土) 중 토(土)로 본다. 신토불이(身土不二)라는 말이 있듯이 신토(身土)를 같은 것으로 본다. 믿을 신(信: 人+言)자에 말씀 언(言)자가 들어있는 것에 유의할 필요가 있다. 믿음은 말과 관련되고, 말은 지시나 의미를 발생시킨다는 점에서 사람의 삶 전체를 상징적으로 보여주는 단어이다. 그런데 사람의 몸은 항상 신진대사(新陳代謝: 호흡과 혈액순환 등)를 통해 생명을 지속한다. 말하자면 새로운 대사가 없으면 생명을 보존할 수가 없다.

— 3

인간의 생각은 의외로 바뀌기가 어렵다. 그 이유는 인간의 생각은 동일성을 고수하려는 보수성을 지니고 있기 때문이다. 물론 상상력과 연합한 생각은 바뀔 수 있고, 변할 수도 있지만, 한번 결정된 생각은 상당기간(대체로 한 세대) 사유의 중력을 유지하려고 한다.

— 4

인간의 글(文)이나 문화(文化)는 그러한 타성을 갖는 대표적인 것이다. 신진대사의 대사(代謝)의 '사(謝=言+身+寸)'자에 말씀 언(言)자와 몸 신(身)자와 마디 촌(寸)자가 들어있는 것에 유의할 필요가 있다. 그만큼 신진대사는 몸의 종합적인 결과이며, 그러한 대사는 여러 마디(리듬)로 이루어져있음을 알 수 있다.

— 5

사람의 몸은 항상 새로워진다. 또한 날마다 새로워지는 것이 사람의 몸이다. 그렇다면 신(神)이라는 것은 몸과 어떤 관계에 있을까. 몸과 신은 서로 물리 물리는 순환관계에 있는 것 같다. 몸과 신은 동시동거(同時同居)의 일체이다. 자기 몸에 대한 믿음과 새로움을 통해 자신감(自信感)이 충만(充滿)해지면 호연지기(浩然之氣)가 생기게 된다. 신은 그런 호연지기와 관계가 있다. 자신과 세계의 주인이 되는 것이 자신(自神)이고, 자신은 세계에 대한 대긍정이다. 주인이 되어야 부모노릇도 제대로 할 수 있고, 스승노릇도 제대로 할 수 있고, 내성외왕(內聖外王)이 될 수 있다.

———— 6

모든 공부는 '자신(自身, 自信, 自新, 自神)'에 이르는 길이다. 스스로를 믿고 항상 새롭게 변하지 않으면 신(神)이 아니다. 이들 자신들은 모두 자유(自由)를 기반으로 하고 있다. 신(神)보다 신(身)이 더 중요하다. 신(身)이 없으면 신(神)이 거할 곳이 없다. 신(身)보다 신(信)이 더 중요하다. 신(信)이 없으면 신(身)은 있으나마나이다. 신(信)보다 신(新)이 더 중요하다. 신(新)이 없으면 신(信)은 죽은 것이나 마찬가지이다. 더구나 신(新)이 없으면 신(神)은 살아있는 신이 아니다. 온고지신(溫故知新)은 이것이다.

모든 공부는 살아있는 자기 자신을 유지(사랑)하고 자기 자신에 이르는(득도하는) 우회로이고 여행이다. '자신'이야말로 '진정한 신'이다. 돌아올 곳(고향)이 없는 여행은 여행이 아니다. 자연

(自然)은 끊임없이 움직이면서도 마치 제자리에 있는 것 같다. 만물의 정(靜)은 고향이고, 만물의 동(動)은 여행이다. 정중동(靜中動) 동중정(動中靜)이 이것이다.

—— 7

　　공부에도 올림공부가 있고, 내림공부가 있다. 올림공부를 하는 사람은 끊임없이 스스로 공부를 해야 하지만, 내림공부를 하는 사람에겐 기도가 공부이다. 전자는 불자의 공부이고, 후자는 무당의 공부이다. 전자는 자아가 있음이 이롭고, 후자는 자아가 없음이 이롭다. 보통의 인간은 그 중간에서 올림-내림공부를 왕래한다. 인간은 본래적으로 제의(祭儀)집단이기 때문에 끝없이 스스로 새로워지지 않으면 제관(祭官)에 머물게 되고, 스스로 자신의 주인(主人)이 되는 신이나 부처가 될 수 없다. 이것을 거꾸로 말할 수도 있다. 신(神)이 나야 새로워질 수 있고(新), 새롭게 된 후면 반드시 믿음(信)이 따르고, 믿음이 충만해야 몸(身)이 온전해 질 수 있다.

<< 072 >>

여여(如如)와 존재, 참사랑과 효(孝)

―― 1

본래존재는 여래(如來)도 아니고 여거(如去)도 아니다. 본래존재는 여여(如如)함이다. 여여는 존재(Sein)이다. '지금 여기'가 존재(Sein)이다. '지금, 여기'는 시간과 공간이 아니다. 현재(시간)를 바탕으로 하는 과거와 미래, 여기와 저기가 있으면 '현존재(Dasein)'이다. '이승' '저승' '이 세상' '저 세상'이 있으면 여여가 아니다. 여여(如如)야말로 존재이고, 참사랑이고, 효(孝)이다.

―― 2

순간에 사는 사람은 영원을 지향하지만, 순간과 영원이 같은 것임을 깨달은 사람은 '지금 여기'에서 희열(喜悅)에 빠져있다. 이를 환희불(歡喜佛)이라고 한다. 사랑이 희열에 빠져야 참사랑이다. '지금 여기'에서 '남을 위하여 사는 사람'은 참사랑을 하는 사람이고, 참사랑을 하는 사람이 '참사람'이다.

3

효(孝)는 역설적이지만 참사랑이다. '효'는 일차적으로 부모가 자식을 헌신적으로 사랑하는 참사랑에서 싹트는 것이고, 그 참사랑에 대한 보답이 효이다. 나를 지극히 사랑하면 부모를 지극히 사랑하는 것이 된다. 부모를 지극히 사랑하면 나를 지극히 사랑하는 것이 된다. 효는 특히 어머니에서 비롯된다. 어머니만큼 살신성인하는 사랑은 없기 때문이다. **우리는 흔히 사랑은 '내리사랑', 효도는 '올리효도'라고 한다. 사랑과 효는 정반대인 것 같지만 실은 같은 것이다. 기독교의 지고지순한 '사랑'은 동양의 지극한 '효'와 통하는 개념이다. 부자자효(父慈子孝: 부모는 자애롭고 자식은 효도한다)는 동시적이고 상호적이다.**

≪ 073 ≫

참스승, 참제자, 동지(同志), 도반(道伴)

――― 1

자신의 생활주변에서 스승을 찾아내는 사람은 참으로 행복하다. 이것이 바로 참스승이 되는 길이다. 이러한 스승 아래에서 스승을 세우는 제자가 나온다. 이것이 바로 참스승, 참제자이다. 참사제(師弟)는 동지(同志)이며, 도반(道伴)이다. 동지나 도반이 아닌 사제관계는 사제가 아니다. 스승은 보이지 않는 존재와 같다. 스스로 드러나는 것에 만족하는 스승은 아직 참스승이 아니다. 스승은 마지막까지 자연과 만물에서 배움으로써 배움의 모범을 가르쳐준다.

――― 2

가정의 부모(父母: 地)와 사회의 스승(師: 人)과 정치의 군왕(君王: 天)은 같은 것이다. 군사부(君師父)일체라는 말은 이제 거꾸로 부사군(父師君)일체로 바뀌어야 한다. 이것이 지천(地天)시대의 도리이다. 철저한 개인주의(individualism)·원자주의(atomism)시대에, 성스런 가족(family)-가정(home)이여! 부모여! 밖으로 나왔구나. 성스런 덕(德)이여! 도(道)여! 안으로 들어가야 하는구나.

— *3*

스승의 잘못과 한계는 제자를 통해 드러난다. 특히 말과 행동이 다른 스승은 반드시 그러한 제자를 기르기 마련이다. 나의 제자는 후일 나의 얼굴이다. 사람들은 제자를 통해 나를 볼 것이다. 스승과 제자는 서로 비추는 거울이다.

≪ 074 ≫

생존경쟁과 권력경쟁,
미안(未安)과 불안(不安)

—— *1*

인간만이 생존경쟁에서 권력경쟁으로 이동하여 처절하게 자신의 생물학적 종족(種族)을 죽이는 존재이다. 도대체 전쟁으로 죽은 인간이 얼마인가. 심지어 종교전쟁은 선악의 이중성을 여실히 증명해주는 사건이었다. 지금도 인간은 종교, 혹은 유사종교(이데올로기, 국가이데올로기)를 통해 피나는 싸움을 하고 있다. 그야말로 인간데몬(Homo Demon)이다.

—— *2*

인간의 대뇌를 통과한 모든 것은 가상존재이다. 요컨대 자연을 '먹이삼각형(먹이사슬)'으로 보는 것 자체에 이미 존재(자연적 존재, 본래존재)를 왜곡하고 변형하는 인간의 권력의지(권력경쟁)가 투영되어 있다. 그러한 점에서 권력의지는 존재와 소유의 이중적(경계적) 성격을 지니고 있다. 인간은 다른 생물종과의 생존경쟁이후 권력경쟁을 통해 자신의 생존을 달성하는 소유적 존재가 되었다. 세속화(世俗化)의 핵심이 바로 수단과 방법을 가리지 않는 권력경쟁이다.

───── *3*

니체는 기독교의 '세속화'를 경멸했지만("신은 죽었다."), 세속화의 핵심이 바로 권력화이고, 권력경쟁임을 모르는 이율배반에 빠졌다. 역설적으로 그의 철학은 '권력(힘)'을 지향하고, 권력에 환원되는 특징을 보인다. 모든 존재의 활동을 '권력(힘)의 상승'으로 파악한 니체는 '권력에의 의지'로 세계를 규정했다. 그렇지만 니체의 '권력의 의지'는 '허무주의'와 동전의 양면관계에 있다. 권력이 허무(虛無)와 동거하는 것은 전혀 이상하지 않다. 도리어 '허무의 반증(반작용)'으로서 '권력에의 의지'를 주창했다고 하는 편이 옳다.

───── *4*

권력에의 의지가 허무주의의 반동이라면, 비권력은 무엇인가. 비권력은 바로 무(無)와 통한다. 니체의 허무(虛無)와 불교의 무(無)는 다르다. 니체의 '허무주의'와 불교의 '허무'는 다르다. 허무주의가 개념(실체)의 허무라면, 허무는 존재의 진면목이다. 권력은 무(無)를 용납하지 못하지만, 무는 권력을 끌어안는다.

무가 권력을 끌어안는 것도 힘으로 말하면 힘이다. 그렇지만 그 '무의 힘'은 '권력(權力)의 힘'이라기보다는 '능력(能力)의 힘' '덕(德)의 힘'이다. 능력이 있어야 여유를 가질 수 있고, 여유를 가질 수 있어야 덕이 들어갈 틈이 있다. 선은 악을 용납하지만 악은 선을 용납하지 못한다. 자연은 인간을 풍성하게 하지만 인간은 자연을 황폐화한다.

———— 5

　현대과학기술문명에 길들여진 인간은 미안(未安)해하는 마음을 망각한지 오래다. 옛 인류의 조상들은 살기 위해서 동물을 잡아먹을 때에도 미안해하는 마음을 가졌다고 한다. 그런데 오늘날 닭고기공장, 소고기공장에서 도살되는 고기를 먹는 현대인은 그런 미안함은 느끼지 않는다. 다른 동물을 잡아먹거나 사람들을 죽이거나 심지어 청부살인이나 장기매매를 하면서도 마치 어떤 기능적(효율적)인 행위를 하는 것처럼 죄의식이 없어졌다. 이런 인간을 보면 인간에 의해 악(惡)이 탄생했음을 알 수 있다. 자연은 어떤 경우에도 악이 아니다.

———— 6

　기계인간이 나타나기 전에 인간은 이미 기계가 되어버렸다. 인간의 본래마음은 남의 신세를 지는 것을 '미안해하는 마음'이다. 선악(善惡)을 운위하는 것은 '미안해하는' 소박한 마음에 비하면 이미 너무 화려한 사치이다. 소박(素朴)함은 바로 이원화되지 않은 자연의 본래모습이다. 소박하지 않는 인간은 악이다.

——— 7

미안(未安)해하지 않는 사람은 반드시 불안(不安)해할 것이다. 미안해하는 사람은 스스로 편안(便安)과 안심(安心)을 추구하지만 불안해하는 사람은 스스로 끝없는 욕망과 소유를 추구함으로써 불안해한다. 미안해하지 않는 인간은 악이다.

사유(思惟)와 소유(所有), 절대와 존재

사유(思惟)와 소유(所有), 절대와 존재

―― 1

철학적으로 볼 때, 생성(생멸)을 존재로 바꾸어 설명하고자 하는 사유(철학적 행위) 속에 이미 소유적 존재로서의 면모가 숨어있다. 인간의 자연에 대한 이해는 이미 소유적 존재의 출발이다. 사유는 소유이다. 데카르트는 "나는 생각한다. 고로 존재한다."라고 말했다. 가브리엘 마르셀은 "나는 생각한다. 동시에(고로) 존재는 존재한다."라고 했다. 가브리엘 마르셀은 사유와 존재를 동시에(겹쳐서) 놓은 최초의 서양철학자이다. 하이데거는 "존재는 있지 않다. 현전(현존)의 탈은적으로서 그것이 존재를 준다."라고 했다. 자연(존재)을 두고 숨었다, 드러났다고 하는 자체가 현상학적인 발상이고 설명이다.

필자는 "존재는 대상이 아닌, 그것 자체로서 현존(現存)·현성(現成)이다."고 생각한다. 흔히 철학(현상학)에서 말하는 '현전(現前)', 즉 '눈앞에 있음'의 뜻은 필자의 '현존적(현성적) 존재'의 의미와는 다르다. 세계의 "제상(諸相)은 비상(非相)"이라는 금강경의 뜻과 같다. 필자는 이 단어를 쓸 때 이미 주체-대상으로서의 의미를 배제하고 있다. 인간은 다른 존재와 더불어 살지만 '사유하는 존재', '소유적 존재'를 넘어서기 어렵다. 그래서 본래존재로 돌아가는 깨달음이라는 것이 무슨 특별한 것처럼 운위(云謂)된다.

—— 2

절대는 머릿속에 있을 뿐이다. 절대정신(유심론)과 절대물질(유물론)은 서로 왕래하는 것이다. 절대는 절단(絶斷)을 의미한다. 절대는 세계를 어느 곳에선가 끊은 절편(切片)이고, 그 끊은 것에서부터 인과(因果)와 시종(始終)을 말하는 것이다. 그것은 다분히 세계를 분석하는 것이고, 분석을 했으니 종합하지 않을 수 없게 되고, 따라서 세계는 구성적인 세계가 된다. 구성적인 세계는 텍스트의 세계를 의미한다. 세계는 텍스트와 방정식의 세계가 된다. 절대는 본래세계로 돌아갈 수 없다. 결국 절대는 소유를 끝없이 하지 않을 수 없다.

세계를 끊은 자는 세계를 끝없이 나아가지(방황하지) 않을 수 없다. 환원(還元)은 회귀(回歸)이다. 둘은 하나의 타원궤도상에 있으면서 방향은 반대인 같은 것이다. 이들은 바로 원인(cause)과 기원(origin)을 추구한 자의 영원한 업보이다. 이것이 바로 인과응보(因果應報)이다. 인과응보는 니체의 말대로 운명애(運命愛, Amor Fati)가 된다. 운명애는 살아가야 하는 자들의 당연한 덕목이다.

───── 3

절대는 소유를 의미한다. 현상학적인 의미로 절대유일신을 섬기는 종교와 절대시공간을 가정하는 절대과학은 같은 것이다. 현존재인 인간은 소유를 통해 존재를 알고, 욕망을 통해 존재를 실현한다. 현존재인 인간은 또한 소유와 욕망을 통해 역설적으로 무(無)를 깨닫는다. 현상학적인 차원의 '유무(有無)'의 '무(無)'가 아니라 존재의 근원으로서의 '무(無)'를 말이다.

절대는 인간의 것(질량)이고, 상대는 인간의 것 중에서 자연의 것(에너지)이다. 서양문명은 생기(生氣)마저도 현상으로 환원시키고 만다. 즉 '생기적(生起的) 존재=현상학적 존재'이다. 니체의 '권력에의 의지'는 바로 이것을 의미한다. 하이데거의 존재는 '기(氣)=파동(波動)=소리'의 의미가 될 때 본래존재로서 완성된다.

<< 076 >>

분류학의 인간중심주의

———— *1*

존재는 가상존재를 둘러싸고 있다. 그러한 점에서 존재는 실체가 아니라 분위기이다. 가상존재야말로 실체(reality)이다. 그런데 소유적 존재인 인간(정신)은 그러한 분위기를 시각(언어)과 손으로 잡을 수 있는 실체 혹은 물질(material)로 파악하고자 한다. 물질이야말로 가장 확실한 실체인 셈이다. 그렇지만 자연은 저마다 제 모습으로 흩어져 있다. 이것을 어떤 체계(중심-주변, 주체-대상) 혹은 분류학으로 파악하는 것은 이미 자연(존재)을 왜곡하고 변형한 가상존재이다.

———— *2*

분류학은 어떤 결정론을 숨기고 있으며, 그 결정론은 인간의 시각중심의 결과이다. 인간의 결정론은 자연에 대한 인간의 음모와 계략이거나 심지어 전체주의를 숨기고 있다. 어떠한 결정론도 인간중심-시각중심의 산물이다.

─── 3

인간중심주의는 인간을 위하는 것 같지만 실은 인간을 죽이는 것이다. 평등주의는 인간을 위하는 것 같지만 실은 인간을 분노의 감옥에 가두는 것이다. 평등주의는 자연현상의 차이에서 볼 때, 인간의 거짓이고, 위선이고, 끝내 악덕이다. 이것은 인간의 말의 장난이고, 자기기만의 종착역이다.

<< 077 >>

죽음은 본래 없는 것,
생멸(生滅)과 생사(生死)

—— *1*

죽음은 생멸과정의 한 정지된 단락일 뿐이다. 생멸(生滅)을 생사(生死)와 시종(始終)로 파악하는 것 자체가 이미 현상학이다. 죽음은 본래 없는 것이다. 인간이 생멸을 생사로 환원함으로써 죽음이 비롯되었다. 우주는 입자가 아니고 파동이다. 입자는 파동의 특이성(singularity)일 뿐이다. 파동은 고정불변의 정체(자아)가 없기 때문에 생사마저 없다. 파동은 우주의 동시성(同時性)이고 동거성(同居性)이다.

—— *2*

파동을 시공간(時空間)으로 제한하면 입자가 된다. 빛은 시공간으로 제한된 파동이다. 그런 점에서 빛은 파동이며 소리이다. 우주는 하나로 공명하는 공명체이다. 공명하는 우주는 시간과 공간이 없기 때문에 거리가 없이 즉생즉멸(卽生卽滅)한다. 그렇기 때문에 만물만신(萬物萬神)이고, 본심본태양(本心本太陽)이고, 인중천지일(人中天地一)이다.

———— 3

　'인중천지일'에 이르면 만물만신에 이르게 된다. 만물만신에 이르면 죽음은 없다.

≪ 078 ≫

마르크시즘·공산사회주의의
10가지 거짓말

—— *1*

마르크시즘은 인간의 욕망을 부정(배제)함으로써 인간정신(이성)이 저지른 '관념론의 최악의 질병'이 되었으며, '인간의 도구화'와 함께 '형이상학적 폭력'의 역사적 실체가 되었다. 마르크시즘은 '닫힌 철학' '닫힌 종교'이다. 마르크시즘은 근본적으로 거짓말(거짓이상)의 토대 위에 건축된 것이다.

—— *2*

공산사회주의의 '무신론'과 '반제국(국가)주의'는 가장 맹목적인 '무신론적 종교(기독교마르크시즘)'와 공산전체주의제국(소비에트)을 만들었다. 마르크스가 "종교는 민중의 아편이다. 종교는 민중에게 현실적인 고통을 극복하기 위해 망상적 행복을 가져다주는 마약 같은 것이다."(『헤겔의 법철학 비판』)라고 비판한 것은 자기모순에 빠지게 된다. 마르크시즘은 가장 '맹목적인 무신론적 종교'가 되었으니 말이다. "제국주의는 프롤레타리아 사회혁명의 전야"라고 제국주의를 가장 강렬하게 비판한 레닌의 『제국주의론』도 역시 같은 모순에 빠지게 된다. 소비에트는 가장 악랄한 제국주의였으니 말이다.

------ 3

마르크스의 "능력에 따라 일하고 필요에 따라 분배한다."는 말은 인간을 '게으른 인간'으로 만들 뿐만 아니라 결국 일하지 않고 살아가려는 도둑심보를 가지게 한다. 그럼으로써 사회는 생산성부족으로 전체적으로 가난하게 되는 '빈곤의 하향평준화'로 전락한다. 소비에트체제가 가장 심각한 부정부패(공산당관료들의 부패)와 성적 타락(먹고살기 위한 창녀의 범람)에 빠졌다는 것은 잘 알려진 사실이다.

------ 4

공동체사회(community)에 연원을 둔 공산주의(communism)는 '무리(떼거지)본능'에 의존함으로써 근대적 개인에 적응하지 못하는 인간상을 연출했으며, 집단적 허구(거짓, 위선, 허위)에 빠졌다. 결국 전체적으로 '거짓의 피라미드'를 만들었다. 겉으로 '인간주의(humanism)'를 표방하는 것과 달리 인간을 도구화하는 '공산전체주의사회'로 전락했다. 공산주의는 달콤한 말과 다르

게 재앙이다.

—— *5*

마르크시즘은 '현실주의(realism, reality)'를 주장하면서도 가장 비현실적인 도그마(dogma)에 빠진 '관념론(idealism)의 집대성'이다. 여기서 우리는 철학이 인간정신의 악령, 대뇌의 질병이 될 수 있음을 리얼하게(really) 발견하게 된다.

—— *6*

마르크시즘은 유토피아(Utopia)사상의 일종이면서 동시에 디스토피아(Dystopia)이다. 이상적일수록 현실을 무시하고, 현실을 무시할수록 폭력적이 된다는 사실을 확인하게 했다. 이것은 자기기만(존재기만)과 도구적 이성으로 살아온 인간종의 가장 심각한 자기보복이다. 가장 신성한 목적(공산사회)을 위해 가장 악랄한 수단을 사용해도 좋다는 악마의 사주가 마르크시즘이다.

—— *7*

공산사회주의에 한 번 길들여지면 생산적이고 창조적인 인간의 면모를 잃게 된다. 창조성과 생산성을 잃은 구소련이 러시아로 돌아간 것은 생존의 몸부림이다. 중국이 자본주의를 도입해서 세계 제 2위의 경제대국으로 떠올랐지만 아마도 전체주의에

길들여진 노예근성과 거짓습관을 벗어나기 어렵기 때문에 언젠
가는 구소련처럼 될 가능성이 높다.

—— 8

공산사회주의가 '듣기 좋을 말을 먼저 쓰고' '말을 잘 하는
것'은 바로 '말'과 '거짓'밖에 다른 힘과 실체가 없기 때문이다.
따라서 공산주의는 '무신론의 종교'인 것만큼이나 '기독교의 거
짓(기독교마르크시즘)'과 같다.

—— 9

국가위에 군림하는 공산당은 국가를 부정하면서도 국민전체
를 감시감독 하에 두는 전체주의국가 혹은 전체주의제국을 만
들었다. 공산사회주의는 빈곤과 함께 인간을 감시감독의 대상
으로 두는 '우리(둥우리)사회', '전체주의사회'로 결말지어졌다.
공산사회주의는 한마디로 '부도덕과 거짓이상의 사회'이다. 공
산사회주의는 과학사회주의라는 이름으로 인간사회 자체를 붕
괴시키고 있다. 공산사회주의는 사회적 감옥이다.

—— 10

서양문명에서 최고의 이상은 창조주 신(최초의 원인)이고, 그리
고 메시아 예수(최후의 결과)이다. 마르크스가 마르크스-예수가

되지 못한 것은 무신론과 유물론의 탓도 있지만 감정을 '원한과 분노'로, 사회를 '계급'으로 규정하고 더욱더 '계급화(공산당귀족)'함으로써 지상천국은커녕 지옥으로 만들었기 때문이다. 그럼으로써 마르크스는 '축복의 신(神人間)'이 되지 못하고, '저주의 신(人間神)'이 되었다.

인류문명을 전체적으로 조망하면, 호모사피엔스인 인간은 결국 세계를 도구와 이용의 대상으로 보는 것을 강화함에 따라 공산-사회주의든, 자유-자본주의든 축복(주인)보다는 저주(노예)에 가까워지고 있다. '축복의 신'이 되기 위해서는 죄악을 탕감복귀할 수 있는 능력을 소지한 '지혜의 인물'이 되어야 한다. 이 지혜의 인물이 바로 예수-부처, 부처-예수의 인물이다.

정신-물질, 유신-무신은 동거자

—— *1*

물질(物質)은 정신(精神)이 규정한 것이다. 정신이 물질을 물질로 규정하기 전에 '물질'은 그냥 '존재'였다. 무신(無神)은 유신(有神)이 전제된 것이다. 신(神)이 없으면 신이 없다고도 말할 수 없다. 정신-물질의 하느님, 유신-무신의 하느님, 이중성의 하느님은 만물만신과 같다. 만물만신은 모든 신물(神物)을 원점으로 돌리는 것이다. 신물의 원시반본(原始反本)이야말로 본래존재로 돌아가는 길이다.

—— *2*

모든 현상의 대립은 그 속에 '본래존재(본래하나)'를 숨기고 있다. 그 하나를 숨어있다고 설명하는 자체가 이미 현상 속에 있기 때문이다. 존재는 숨어있지도 않고 그대로 있다. 존재는 현존재가 아닌 '현존적(현성적) 존재'이다. 그런 점에서 모든 극단

적 반대는 동거자이다. 이러한 존재의 동거와 동시를 현상학적
으로 표명(표현, 표기)하지 않는 것이 바로 존재이다. 그렇다면 존
재는 결국 말할 수 없는 것이다. 말할 수 없는 것은 느끼는 것이
다.

——— 3

　사랑과 자비라는 것은 모든 극단을 동시에 본래하나로 포
섭하는 것이고, 끝내 침묵하는 것이고, 침묵의 소리(sound of
silence)라고 말할 수 있다.

≪ 080 ≫

하이데거, 데리다, 마르크스

―― *1*

하이데거는 자연(우주)의 소리에 귀를 기울여서 기존의 서양 철학의 텍스트를 해체하고, 종래와는 전혀 다른 존재론의 길을 열었는데 반해 데리다는 기존의 텍스트를 보고 그것을 해체하는 것을 통해 해체주의에 도달하였다. 하이데거는 해체가 수단이었지만 데리다에게는 그것이 목적이었다. 하이데거는 자연의 소리를 들었지만 데리다는 '목소리의 현상학'(목소리도 환원적인 것은 아니다)에 머물렀다.

―― *2*

하이데거는 불교의 '유식학(하이데거 전기, 존재와 시간)-현상학과 화엄학(하이데거 후기, 시간과 존재)-존재론'에 도달하였지만, 하이데거를 베낀 혹은 하이데거의 존재론은 현상학적으로 해석한 데리다는 '유식학-현상학'에 머물렀다. 하이데거는 종래의 현상학적 사유를 보완하기 위해 존재사유를, 종래의 일상적 언어를 보완하기 위해 존재언어를, 그리고 종래의 형이상학적 진리를 보완하기 위해 존재진리 등의 말을 사용함으로써 새로운 존재론의 길을 열었다.

──── 3

마르크스와 데리다는 닮은 데가 있다. 마르크스는 계급투쟁으로 계급(계층)사회를 해체시키려고 하였다가(시민은 주인이 될 수 있어도, 민중은 주인이 될 수는 없다) 전체주의만 만들었고, 데리다는 해체주의로 문명이라는 모든 텍스트를 해체시키려고 하였다가 PC(Political Correctness)좌파만 만들었다. 이들의 위선적-궤변적 이상(마르크스의 유물론과 데리다의 그라마톨로지)은 결국 철학적 환상 혹은 철학적 말장난에 지나지 않는다. 이 둘은 결국 현대판 소피스트(궤변론자)이다.

──── 4

데리다의 그라마톨로지(grammatology)는 문자학 혹은 해체적 문자학이라고 부르는데 결국 문자학이라는 것은 구성을 전제하고 있다는 점에서 '해체적'이라는 말은 역설적이다. 데리다가 문자학을 해체적인 의미로 사용한 것은 소리와 빛을 이성으로 해석한 서양철학의 자기모순의 노정이며 자기기만이다. 자연은 텍스트가 아니다. 그런데 단지 과학이 자연을 문자와 텍스트와 수학방정식으로 환원시킨 것이다. **그렇다면 자연은 무엇인가. 소리이며 파동이다. 그래서 필자는 철학으로서의 포노로지**(phonology)**를 만들었다.** 데리다는 빛과 소리를 이성으로 생각한 가장 최근의 서양철학자였다. 그는 텍스트를 '해체론적 텍스트'라고 생각함으로써 자가당착적 해체주의를 만들었다.

종의 기독교에서 주인의 기독교로

—— *1*

도덕뿐만 아니라 기독교도 '종의 기독교'와 '주인의 기독교'로 나눌 수 있다. 니체에 의해서 인간은 신이 있느냐, 없느냐의 질문에서 세상의 주인이 될 것이냐, 노예가 될 것이냐의 전혀 다른 문제에 직면하게 되었다. 서양의 기독교는 기독교마르크시즘(공산사회주의)을 통해서 '노예의 기독교'를 만들었다. 해방신학은 말로는 해방이라고 하지만 그 속내는 '노예신학'에 다름 아니다.

—— *2*

공산주의는 계급투쟁과 평등이라는 구호를 통해 역설적으로 '가장 계급적인 사회(공산당귀족성분사회)'와 '평등의 인간노예'를 만들었다. 공산치하에 사는 사람들은 '무신론(無神論)의 인간신(人間神)'을 섬기는, 인간신(공산당의 최고권력자)에게 철저하게 지배(감시감독)를 받는 노예가 되고 말았다. 공산주의는 '노예의 기독교'의 가장 대표적인 사례이다. '주체'라는 말에는 남을 대상화하는 '노예'가 숨어있다. 인간중심주의를 표방하는 '주체사상'은 실은 노예사상이고, 비인간주의가 숨기고 있다. 그러나 주인사상에는 노예가 없다. 누구든지 자신의 주인이 될 때 남을 사랑할 수 있고, 각자의 주인을 존중할 수 있다. 주인사상에는 사랑이 숨어있다. 사랑하지 않으면 결코 주인이 될 수 없다.

—— *3*

기독교도 '종의 기독교'에서 '주인의 기독교'로 탈바꿈하여야 한다. 인간은 신을 대함에 있어서도 노예가 아니라 스스로 주인이 되어야 하는 시대를 맞았다. 이제 인간은 신에게 복은 비는 '기복(祈福)의 존재'가 아니라 스스로 복을 만들어내는 '발복(發福)의 존재'가 되어야 하며, 도리어 신을 불쌍하게 여김으로써 신의 종으로부터 벗어나야 한다. 주인의 기독교는 인간각자가 자기에게 내재한 신인 '자신(自神)'이 되는 것이고, 주인의 불교는 인간각자가 자기에게 내재한 부처인 '자기부처(自佛)가 되는 것'을 말한다.

—— *4*

종의 기독교, 타력신앙의 기독교는 "주(主)여, 우리를 불쌍히 여기소서!"라고 기도하는 반면에 주인기독교, 자력신앙의 기독

교는 "아(我) 주(主), 하느님이 불쌍하여!"라고 말한다. 아주(我主)
는 '나의 호올님'을 뜻한다. 자력신앙은 인간이 '세계의 진정한
주인'이 되는 것을 의미한다. 불교는 일찍이 자력신앙의 전범
을 보여주었다. 기독교가 불교와 융합하면, 혹은 기독교가 도마
복음의 기독교로 돌아가면 '스스로 세계의 주인이 되는 경지'에
이르게 된다. 이것이 대승기독교이다. 지금 살아있는 인간이 스
스로 하느님이 되고, 메시아가 되지 않으면 결코 하느님과 메시
아는 없다. 지금 살아있는 인간이 스스로 부처가 되고, 미륵부
처가 되지 않으면 결코 부처와 미륵부처는 없다. 지금 살아있는
인간은 죽은 것(무기물)도 살아있는 생명으로 만든다. 세계는 뭐
니 뭐니 해도 결국 자신(self)이고, 자기문제(self-problem)이며, 자
기문제해결(self-problem solving)이다.

——— 5

**주인기독교는 내가 나를 다스리는(지배하는) 것이고, 내가 '나
의 왕 노릇'을 하는 것이다. 주인기독교가 되는 것을 다른 말로
표현하면 바로 자신(自神)이다. 스스로 신이 되는 것이다.** 물론
자신(自神)에 이르려면 자신(自身)을 바탕으로 자신(自信)을 거쳐 자
신(自新)을 실현함으로써 가능하다. 마찬가지로 주인불교가 자불
(自佛)이다. 스스로 부처가 되는 것이다. 자불(自佛)에 이르는 방법
이 팔정도(八正道), 육바라밀(六波羅密)이다. 자신이든, 자불이든 모

두 하늘과 땅의 기운생동을 내 몸 안에서 발견하는 것이다. 이것은 내 몸의 안과 밖이 구분이 없음을 의미한다. 세계는 선후상하좌우안팎이 없다.

—— 6

조선조 주자학의 사대적·위선적 전통에 물들어있는 한국의 지식권력종교엘리트들이 자신의 사대(事大)와 위선(偽善)을 극복하고 나라의 진정한 주인이 되는, 혹은 국민(백성)을 진정한 주인으로 섬기는 일은 쉽지 않을 것이다. 위선자는 항상 자신이 은폐한 위선(偽善)과 죄성(罪性)을 폭로하는 자를 미워하고 저주하고 그들을 희생양으로 삼는 것을 마다하지 않기 때문이다.

—— 7

주인과 도둑은 때론 분간하기 어렵다. 적반하장(賊反荷杖)이라는 말이 있듯이 도둑이 더 큰소리치면서 주인노릇을 하는 경우가 비일비재하기 때문이다. 도둑이 들면 개인도 망하고, 가정도 망하고 나라도 망한다. 따라서 삶에 있어서 항상 내가 도둑인지, 주인인지를 살피고 경계하지 않으면 안 된다. 내가 주인인가 싶으면 어느 새 도둑이 되어있고, 내가 도둑인가 싶으면 어느 새 주인이 되어 있다. 도둑은 소유를 의미하고, 주인은 존재를 의미한다.

≪ 082 ≫

은유(隱喩)와 은적(隱迹)에 대하여

—— *1*

시의 은유(隱喩)는 일상에서 '말할 수 없는 것을 말하는' 기술이다. 은적(隱迹)은 철학(존재론)에서 '말할 수 없는 존재'를 말하는 지혜이다. 둘 다 '말할 수 없는 것을 말하는' 공통점이 있다. 은유와 은적은 방향이 반대이다. 은유는 존재를 말로 드러내는 반면 은적은 현상을 존재 깊숙한 곳에 숨긴다.

—— *2*

하이데거의 철학적 이정표는 존재론을 주장한 데에 있지만 특히 '철학적 존재론'이 인간의 마음에서 '예술의 시(詩)'와 같은 효과를 내고 있음을 설명한 데에 있다. 그에 의해서 존재의 '은적(隱迹)과 현현(顯現)'은 언어의 '일상과 은유(隱喩)'와 교차되는 것으로 밝혀졌다. 존재는 철학으로보다는 시(詩)로 느껴질 가능성이 높다. 서양철학은 동양의 시(詩)철학으로 귀향하여야 한다.

이것이야말로 존재로의 참다운 귀향이다. 인간의 마음은 정신이 아니다. 정신은 뇌의 산물이다. 인간의 몸은 물질이 아니다. 물질은 정신의 산물이다. 정신-물질(육체)은 대립하지만 마음-몸(신체)은 하나이다. 흔히 마음을 정신의 의미로, 몸을 육체의 의미로 혼용하는 것은 혼란을 부채질할 뿐이다.

—— 3

과학은 능기(能記, signification)·외연성(denotation)의 끝(능기연쇄)이다. 하나의 의미(개념) 이외의 다른 의미를 배척하도록 닫혀있다. 시(詩)는 소기(所記, signified)·내포성(connotation)의 끝(다층의미)이다. 하나의 의미가 아니라 항상 다른 의미를 갖도록 열려있다.

—— 4

언어의 지시성(denotation)을 극도로 강조한 것이 과학적 언어, 논리적 언어, 기계언어인 반면 내포성(connotation)을 극도로 강조한 것이 시어(詩語)이다. 그 사이에 있는 것이 일상언어이다. 일상언어는 기계언어보다 더 복잡할 수밖에 없다.

≪ 083 ≫

샤먼(shaman)의 의미복합

—— *1*

무당(巫堂), 샤먼(shaman)은 인간과 자연 사이에 있는 '사이-존재'이다. '사이-존재'는 빌고, 춤추고, 싸우고, 생각하고, 거래한다. 그런 점에서 '무(巫)'자가 '무(巫, 舞, 武, 無, 貿)'로 의미가 변전되는 것은 당연하다. 샤먼은 인간의 원형이다. 인간은 누구나 샤먼이다. 인간의 문명이라는 것은 샤먼과 샤머니즘(shamanism)이 분화된 것이다.

—— *2*

성인은 샤먼의 변형이었다. 인간이면 누구나 샤먼이라면 모든 인간은 성인이 될 수 있는 가능성이다. 성인이 되는 첩경은 세상을 위해 자신을 내어줄 수 있는 심정이고 실천이다.

3

하늘이 하늘을 먹는다(以天食天). 자연이 자연을 먹는다. 강자가 약자를 먹는 것이 아니다. 강자도 약자에게 먹힌다. 따라서 모든 존재는 서로를 먹으면서 미안한 마음을 가져야한다.

≪ 084 ≫

호모사피엔스의 오만

—— 1

존재는 실은 본능이다. 인간은 자신의 이성을 신봉한 나머지 자연을 본능이라고 비하하면서 오만해지기 시작했다. 이것이 호모사피엔스사피엔스라는 분류학적 명명의 유래이다. 인간은 '생각하는 동물'일 뿐이다. 생각하는 것도 결국 본능이다. 철학자의 본능은 생각하는 것이다. 철학자들이 본능적으로 생각하는 것을 보면 본능과 이성을 구분하는 것은 어폐가 있다.

≪ 085 ≫

소리, 호흡, 의지, 음악, 축제

——— *1*

소리야말로 자연의 호흡이고 의지이다. 소리는 기호(기표)와 존재(의미)의 경계선상에 있다. 소리가 일정한 형식(조형미)을 유지한 것이 음악이다. 그런 점에서 니체의 '음악의 정신으로부터 비극의 탄생'은 '소리의 자연으로부터 축제의 탄생'이 되어야 한다. 축제는 생멸이 동시에 있는 자연 그 자체의 리듬의 향연이다. 축제는 생사의 구분을 무의미하게 하는 마력이 있다. '축제의 인간'이야말로 인간의 가장 고유한 모습이다.

——— *2*

축제가 평화를 이루는 이유는 승자를 신들의 제물로 바치는 대신 명예와 월계관을 씌워주기 때문이다.

사유(思惟)와 소유(所有), 절대와 존재 _ 275

<< 086 >>

예언자, 조지 오웰

—— 1

마르크시즘은 생태학(생존경쟁)의 먹이삼각형을 집단(국가)내부
의 '권력삼각형(권력경쟁)'으로 해석(변형)함으로써 계급투쟁을 부
추긴 이데올로기이다. 권력은 상부구조로 갈수록 숫자가 적고
하부구조로 갈수록 숫자가 많아지는데 이를 두고 상부구조(계
급)가 하부구조를 착취한다고 설명함으로써 프롤레타리아천국
인 이상적 공산사회를 만드는 사회주의혁명을 실천할 것을 마
르크스는 주문했다. 그렇다면 프롤레타리아만 있는 사회가 어
떻게 가능한가. 마르크시즘은 '역삼각형의 삼각형'을 주장하는
모순에 빠졌다.

—— 2

어떻게 숫자가 많은 대중(민중)이 계급투쟁을 통해 권력을 잡
고 주인이 될 수 있는가 말이다. 이것은 권력자체의 구조를 위

배한 말의 거짓이다. 자유는 초월적이고, 평등은 내재적이다. 그런데 평등을 초월에서 찾는 것은 난센스이다. 자유는 개인의 산물이고 평등은 전체의 산물이다. 개인을 무시한 전체의 산물인 공산사회주의는 평등을 실현한다는 명목으로 사회전체를 감시·감독하지 않을 수 없게 된다. 공산사회주의의 가장 악랄한 위선은 계급투쟁을 통해 계급을 없앤다고 선전하면서 가장 철저한 공산당귀족계급주의를 실천한 점이다. 결국 사회주의는 평등을 가장한(내세운) 전체주의가 될 수밖에 없다. 말하자면 평등은 결국 인류사회를 하향평준화하여 동물원으로 만드는 치명적(절망적) 유혹이다.

──── *3*

예술과 사랑과 섹스마저도 도구로 사용하는 공산사회주의는 인간성의 황폐화를 피할 수 없다. 조지 오웰은 누구보다 사회주의의 전체주의적 성향을 미리 간파한 인물이다. 사회주의만큼 달콤하고 유혹적인 악은 없다. 말의 거짓말의 속성을 가장 잘 드러낸 것이 바로 공산사회주의이다. 말 자체가 목적이 되었으니 그 말이 새빨간 거짓말일 수밖에 없고, 인간사회를 결국 황폐화할 수밖에 없는 까닭에 극단적인 반(反)자연주의라고 말할 수도 있다.

과학기술만능과 기계주의에 대하여

──── 1

사회과학이란 결국 과학의 이름으로 인간을 사물처럼 대상화하고 관리하기 위한 일종의 기계주의(machinism)에 불과하다. 만약 도덕이 기계로 대체된다면 인간은 완전히 기계로 환원될 것이다. 인간사회를 완전히 과학화한다는 것은 인간을 물질-기계화하는 것이고, 결국에는 전체주의의 제물로 만드는 것이다. 과학기술주의사회가 유물론을 비난하는 것은 자신의 철학을 실천하는 관념적·역사적·사회적 유물론을 비난하는 것과 같다. 철학은 더 이상 자신이 낳은 과학을 뒷받침해서는 안 된다. 철학은 과학기술과 분리되어야 한다.

──── 2

인구의 증대와 국가의 등장으로 사회과학이 필요한 것도 사실이지만 인간이 끊임없이 사회과학의 과학과 긴장관계(과학과 기계에 정복당하지 않는)를 유지하지 않으면 과학기술체계의 부품으로 전락하고 만다. 그렇게 되면 사회과학이란 과학의 저주가 된다. 기계인간, 로봇인간이 등장하기 전에 인간은 기계적 환경에 적응하기 위해 이미 깊숙이 기계화되고 있다.

— 3

과학기술만능의 현대는 존재를 모두 현상화해 버리고 말았다. 말하자면 존재를 모두 밖에 있는 것으로 치부해버렸다. 신이든 정신이든 유령이든 모두 밖에 있는 존재가 되어버렸다. 안에 있는 존재는 없다. 존재는 내재하면서 '지금 여기'서 생성되고 있는 것이다. 밖에 있는 존재는 모두 언어(文化文明)이고, 기껏 잘해봐야 도(道)에 머문다. 도는 자연을 본받지 않으면 안 된다(道法自然).

— 4

과학이 아무리 발달하고 물질만능의 세상이 된다고 하더라도 인간은 그것에 맞는 새로운 도덕의 성립 없이는 살 수 없다. 도덕은 인간관계의 질서이기 때문이다. 그러나 새로운 도덕이란 바로 자연을 모범으로 삼는 일이다. 인간은 자연적 존재이기 때문이다. 현상이란 존재의 시대적 드러남이고 어떤 근본(본래존재)의 변형에 불과하다.

≪ 088 ≫

궁도와 축구, 명중과 골인

—— *1*

궁도(弓道)는 정지된 과녁을 맞히기도 하고, 움직이는 과녁을 맞히기도 한다. 어느 것이든 움직이는 것과 움직이지 않는 것의 상호 적중(的中)을 겨루는 시합(試合)이다. 정지된 과녁일지라도 궁사가 숨을 잘 고르지 못하면 과녁을 맞히는 것에 실패하게 된다. 또한 날아가는 새를 맞출 때도 궁사는 새의 움직임을 예상하고 '미리(앞서)' '따라잡지' 않으면 안 된다. 한편 축구는 고정된 골대 안으로 축구선수가 골을 집어넣는 운동이다. 골을 잘 넣기 위해서는 움직이는 선수가 골대의 '빈 공간'을 순간적으로 파고드는 적중을 필요로 한다. 축구의 어려움은 골키퍼가 있어서 골인의 공간을 매우 가변적이고 불확실하게 만드는 데에 있다. 말하자면 아무리 골을 잘 넣는 골잡이라고 하더라도 골키퍼가 만약 거미손이라면 골을 불가능하다. 그야말로 골잡이와 골키퍼는 모순관계에 있게 된다.

—— *2*

궁도이든 축구이든 결국 명중(命中)을 하기 위해서는 목표를 정확하게 맞추는 담력과 여유가 필요하다. 물론 고도의 훈련을 통한 실력이 갖추어져야 여유가 생기는 것은 물론이다. 여유가 있어야 시공간(속도와 거리확보)의 흐름과 맥락을 잘 파악하게 되고 골의 확률을 높이게 된다. 소위 이름난 축구골잡이들은 확실히 골을 '미리' '바라보는 여유'가 있다. **궁도나 축구뿐만 아니라 세상만사가 알고 보면 다 '과녁과 적중'의 문제인 것 같다. '움직이는 것'과 '움직이지 않는 것'의 맞추기 경쟁이다. 결혼조차도 짝 맞추기 경쟁인지 모른다.** 결혼에도 성공과 실패가 있기 마련이다. 삶은 기계(기계적인 맞춤이나 짜임)가 아니다. 삶은 가변적인 운동이다. 기계적인·계산적인 사람이 반드시 인생에서 성공하는 것이 아닌 이유다. 삶에는 반드시 모험과 운명애가 필요하다.

존재와 시간, 시간과 존재

―― *1*

하이데거가 전기에 『존재와 시간』를 쓰고 후기에 『시간과 존재』를 쓴 까닭은 무엇일까. 전기에는 아직 서양철학과 문명의 '실체론'을 벗어나지 못한 때문이고, 후기에는 그것을 벗어나기 위해 몸부림을 쳤던 때문이다. 그러나 하이데거는 "시간과 공간이 없다"라고 말하지 못했다. 말하자면 시간과 공간은 존재가 아니라는 것을 확실히 깨닫지 못했다. 이는 니체가 '생기적 존재론'을 주장하였으면서도 결국 실체적 존재를 벗어나지 못한 것과 같다. 이는 또한 화이트헤드가 '과정(process)'을 주장하였으면서도 '실체(reality)'를 벗어나지 못한 것과 같다.

―― *2*

서양문명은 이데아(idea)와 실체(substance, identity, reality) 혹은 개체(individual)를 벗어나지 못한다. 서양문명은 '본래존재'라는 말을 하면서도 본래존재가 '자연'인지를 깨닫지 못한다. 이는 자연과학을 자연으로 아는 것과 같은 이치이다. **존재는 이데아가 아닐 뿐만 아니라 자연과학이 증명하고 이용하는 물질이나 에너지가 아니다. 그런 점에서 존재는 기(氣)이다.**

상징과 은유의 효과

≪ 090 ≫

상징과 은유의 효과

―― *1*

상징이나 은유가 필요한 이유는 하나의 단어로 여러 뜻(다양성, 차이성, 다양한 차원)**을 내포하기 위함이다. 지시나 환유가 필요한 이유는 하나의 단어로 하나의 뜻**(동일성, 지시개념, 동일한 차원)**을 표시하기 위함이다.** 그렇지만 상징과 은유의 근본적인 힘은 기운생동(氣運生動, 氣韻生動)을 표현하는 데에 있다. 시와 예술은 상징과 은유의 존재론이다.

예술은 존재 그 자체

—— *1*

예술은 그 자체가 존재이다. 예술은 존재 속에서 존재와 더불어 살면서 존재에서 존재로 이동하는 퍼포먼스이기 때문이다. 예술은 신체를 가진 모든 존재의 행위(performance)이고, 살아있는 존재의 삶이고 삶의 흔적이다. 그런 점에서 예술은 존재의 퍼포먼스이다. 그 퍼포먼스의 핵심은 드라마(drama)이다. 드라마틱한 요소가 없으면 예술이 아니다. 예술이 인간의 구원이 되는 것은 '존재 자체'의 표현이나 표기이기 때문이기도 하지만 그 속에 드라마가 있기 때문이다. 세계에 실제 살아있는 것은 언어(상징)가 아니라 퍼포먼스이다.

—— *2*

진(眞)과 선(善)은 인식체계를 거쳐야 하지만 미(美)는 본능과 같은 존재이다. 미는 주체-대상의 구별이나 유무와 상관없이 표현되는 존재이다. 예술의 존재성은 비(非)조형예술로 알려진 음악과 은유(隱喩)의 시를 보면 잘 알 수 있다. 조형예술이라고 할지라도 그 진수에 이르면 마찬가지이다. 예술이 구원인 이유는, 예술은 존재 자체를 긍정하는 '대(大)긍정'이기 때문이다. 어떤 점에서 모든 존재는 스스로의 존재를 드러내는 표연자(表演者)·행위자(performer)이다.

—— 3

인공지능의 시대를 맞아서 가장 확실하게 인류의 구원이 되는 것은 예술이다. 예술은 기표연쇄의 자연과학시대에서 가장 풍부한 기의를 가지고 있기 때문이다. 예술의 의미는 결코 바닥을 드러내지 않는다. 예술은 존재 그 자체이고, 존재사건이다.

일반성의 철학과 보편성의 철학

───── *1*

　지금까지 철학이 보편성을 주장하면서 일반성을 보편성의 종속적인 위치로 전락시키는 한편 '보편적이고 일반적인'이라고 말한 것은 철학의 지배욕과 권력욕을 드러내는 것이었다. 철학자들이 이 같은 사실을 깨닫지 못하거나 은폐한 것은 인간의 지식이라는 것이 이미 보편적인 형태로 인식되었기 때문이다. 보편적인 것은 이미 초월적이고 추상적이고 절대적인 것으로서 자연이나 존재(자연적 존재)를 지배하는 음모를 감추고 있다.

───── *2*

　필자는 서양의 '보편성의 철학' 대신에 '일반성의 철학'을 주장했다. 보편성의 철학은 종래처럼 '보편적이고 일반적인' 철학을 추구하는 철학인 반면 일반성의 철학은 '일반적이고 보편적인' 철학을 추구하는 것이다. 보편성의 철학은 초월·추상철학과 연결되고, 일반성의 철학은 존재·구체철학과 연결된다. 전자는 언어·이(理)를 중시하고, 후자는 사건·기(氣)를 중시한다.

하나에는 보편적·초월적인 하나가 있고, 일반적·내재적인 하나가 있다. 전자는 남성성과 관련이 있고, 후자는 여성성과 관련이 있다. 보편성의 철학은 개념철학, 남성철학, 전쟁철학, 과학철학의 특성을 보이고, 일반성의 철학은 소리철학, 여성철학, 평화철학, 에코철학으로 대배된다. 필자의 철학은 동학(東學)사상을 분모로 하면서 퇴계의 주리(主理)철학적 전통과 율곡 선생의 주기(主氣)철학적 전통을 융합함으로써 서양의 '현상학적 실체(동일성)철학'을 극복한 쾌거이다. 율곡의 '기발이승(氣發理乘) 이통기국(理通氣局)'의 '이통기국'은 주자의 성리학을 넘어선 독창적인 것으로서 이(理)의 현상학적인 특성과 기(氣)의 존재론적인 특성을 구분한 자생철학의 씨앗이었다.

보편성은 집단성의 산물이다. 근대는 집단성이 아니라 개별성(개체성)을 바탕으로 세계에 대한 접근을 한다. 이에 부응한 것이 바로 일반성의 철학이다. 일반성의 철학은 존재일반을 존재자로 보는 것이 아니라 그것 자체가 존재(생성적 존재)임을 선언하는 것이다. 말하자면 우리가 그동안 현상이라고 대상화한 사물들은 대상이 아니라 인간과 똑같은 주체적 존재로서 공동존재가 되는 것이다. 인간과 자연의 사물은 동등한 생멸적 존재로서의 지위를 갖는다. 이것이 만물만신 사상이다.

—— 4

최근 박동환의 'X의 존재론'은 서양철학의 이데아(idea) 혹은 과학의 가설·법칙 찾기를 그대로 재현한 것에 불과하다. 박이문의 '둥지의 철학'도 자연과학적 존재론의 입장에서 '존재-의미-매트릭스'의 틀로 동서양철학을 종합·요약한 것을 '둥지'라고 명명한 것에 불과하다. 이들 철학은 둘 다 한국인의 '철학적 페니스(penis) 없음'을 드러내는 좋은 예이다. 남(외래)의 철학의 '버자이너(vagina)철학' 혹은 심하게는 '씨받이 철학'에 불과함을 말한다. 철학은 'X'와 '둥지'를 독자적인 언어체계로 정립할 수 있어야 한다. 철학은 '여자의 자궁'이나 '미지의 세계'가 아니라 삶의 세계를 개념을 통해 규정(한정, 제한)하는 '앎의 세계'요, '대뇌의 세계'로 치환하는 작업이다.

—— 5

자생철학을 추구한 한국의 두 현대철학자에게서 진정으로 오리지낼리티(originality)가 있는 독자적인 철학의 면모를 발견하기는 어렵다. 이들에게는 과거를 장악하고 미래를 열어주는 시대정신의 면모가 없다. 단지 동서고금의 철학을 공부하여 '씨받이'가 되거나 '복제(複製)'되었을 뿐이다. 한국인은 독자적으로 세계를 싸잡아 보는 힘이 없다. 결국 남의 철학(꽃과 과일)을 바구니에 담는 원정(園丁)의 역할만 하고 있다. 자신의 삶이 없는 철학은 철학이 아니다. 남의 철학에 매여 사는 개인이나 국가는 삶의 철학을 하는 것이 아니라 '죽은 텍스트의 철학'을 하는 것이다.

—— 6

조선 후기의 철학자인 다산(茶山) 정약용(丁若鏞, 1762~1836)의 철학은 흔히 '실학(實學)'이라는 이름으로 알려져 있지만 실은 성리학(도덕적 이성)의 연장으로서 '의례학(儀禮學)'으로 그 전모가 드러났다. 차라리 다산이 성리학에 연연하지 말고 기독교개종을 통해 보다 적극적으로 시대에 대응했다면 조선의 운명이 일제의 식민지로 전락하지 않았을 수도 있었을 것이다. 기독교는 근대서구과학문명이 전파한 종교이기도 하지만 그 속에는 과학(과학적 이성)이라는 것이 잠재되어있기 때문이다. 혜강(惠崗) 최한기(崔漢綺, 1803~1879)의 '기학(氣學)'도 자연과학을 도입한 철학으로 알려져 있지만 실은 성리학체계로 자연과학을 설명하고 해석하는 데 그친 철학이다. 다시 말하면 관찰과 실험을 통해 자연과학을 실행한 철학은 아니었다. 조선후기의 성리학적 도덕주의는 근대과학문명을 도입하기에는 아직 역부족이었다.

≪ 093 ≫

자연(nature), 문화(culture),
초자연(supernature)

─── 1

인간의 삶의 환경(조건)은 우선 자연(nature)과 문화(culture)로 나눌 수 있다. 자연은 무의식적인 영역, 문화는 의식적(초월적)인 영역에 해당한다. 자연에는 본능(instinct)과 욕구(need)가 있다. 문화에는 신화, 철학, 종교, 예술, 과학, 제도, 기술 등 장르가 있다. 이들은 의식(consciousness)과 이성(reason)과 욕망(desire)에 의해서 이끌어진다. 특히 자연을 다루는 자연과학(science)과 초자연적(supernature)인 영역인 신화와 종교도 문화에 포함된다.

결국 삶의 가장 밑바탕에 자연(nature)이 있다면 그 위에 있는, 언어(기호)로 된 모든 초월적인 것의 총체를 문화(culture)라고 할 수 있다. 자연과 문화가 하나가 되기 위해서는 만물만신(萬物萬神)사상이나 심물일체(心物一切)사상이 필요하다.

문화(culture): 언어/신화/ 철학/종교/ 예술/과학/ 제도/기술	초자연 (supernature): 언어/신화/종교	초의식/신(神) 만신(萬神)	초월적존재자/ god/ghost
	문화(culture): 언어/철학/예술/ 과학/제도/기술	의식/이성/욕망	존재자/ science/ conscience/ geist
자연(nature)	자연적 존재	무의식/본능/욕구 만물(萬物)	존재/nature

─── *2*

　인간의 문화에는 자연(nature)을 다스리는 것으로서 자연과학(science)이 있다면, 의식(consciousness)을 다스리는 것으로서 양심(conscience)이 있다. 문화(culture)는 무의식과 의식의 영역이 동시에 있다. 전자는 삶(지혜)이 목표이고, 후자는 앎(지식)이 목표이다. 성(性)에도 무의식의 영역인 본능이 있고, 의식의 영역인 욕망이 있다. 의식과 욕망은 같은 것이다. 욕망은 신체의 이성이고, 이성은 대뇌의 욕망이다. 그런 점에서 앎이 악(惡)이 되는 것보다 인간에게 슬프고 불행한 일은 없다.

———— *3*

자연의 성(性, sex)은 존재의 근본이다. 성은 본래 심성(心性, mind: psychology)과 물성(物性, matter: physics)이 하나이다. 성(性)의 문화적 변형으로 성(姓, surname), 성(聖, saint), 그리고 성(性, science)을 들 수 있다. 왜 '성'의 발음의 같은가? 예로부터 발음이 같으면 같은 뿌리의미를 가지고 있을 확률이 높다. 성은 여러 층위, 다원다층의 음양학이다. 한글로 '성'의 의미에 다 통달하면 동양의 이상적 인간상인 내성외왕(內聖外王)이 된다.

———— *4*

인간의 신체에 섹스-프리(sex-free)의 성격이 있기 때문에 구속의 의미(개념)가 성립하고, 바로 그 구속의 의미 때문에 다시 자유(自由)의 의미가 파생된다. 그래서 인간은 프리-섹스(free-sex)를 지향하기도 한다. 섹스는 모든 인간문화의 원형으로서 변형과 역설을 초래한다.

≪ 094 ≫

주술(magic), 예술(art), 물활론(animism)

—— 1

자연과학을 진리의 가장 확실한 징표라고 생각하는 사람은 신화나 철학, 역사나 종교나 예술까지도 주술(呪術) 혹은 물활론 (物活論)이라고 생각할 것이다. 『우연과 필연』의 저자인 자크 모노가 그 대표적인 인물이다. 그에게 반문하고 싶다. 생멸하는 우주, 생성적 우주 전체를 '우연'이라고 한다면 그 우연은 필연으로 증명하지 못하는, 인간의 인식·의식 밖의 존재에 붙인 이름이 아닌가? **우연이야말로 '주술'이나 '물활론'에 해당하는 자연과학의 용어가 아닌가? 자연과학이 '필연의 종교'라면 생성은 '우연의 종교'이다.**

—— 2

신(神)도 '필연의 신'이 있고, '우연의 신'이 있다. 신은 필연과 우연을 동시에 안고 있지 않으면 신의 지위를 유지할 수 없다.

이것이 신의 이중성이다. 이(理)의 신, 기(氣)의 신이 있는 것은 그 까닭이다. 양(陽)의 신, 음(陰)의 신, 낮(日)의 신, 밤(月)의 신, 일면불(日面佛), 월면불(月面佛)이 있는 것도 그 까닭이다.

절대와 상대, 필연과 우연은 현상학적으로는 대립관계에 있지만 존재론적으로는 하나의 근본 위에 있는 이원대립항에 불과하다. 절대는 상대를, 상대는 절대를, 필연은 우연을, 우연은 필연을 내포하고 있다. 있음(有)과 없음(無)도 마찬가지이다. 상대와 우연과 무(無)에는 근본을 의미하는 어떤 것이 있다.

≪ 095 ≫

존재의 기저(基底), 기(氣)

―― 1

존재의 가장 근저에 있는 것이 기(氣)이다. 그런 점에서 존재론은 '기(氣)일원론의 존재론'으로 완성되지 않으면 안 된다. 마이너스(-) 전자는 양화(量化)되지 않은 상태에서 골고루 퍼져 있다가 플러스(+) 전자의 작용으로 양화되기 시작한다. 마이너스 전자야말로 '무량(無量)의 존재'이다. '무량의 존재'야말로 '기의 존재론'이고, '기의 존재론'이야말로 바로 일반성의 철학을 있게 한다. 기운생동이 아니면 모두 우상이다. 진리도 우상이고, 실체도 우상이다.

―― 2

신이라고할지라도 '우상의 신'이어서는 안 된다. "우상을 섬기지 말라."고 천명한 기독교가 절대우상을 섬기는 종교가 된 것은 인간이 본래 '우상을 섬기는 동물'이라는 것을 말해준다.

≪ 096 ≫

예수부처, 부처예수

1

　자신이 신(神)이라는 사실을 깨달은 사람이 부처(佛)이다. 이때의 신은 유대교의 절대유일신이 아니라 '만물이 하나'(하나로 연결된 그물망)라는 의미에서의 '네트워크의 신'이다. 아마도 중동오리엔트문명에서 이러한 사실을 가장 먼저 안 사람이 예수일 것이다. 그렇지만 유대문명권에서 태어난 예수는 그것을 초월적인 방법으로 표현할 수밖에 없었을 것이다. '하느님 아버지의 아들' '독생자' '왕 중 왕(King of kings)'이 그것이다. 이러한 표현은 상징적이며 은밀한(esoteric) 것이다. 이들은 해석여하에 따라 불교의 '천상천하유아독존(天上天下唯我獨尊)'과 의미가 상통한다.

　아마도 예수는 개인의 깨달음이나 해탈이라는 사건을 유대문화전통의 유일신신앙에 따라 2인칭(주여! 당신) 혹은 3인칭(하느님 아버지, 사람의 아들)으로 설명하고자 했을 것이다. '역사적 예수'와 '역사적 기독교'는 '실존적 예수'와 '존재론적 기독교'로 재해석

될 필요가 있다.

—— *2*

　도마복음서는 예수(기독교)와 부처(불교)를 연결하는 영매와도 같은 경전이다. 도마복음서는 '깨달은 자'로서의 예수의 말씀을 기록하고 증언하는 '어록(말씀)복음서'로서 '깨달음의 기독교'를 역설하고 있다. 도마복음서로 인해서 예수는 부처였고, 부처예수였음이 더욱더 증명되고 있다. 도마복음서의 발견으로 기독교와 불교는 매우 근사(近似)한, 같은 뿌리를 가진 것으로 해석되는 전기를 맞았다. 예수의 말씀 중에서 "하느님은 너희들 속에 있고 동시에 밖에 있다."는 말은 법화경의 영향을 말해주고 있는 대목이다. 불성이 하느님으로 대체된 것이다.

　인도와 티베트구도여행을 통해 불교의 무(無)를 접한 예수는 고향으로 돌아와 "마음이 가난한(비어있는) 자만이 천국의 좁은 문에 들어갈 수 있다."고 설교하게 된다. 가난한 자는 '마음의 나라(천국)'로 편안하게 들어감을 의미한다. 부자는 천국을 이익으로 생각하고 돈으로 사려고 할 것이다. 『논어』 「이인(里仁)」 편에 "인자안인(仁者安仁) 지자이인(知者利仁)"이라는 구절이 있다. "빈자안천(貧者安天) 부자이천(富者利天)"이 되는 셈이다.

　예수는 또 "네 이웃을 네 몸과 같이 사랑하라."고 역설했다. 이는 불교의 자비(慈悲)를 유대교의 전통에서 설명한 것이 아니었을까. 마음이 천국과 연결되고(마음=천국), 이웃이 몸과 연결되는(이웃=몸) 깨달음과 실천을 통해 불교와 유대교는 예수를 매개로 당시 하나로 융합되었을 것이다. **예수는 불교의 교리와 유대교의 교리를 융합함으로써 기독교(예수교)를 탄생시켰다고 볼 수 있다. 기독교는 유대교의 전통적 제의를 이어가되 그 내용을 바꾸었다. 절대유일신에 대한 '복종'보다 많은 사람에 대한 '사랑'으로 말이다. 예수에 의해 불교의 '자비'는 '사랑'이 되었다. 불교의 깨달음과 해석은 기독교의 믿음과 숭배가 되었다. 기독교의 믿음과 불교의 깨달음은 같은(통하는) 것이다.** 이는 타자(타력신앙)와 자기(자력신앙)가 인간 안에서 결국 하나가 될 수 있음(하나로 공명할 수 있음)을 의미한다.

———— 3

인류 동서남북의 문명의 장벽을 완전히 넘은 사람은 예수가 부처이고, 부처가 예수인 것을 안다. 예수부처, 부처예수를 한 몸에 실현한 자야말로 메시아구세주이고 미륵부처보살이다. 예수와 부처가 몸을 담은 인도유럽어문명권과는 달리 한자문명권의 공자는 가정(家)의 완성과 왕천하(王天下)하는 것을 이상으로 삼았다. 개인의 완성과 가정국가의 완성은 다르긴 하지만 결국 이것이 되어야 저것도 되는 상관관계에 있다. 인간집단으로 보면 결국 개인의 깨달음과 모든 종교의 완성은 이상적인 가정과 국가의 완성을 의미하는 것이며, 이것은 오늘날 초종교초국가의 형태로 나타날 수밖에 없다.

4

무녀 안(顔)씨를 어머니로 둔 공자는 개인과 가족의 기복(祈福)을 일삼는 샤머니즘의 제의를 어릴 적부터 몸에 익혔다. 유교의 유(儒)자는 무당이 기우제를 지내는 형상을 하고 있다. 샤머니즘과 유교의 친연성(親緣性)을 글자에서 유추해볼 수 있다. **공자는 성장하면서 개인과 가족이 아니라 보다 넓은 세계인 천하(天下)의 안녕과 평화를 빌기 위해 샤머니즘의 예악(禮樂)을 국가의 예악으로 재정비한다. 그러기 위해서 사람(人)을 귀하게 여기는 인(仁)사상을 설파하는 한편 왕천하(王天下)하는 이상적 인간을 꿈꾸게 된다.** 그 이상적 인물이 군자(君子)이고 내성외왕(內聖外王)이다. 석가와 공자와 예수의 일은 인간이 성인을 필요로 하며, 그들의 희생을 통해 문명을 건설해왔음을 말해준다. 이제 세계는 한 마을처럼 좁아졌다. 이들 종교와 도그마의 벽을 무너뜨릴 때가 되었다. 그러한 사상이 초종교초국가사상이다.

5

불교는 모성(mother)콤플렉스, 기독교는 부성(father)콤플렉스, 유교는 인간(human)콤플렉스의 특성을 지니고 있다. 각자 자신의 콤플렉스의 특성에 따라 그것을 극복함으로써 성인이 될 수 있는 것이다. 천부경사상은 부성과 모성이 합쳐진 가족(family) 콤플렉스, 혹은 천지인(天地人)콤플렉스의 특성을 지니고 있다. 근대에 들어 강조된 개인보다는 다시 가족이 중시되는 미래가 된다. 이것이 세계가족(One family)이다.

——— 6

예수와 부처는 인도유럽어문명권에서 일어난 일대 문명적 교섭사건이었다. 이에 비할 수 있는 문명적 교섭사건이 불교의 한자문화권에로의 전래이다. 대승불교는 그 결정적인 증거이다. 오늘날 인도유럽어문명권과 한자문명권은 다시 패권경쟁을 하고 있으며, 문화적으로 새로운 융합을 요구받고 있다. 불교와 기독교가 동아시아 한자문화권의 음양사상에 의해 다시 융합됨으로써 문명통합을 달성하고 지구가족 혹은 지구국가가 되는 것이 인류의 미래문명일 것이다. 이 지구국가가 되는 데에 가장 요긴한 것이 바로 인류최고(最古)의 경전, 『천부경(天符經)』사상의 복원이다. 천부경사상은 인류가 본래하나였다는 사실, 더욱이 만물이 본래존재로서 하나였다는 사실을 깨우쳐주는 사상이다. 이것을 두고 '문명의 원시반본'이라고 한다.

유교의 창시자인 공자가 노(魯)나라 출신이라고 하지만 송(宋)나라의 후예였고, 송은 주(周)나라에 망한 은(殷)의 후예들이 모인 제후국이었고, 은나라는 동이족이었으니, 결국 공자는 동이족출신이었다. 동이족은 중국 한족(漢族, 西夷)에 대비해서 만리장성 이북의 민족을 통칭하는 용어이다. 석가도 현재 네팔과 북인도 부근에 살았던 동이족(샤카족)의 후예였으니 결국 유교와 불교가 둘 다 동이족 출신이 창시한 종교라고 할 수 있다. 예수도 인도여행을 통해 불교(법화경)를 섭취한 뒤 유대교전통에서 기독교를 탄생케 하였으니 결국 유불선기독교 4교가 모두 동이족의 사상인 천부경에서 파생된 종교임을 유추할 수 있다.

예수, 부처, 공자 등 모든 성인은 '천부경적(天符經的) 사건'의 소산일 가능성이 높다. 천부경에 통달하면 신불인(神佛人)·천지인(天地人)의 하나 됨에 이르고, 각자자신(各自自神)에 도달하게 된다. 이런 사람들로 구성된 사회라야 인류가 한 가족(가정)이 되는 평화적 이상사회를 실현할 수 있게 된다. 이런 평화적 이상사회는 기존의 종교나 국가를 넘어서는 초종교초국가를 실현해야 도달하게 된다. 이것을 기독교적으로 말하면 '하느님 아래(under God)'가 되고, 불교적으로 말하면 '여래장사상(如來藏思想)'

이 되고, 무교적으로 말하면 만물만신(萬物萬神)이 된다.

—— 9

'신불인(神佛人)'은 '천지인(天地人)'의 현대적 버전이다. 이 신불인 시대를 선도하는 경전으로 우리는 인류의 최고(最古)경전인 『천부경』을 원시반본으로 추천하지 않을 수 없다. 천부경으로 '유불선(儒佛仙)기독교'를 해석하면 기독교는 천(天=神=自由)이고, 불교는 지(地=佛=平等)이고, 유교는 인(人=儒=博愛)이다. 그리고 선교는 자연(自然=無爲自然=道) 그 자체를 말한다.

—— 10

유라시아대륙의 중앙(파미르고원)에서 동서남북으로 확산되어 간 인류의 종교들은 천부경에서 출발하여 다시 천부경으로 돌아오는 순환과정을 거치고 있다. 인류의 종교를 보면 불교는 힌두교에서, 기독교와 이슬람교는 유대교에서, 유교는 무교에서 갈라져 나왔다. **무교(巫敎) 혹은 신선교(神仙敎)의 경전이 천부경이었다. 인류의 종교들은 다시 하나의 종교로 수렴되지만 그 종교는 단지 여러 종교들의 집합이 아니라 하나로 통하는 공통적인 뿌리와 이상을 가지지 않을 수 없다.** 그 이상은 바로 자유·평등·박애·평화이다. 자유는 개인적 자유, 평등은 사회적 평등, 박애는 인류적 박애, 평화는 천지인(天地人)평화·신불인(神佛人)평화·'신(神)들의 평화'가 된다.

	불교 (힌두교)	기독 (유대)교	유교(무교)	천부경	초종교초국가
이상적 인간	자비 (慈悲)	사랑 (博愛)	인 (仁, 愛人)	신불인 (神佛人)	우주적 이상세계 (天宙天一國)
문화(文化) 콤플렉스	모성 (mother) 콤플렉스	부성 (father) 콤플렉스	인간(man) 콤플렉스	天地人 콤플렉스	이상적 가정 (천지인참부모)
인간완성	各自부처	各自예수	各自부모	各自自神	自-身信新神 神人間·神韓國
天地人 사상	地 (사회적平等)	天 (개인적自由)	人 (인류적博愛)	天地人 (神들의 平和)	萬物萬神 萬物解放
기원(紀元)	2500년 전	2000년 전	2500년 전	5000년 전	原始反本 復歸攝理

——— 11

 인간뿐만이 아니라 세계는 모두 본래하나였다. 이때의 본래
하나는 인간의 초월사상, 혹은 초월적 관념론에 의해 달성되는
것이 아니라 그러한 초월을 내려놓음으로써 달성되는 것이다.
그 본래하나(자연적 존재)에 도달하는 사상, 즉 본래존재, 본래자
연에 도달하는 마음을 각자가 가지지 않으면 인류의 평화는 기
대하기 어려울 뿐만 아니라 인류의 공멸도 걱정하지 않으면 안
되게 되었다.

——— *12*

세속화된 기독교는 결국 유대교화 되기 쉽다. 진정한 기독교는 불교적 기독교이다. 성서고고학에 따르면 예수야말로 부처님이 적멸한 뒤 4, 5백년 만에 탄생한 불자·부처였을 확률이 높다. 예수의 말씀이 기독교의 기독론과 종말론적 사관에 의해 많이 왜곡되고, 때로는 정반대로 해석되는 경우가 많았다. 도마경은 그러한 질곡을 벗어나게 해주는 한줄기 빛과 같다고 할 수있다. 티베트불교경전 중에 『이사경』은 예수가 성경에서 증발한 10(13)~30세까지의 행적을 채워주고 있기 때문에 앞으로도 계속되는 연구과제가 될 수밖에 없다.

——— *13*

모든 종교는 도그마(dogma)가 되는 것을 경계하지 않으면 망한다. 도그마는 독(毒)이다. 제례(형식)와 율법(법률)에 매이는 것이 일반대중의 삶이다. 종교는 대중적 철학이기 때문에 종교가 썩으면 나라가 망한다. 썩은 종교는 망국의 신호이다. 나라가 망할 것인가, 흥할 것인가를 보려면 종교가 사리사욕에 빠졌는지, 종교가 문화(culture)가 되지 못하고 컬트(cult)로 타락했는지 여부를 보면 된다.

≪ 097 ≫

시간과 공간, 정신과 물질, 마음과 몸

—— 1

시간과 공간은 인간이 만든 일종의 우주적 제도이다. **시간과 공간이라는 것도 '제도(문화적·과학적 제도)'라고 말하면 사람들은 믿지 않을 것이다. 시간과 공간은 마치 숨 쉬는 공기처럼 몸에 딱 달라붙어서 본래 있었던 자연처럼 느끼기 때문이다.** 그러나 잘 생각해보라. 시간이 어디에 있는가. 변하는 자연만 있다. 공간이 어디에 있는가. 움직이는 사물만 있다. 변하는 것을 시간이라고 생각하고, 움직이는 것을 사물이라고 생각한 것이다. 시간과 공간이 있기 때문에 우리는 자연과 사물을 분별하고 계산한다. 그러나 그렇게 편리한 시간과 공간이라는 것이 도리어 우리를 배반하고 제한하고 옥죄고 있다.

—— 2

시간과 공간이 있는 한 우리는 진정한 자유와 진정한 해방,

그리고 진정한 해탈을 될 누릴 수 없다. 시간과 공간이 없으면 만물만신(萬物萬神)이고, 만물생명(萬物生命)이고, 심물일체(心物一切)이고, 심물존재(心物存在)이고, 심물자연(心物自然)이다. 마음과 몸은 시간과 공간이 없는 본래존재의 모습이다. 우주의 탄생과 더불어 시간과 공간이 생기는 것이 아니라 시간과 공간에 의해 자연은 '계산할 수 있는 우주'가 되었다. 시간과 공간에 의해 쪼개진 현대인의 인격은 '파편화된 인격'이다. 시간과 공간은 인간 이분법과 동일성의 원형이다.

—— 3

서구문명이 추구하는 동일성은 이분법이고, 실체(고정불변의 실체)이다. 이분법이 없으면 동일성도 없고, 실체도 성립하지 않는다는 뜻이다. 서구문명의 이분법은 이데아와 현상에서부터 신과 인간, 창조와 종말, 원인과 결과, 정신과 물질 등 여러 층위에 걸쳐 있다. 요컨대 '정신과 물질'의 이분법(二分法)은 심신일체인 '뭄(마음과 몸)'이 현상화한 것이며, 계산할 수 없는 것을 계산할 수 있는 것으로 전환한 것이다. 유물론과 유심론의 원리로 보면 결국 정신과 물질은 동일성이 될 수밖에 없고, 그것의 철학사적인 증명이 유심론의 뒤집기를 통한 유물론의 탄생이다. 마르크스의 헤겔뒤집기이다. 철학이 존재를 설명하고자 하는 학문이지만, 존재를 설명하고자 하면 할수록 현상학에 빠진다.

이것이 철학의 딜레마이다. 서양철학은 결국 시간을 공간화하는 실체론에 빠진다. 그것의 최악이 바로 유물론이다. 유물론은 서양철학의 내홍이며, 철학적 악마이다.

서구문명의 이분법과 동일성		현상학	존재론
본질(이데아)	현상	그리스(헬레니즘)	현상의 근본에 존재가 있다/ 존재는 현상의 근거 아닌 근거
신(神)	인간	로마(헤브라이즘)	
창조(최초의 원인)	종말(최후의 종말)	기독교신학	
원인	결과	합리론	
정신(유심론)	물질(유물론)	정신현상학	
자연(존재)	자연과학(구성체)	물리적 현상학	
무시무공(無時無空)	유시유공(有時有空)	시간과 공간(실체)	

———— 4

헬레니즘과 헤브라이즘은 결국 동일성(실체)을 추구한다는 점에서는 같은 것이다. 신이 세계를 창조했다고 한 것이나 현상의 이면에 이데아가 있다고 한 것이나 고정불변의 실체를 추구한 것이다. 전자가 세계의 밖에 신이 있다고 한 것이나 후자가 세계의 안에 이데아가 있다고 한 것은 결국 세계의 이분화와 동일성을 추구한 것이다. 과학도 동일성을 추구한다는 점에서 마찬가지이다. 존재는 동일성이 아니다. 존재는 안팎이 없다. 존재는 혼돈의 생멸이다.

——————— 5

　동양의 심신일체론(心身一切論)으로 보면 몸과 마음은 같은 것
이다. 여기서 '같은 것'이라는 것은 서양철학의 '동일성(정체성)'
과는 다른 소통하는 것을 의미한다. 심(心)과 물(物)은 각자의 동
일성이 없다. '심물(心物)'은 '관계성' 혹은 '이중성'의 존재이다.
몸은 마음이고, 마음은 몸이다. 마음은 몸의 기운생동하는 전체
성을 말한다.

구속과 자유, 그리고 화폐

—— *1*

어떤 것에도 구속(拘束)받지 않는 무애(無碍)야말로 진정한 깨달음이고 자유이다. 진실로 참됨(眞)과 착함(善)과 참함(美)이라는 이름으로라도, 하느님과 부처님과 예수님의 이름으로라도 인간에게서 자유를 빼앗아서는 안 된다. 자유는 무엇으로부터의 자유가 아니라 인간이 타고난 본성이다. 자유는 자연의 다른 이름이다. 자유를 현실적(사회적)으로 가능하게 하는 것은 자본(화폐)이다. 그러나 동시에 자유를 구속하는 것도 화폐이다.

—— *2*

화폐는 사회의 기호(문자)이다. 자본주의를 원천적으로 부정하는 것은 문자를 사용하지 않으려는 것과 같은 반문명이다. 노동(근육)은 사회의 신체(물질)이다. 노동생산에 얽매이는 것은 신체를 물질에 구속시키는 것과 같은 어리석음이다. 자유-자본주의와 공산-사회주의의 승패는 이미 여기에 달렸다. 그렇지만 공산-사회주의가 평등에 속아서 '전체주의'가 되는 것만큼이나 자유-자본주의는 자본에 속아서 '도둑과 창녀'가 될 수 있다.

—— 3

계산적 평등은 동일성을 추구하는 문명의 자기기만이고, 자기위선이고, 자기함정이다.

'지금, 여기', 모든 존재의 자리

1

순간과 영원에서 벗어나라. 지금, 여기가 모든 존재의 자리이다. 모든 존재는 제자리에 있다. 현상학은 판단정지(époche)를 통해 신기원(epoch)에 도달하려고 하지만 그것은 시간과 역사를 벗어나지 못한다. 그래서 진정한 신기원은 시작도 끝도 없는 무시무공(無時無空)의 세계이다. **영어의 'nowhere'는 "어디에도(아무데도) 없다(않다)"의 뜻인데 'now-here'는 "지금 여기"의 뜻이다. 'nothing'은 "아무 것도 없다(아니다)"의 뜻인데 'no-thing'은 "사물이 아니다"의 뜻이다. 존재의 세계는 '지금, 여기' '사물이 아니다'의 세계이다.**

2

결국 이들 영어단어들은 '부정' 속에 '존재'를 숨기고 있다. 우리는 '지금, 여기'가 삶의 전부임을 알아야 한다. '지금'에 순간과 영원이 함께 있다. '여기'에 먼 것과 가까운 것이 함께 있고, 안의 것과 밖의 것이 함께 있다. 경계가 없는 세계가 '지금, 여기'의 세계이다. 우리가 바라보는(함께 하는, 함께 사는) 자연은 '사물(인간주체의 대상)이 아니라 존재(스스로 존재하는 자기)임'을 깨달아야 한다.

──── 3

인간의 자연과학은 시간과 공간을 통해 자연(본래자연, 본래존재)을 은폐하면서 자연을 이용의 대상(현상)으로 삼고(규정하고) 있다. 인간의 성경마저도 자연을 이용하는(부리는) 대상으로 규정하고 있다. 대상은 결국 수단이다. 목적도 달성되면 다음 목적의 수단이 될 뿐이다. 모든 대상과 수단에서 자유로우려면 결국 목적도 없어야 한다. 목적이 없어야 자유로울 수 있다. 자연의 모방이나 유희라고 하는 예술조차도 '무목적의 합목적성'인 이유는 자연과는 다르기 때문이다.

──── 4

자연에는 목적이 없다. 자연의 봄여름가을겨울은 기운생동의 변화일 뿐이다. 자연의 기운생동은 이중나선(二重螺線)운동을 통해 어떤 정점을 향하면서도 결코 동일한 것을 추구하지 않는 원추형을 달성한다. 그럼으로써 역동적 입체성의 주변을 넓혀가

다가 갑자기 회오리바람처럼 중심 없이 사라진다. **자연에는 육하원칙**(六何原則: who, when, where, what, how, why)**이 없다. 육하원칙은 인간이 자연을 설명하는 방법에 불과하다. 인간현존재 'Dasein'의 'Da'가 육하원칙을 내포하고 있다.**

≪ 100 ≫

동중정(動中靜), 정중동(靜中動)

—— *1*

성리학의 이(理)는 서양의 이성(理性)은 다르다. 동양의 심(心)은 서양의 정신(精神)과 다르고, 동양의 물(物)은 서양의 물질(物質)과 다르다. 성리학의 이(理)-기(氣)도 서양의 정신-물질(이분법)과 다르다. 동양에서는 심즉기(心卽氣)-물즉기(物卽氣), 심즉리(心卽理)-물즉리(物卽理)가 될 수도 있다. 물론 동양의 정(情)과 서양의 감정(感情)도 다르다. 동양은 서로 상대되는 것이 상즉입(相卽入)하지만 서양에서는 이분법(二分法)으로 갈라진다. 정(情)이 없으면 인간이 아니다. 이분법은 기계의 시작이다.

—— *2*

정(情)은 동중정(動中靜)의 징표이다. 동중정, 정중동(靜中動)은 천지인-음양사상과 함께 동양문명의 세계관을 단적으로 표현하고 있다. 정지된 하나는 이(理)이고, 움직이는 하나는 기(氣)이다.

정지된 하나는 학(學)을 일으키고, 움직이는 하나는 신(神)을 일으킨다. 정지된 하나는 초월적이고, 움직이는 하나는 내재적이다. 정중동, 동중정은 초월적-내재적, 내재적-초월적인 세계를 말한다.

--- 3

승조(僧肇)의 물불천(物不遷)과 수운(水雲) 최제우(崔濟愚)의 각지불이(各知不移)는 겉으로 움직이지 않음에도 속으로 움직이고 있는 기일원론(氣一元論)을 의미한다. 이는 물(物)자체가 보이는 현상이 아니라 보이지 않는 기운생동임을 의미한다. 기(氣)는 양화할 수 없고, 실체가 없으니, 이동할 수 없는 이치와 같다. 승조는 물불천론과 함께 부진공론(不眞空論)과 반야무지론(般若無知論)과 열반무명론(涅槃無名論)으로 조론(肇論)을 구성했다.

최제우는 각지불이와 함께 내유신령(內有神靈), 외유기화(外有氣化)로 시천주(侍天主)를 완성했다. 내유신령은 마음에 '신(神, 神靈)'이 있음을 의미하고, 외유기화는 몸에 '기(氣, 氣流)'가 있음을 말하고 있다. 신령은 객관적인 것이 될 수 없다. 신령은 반드시 마음과의 상관관계 속에서 기능하는 것이고, 마음을 매개로 드러난다고 할 수 있다.

신과 영혼과 세계전체가 현상학적인 차원에서 무제약적인 존재라면 물 자체, 세계 자체는 존재론적인 차원의 존재이다. 존재는 개념이 아니고 살아있는 것이다. 신도 기운생동의 신, 살아있는 신(동사의 신)이 되려면 '개념(명사)의 신'이 되어서는 안 된다. 신이 단지 개념이 아니라면 내 몸 안에서 살아있는 신이어야 하고, 그것을 느낄 때 내가 살아있는 신(하늘부모, 천지인참부모)의 아들딸(독생자, 독생녀)이라는 사실을 깨닫게 된다. 어떤 점에서는 신체를 가진 성자(예수)와 색신(부처)만이 '살아있는 신'이다. 성령과 보신은 몸 밖에 있는 기운생동이다. 동학의 교주인 수운(水雲) 최제우(崔濟愚, 1824~1864)가 설파한 '내유신령(內有神靈), 외유기화(外有氣化), 각지불이(各知不移)'는 인류종교의 핵심을 설파한 탁월한 성찰이다.

기(氣)는 필자의 '일반성의 철학'의 핵심내용이다. 일반성의 철학은 '도학(道學)의 철학'이며 '삶의 철학'이다. 이에 비해 종래 보편성의 철학은 '이학(理學)'이고 '앎의 철학'이다. 앎의 철학은 이(理)를 추구하는 철학이고, 삶(살림)의 철학은 기(氣)를 따르는 철학이다. 앎의 철학은 '보편적이고 일반적인 세계'를 추구·지향하는 초월적·현상학적인 반면, 삶의 철학은 '일반적이고 보편적인 세계'를 수용·긍정하는 내재적·존재론적이다.

─── 6

보편성의 철학과 일반성의 철학은 마치 음양남녀관계처럼 서로 끌리고 유혹을 받는다. 보편성은 일반성을 거느리려 하고 일반성은 보편성을 따르려고 한다. 전자가 바로 '기발이이승지(氣發而理乘之)'이고, 후자가 바로 '이발이기수지(理發而氣隨之)'이다. 그래서 천지가 교차하고 음양관계를 갖는다. **이때 인간이 천지의 사이에서 천지중인간(天地中人間)하면 현상학적인 인간으로 그치고, 이와 달리 자신의 몸속에서 인중천지일(人中天地一)하면, 존재론적인 인간이 된다. 존재론적 인간이란 자연적 인간을 말한다.**

샤머니즘은 자연(자연적 존재)을 만물만신(萬物萬神)으로 해석한 최고(最古)의 종교이다.

天理	보편성 (보편적이고 일반적인)	기발이이승지 (氣發而理乘之)	가상실재 (실체론)	선험적/초월적/ 지향적/현상학
人和	천지중인간 (天地中人間)/ 권력지향적/哲學	인중천지일 (人中天地一)/ 비권력적/道學	음양교차 관계론	내재적 초월
地氣	일반성 (일반적이고 보편적인)	이발이기수지 (理發而氣隨之)	실재론 (기운생동론)	내재적/상대적/ 존재적/존재론

수운 최제우는 19세기 중엽 서학(西學)에 대항하여 동학(東學)
을 부르짖다가 혹세무민한다는 혐의로 관헌(대구감영)에 체포되
어 죽임을 당한 '동양의 예수'였다. 서양에 예수가 있다면, 동양
에 수운이 있다.

인류학적 철학의 최고행동강령은 역지사지(易地思之)이다. 세
계에는 중심이 없다. 그래서 역설적으로 중심을 만든 것이 인간
의 문화문명이다. 세계에는 머무름이 없다. 그래서 역설적으로
머무를 수 있는 집을 만든 것이 인간의 문화문명이다. 그렇지만
인간의 집을 감옥으로 바꿀 수는 없는 것이다. 여기서도 극과
극은 통한다는 점을 알 수 있다.

모계사회의 환상, 평등·평화·행복

——— *1*

인류문명은 모계사회의 정신과 체제로 돌아가야 평화를 이룰 것이다. 여자(몸, 토지)를 소유하는 것이 아니라 여자의 마음과 심정으로 돌아가야 한다. 거기엔 제 몸을 바치는 희생제의가 있다. 바로 그러한 희생제의가 평화이다. 자유, 평등, 평화, 행복은 어쩌면 인류가 잃어버린 모계사회의 환상인지도 모른다. 가부장-국가사회는 자신의 반대편에 있었던 것으로 보이는 모계사회에 대한 꿈을 저버릴 수 없다.

——— *2*

남성은 다른 어떤 덕목보다 자유를 좋아하는 것 같다. 여성은 다른 어떤 덕목보다 행복을 원하는 것 같다. 남성은 역시 '바깥양반(바깥주인)'이고, 여성은 '집사람(안주인)'인가 싶다. 씨뿌리기와 씨거두기 작업은 남성과 여성의 운명애이다. 남성의 오르가즘은 재생산의 매커니즘에 필연적으로 들어가 있고, 여성은 재생산의 최종결과를 책임지면서도 오르가즘의 밖에 있을 수도 있다. 동시에 오르가즘의 최고절정이라고 할 수 있는, 세계와 자아가 하나가 되는 혼돈의 오르가즘을 맛볼 수 있는 신체와 행복의 자리에 있다. 행복은 오르가즘 그 이상의 것이다.

무루열반(無漏涅槃)과 무염수태(無染受胎)의 교차상응

—— *1*

고집멸도(苦集滅道: 一切皆苦, 諸行無常, 諸法無我, 涅槃寂靜)**를 의 불교가 무루열반**(無漏涅槃)**을 추구하는 것은 원죄구원**(原罪救援: 원죄-추방-메시아-구원)**의 기독교가 무염수태**(無染受胎)**를 추구하는 것과 교차상응하고 있다.** 전자는 여자(사람)의 몸에서 태어남 자체를 '고통'으로 보는 것이라면, 후자는 남자 없는 수태를 통해 태어난 메시아(남자)를 통해 '구원'을 기대하고 있다. 둘 다 여성의 일상적이고, 일반적인 성적-생식기능을 부정적으로 보는 공통점이 있다. 무루열반, 무염수태는 어떠한 결함도 없는 완벽한 것을 추구하지만 그것은 인간의 자기기만이다.

—— *2*

어쩌면 불교와 기독교는 인도유럽어문명권에서 태어난 일란성(一卵性) 쌍둥이인지도 모른다. 인도유럽어문명권은 유무(有無)

혹은 무유(無有)를 중시한다. 시기적으로 약 1천년 빠른 불교는 무(無)에서 유(有)를, 기독교는 유(有)에서 무(無)를 주장하였지만 기본적으로 생물의 성과 생식에 대해 부정적인 태도를 가진 사상과 종교였다고 할 수 있다. 만약 유무(有無)가 절대적인 동일성을 가진 것이 아니라면 인도유럽어문화권의 이런 구분은 음양(陰陽)의 상보성(相補性)을 신뢰하는 동아시아 음양문명권에서는 쉽게 받아들일 수 없는 것이라 할 수 있다.

—— 3

만약 여성의 생식기능이 고통의 출발이고, 원죄의 시작이라면 생물(자연)의 성적 재생산(출산)을 통해 존재하는 수많은 인간과 동식물들은 태어나지 말아야 하거나 저주받아야 마땅한 것이 된다. 이것은 어불성설이다. 불교나 기독교는 결국 여성성에 대한 부정이나 모독이나 매도와 연관됨을 피할 수 없다. 불교나 기독교도 가부장-국가사회의 남성지배, 즉 남성이 여성을 지배하는 데에 동조한 문화적 전략이었다는 점에서 자유로울 수 없다.

—— 4

역사적으로 볼 때 여성과 아이가 평화를 좋아하는 존재인 반면 남성은 투쟁과 전쟁을 주도한 존재라는 점에서 가부장-국가

사회에 상응한 고등종교가 추구한 자유와 평등과 평화라는 것은 근본적으로 자기모순적인, 자기배반적인 성격을 내포하고 있다고 말할 수 있다. 그런 점에서 참사랑이란 여성(어머니)의 사랑에 가깝다.

—— *5*

고등종교의 경전들이 남성성, 즉 붇다(Buddha) 혹은 하느님 아버지(God Father)를 숭상하는 까닭은 땅에 사는 사람은 남자이든, 여자이든 하늘의 입장에서 볼 때는 모두 여성성으로 보기 때문이다.

≪ 103 ≫

어머니와 아버지, 근원과 초월, 파동과 입자

—— *1*

『도덕경』의 노자는 언어를 부정하였다. 언어를 부정하는 것은 초월적인 세계를 부정하는 것이다. 동양의 도학은 자연의 내재적인 세계를 고스란히 담고 있다. 도학이 어머니(여성)를 중심으로 삼는 것은 바로 언어를 부정하고 신체를 중시하기 때문이다. 도학은 어머니-자연이다.

—— *2*

'어머니'는 그 소리 자체로 '근원일자(根源—者: 생명근본)'를 의미한다. '아버지'는 그 소리 자체로 '초월일자(超越—者: 절대권력)'를 의미한다. 서양철학은 어머니적인 '근본적인 것'을 아버지적인 '초월적인 것'으로 사용하는 모순이 있다. 보편과 일반, 초월과 내재, 아버지와 어머니가 만나야 하는 이유는 세계가 본래하나이고, 서로 순환하기 때문일 것이다. 서양철학은 동일성(실체)

을 추구하지만 자연에 내재한 본래의 순환성을 거역할 수 없는 까닭에 그들의 진리 자체가 모순에 직면하게 된다. 천지인의 순환(循環)은 고정불변의 실체가 없는 것이고, 현상학적인 원환(圓環)은 그 실체가 있는 것이다. 보편적 존재(보편적 존재자, Superego, Supernatural)와 존재일반(현존재-존재자들, Ego, Culture)과 일반적인 존재(존재, Libido, Id, Nature)는 다르다.

──── 3

인간이 태어나서 남을 사랑하는 것 중에 최고는 부모의 자식 사랑이다. 부모(조상)는 자식의 뿌리(생성적)이지, 자식의 권력(초월적)이 아니다. 부모의 사랑은 위로부터의 사랑이 아니라 아래로부터의 사랑이다. 부모의 자식사랑을 세계로 넓히면 그것이 바로 세계일가(世界一家)이고, 세계평화이다. 우리 모두 참부모가 됨으로써 참스승이 되고, 참스승이 됨으로써 참주인이 되어야 한다. 역으로 참주인이 됨으로써 참스승이 되고, 참스승이 됨으로써 참부모가 되어야 한다.

가정이 모여서 국가가 되었지만 이제 국가가 다시 가정 안으로 들어(돌아)가야 한다. 이것이 세계가정(지구가정, 우주가정)이다. 가정은 아버지로 시작해서 어머니로 완성된다. 만약 아버지의 신과 어머니의 신이 공존한다면 신은 더 이상 실체가 아니라 관계가 되지 않을 수 없다.

—— *4*

존재일반과 일반적 존재(일반존재)가 다른 것은 전자는 존재자
일반을 의미하고, 후자는 존재 일반을 의미하기 때문이다. 존
재자 일반은 범주적(분류학적) 인식의 대상이 되지만, 존재일반
은 그냥 존재(실존)일 뿐이다. 하이데거의 '존재론적 실존'과 샤
르트르의 '실존적 존재'가 다른 것은 전자는 초월(타자)에서 내재
(즉자)로 간 반면 후자는 내재에서 초월로 갔기 때문이다. 초월과
내재는 서로 화해하여 초월적 내재, 혹은 내재적 초월이 되지
않으면 안 된다.

—— *5*

철학은 말의 입장에서 존재를 말하고, 그렇기 때문에 존재자
(말은 이미 존재자이다)를 우선하지만, 존재의 입장에서 존재를 본다
면 말은 존재에 덧씌운 가상(가면)에 불과하다. 그러한 점에서 인
간을 가면적 존재라는 의미에서 '퍼슨(person)'이라고 하고, 인
격을 퍼서낼리티(personality)이라고 한 것은 현명한 말이다. 인
간이 발견한 것은 모두 인간성이 가미된(착색된), 인간의 안경으
로 본 가상실재이다. 초월과 현상의 테두리 밖에 존재는 있다.
현존재(Da-sein)의 다(Da)는 결국 시간과 공간을 의미한다. 시간
과 공간이 없는 것이 바로 존재(Sein)이고, 존재의 생기(生起)이
고, 생기(生氣)이다. 우리 눈앞에 전개된 존재를 대상(세계, 세상)으

로 보지 않으면 그것이 바로 찬란한 존재이고, 존재의 성기(性起, Ereignis), 즉 화엄(華嚴)의 세계이다.

——— 6

화엄경이 깨달음을 빛으로 전화(轉化)한 이유는 빛이야말로 파동이면서 입자이기 때문이다. 파동은 고정불변의 실체가 없는 것이고, 입자는 그 실체가 있는 것이다. 따라서 존재를 존재자로 표현(현상)하거나 존재자에서 존재를 은유(은적)하려면 빛을 택할 수밖에 없다. 빛은 존재와 존재자의 이중성이기 때문이다.

<< 104 >>

정령-신-영혼-사물

----- 1

종교에는 영육이원론(靈肉二元論)과 영육일원론(靈肉一元論)의 종교가 있다. 영육이원론의 종교에는 육체와 분리된 정령(spirit)이 존재하고, 그 정령은 이동이나 여행을 한다. 영육일원론의 종교에는 몸과 마음이 하나이기 때문에 마음(mind)이 곧 몸(body)이다. 기독교는 전자의 계열에 속하고, 불교는 후자의 계열에 속한다.

----- 2

영혼은 샤머니즘의 정령을 인간화한 것이다. 영혼불멸을 두고, 영혼의 유무도 문제지만, 영혼이 등장하고부터 세계는 고정불변의 어떤 것이 있는 것처럼 해석되기 시작했다. 정령-신-영혼-사물은 변화무쌍한 자연을 대체한 대리물(보충대리)에 지나지 않는다. 따라서 인간은 정령과 신과 영혼과 사물을 '살아있는

자연=기운생동'으로 돌려주어야 할 뿐만 아니라 스스로 자연으로 돌아가야 한다.

——— 3

원시고대인들의 정령숭배(animism)는 현대인의 입장에서 볼 때는 미신으로 볼지 모르지만, "만물에 정령이 숨어있다."는 그들의 자연관은 자연의 생명(기운생동)과 물활(物活)에 영감을 받은 것이라고 해석할 수 있다. 이는 자연과학시대를 사는 현대인이 자연을 기계로 환원시키는 것과 대조적이다. 정령숭배는 토테미즘(totemism)에 이르러 점차 독립적인 개체성 혹은 인격성을 갖게 된다. 토테미즘은 가장 성공적으로 적응한 동물(지배동물)에 대한 인간의 숭배와 희생의 이중적 의미를 갖는다. 토템동물과 인간의 관계는 좀 야생적으로 말하면 먹고 먹히는 관계이다. 인간은 심지어 토템동물과 성관계를 갖거나 결혼동맹을 함으로써 삶의 안녕과 번영을 도모하기도 한다. 토테미즘 속에는 희생과 제사, 결혼과 동맹이라는 제정일치 시대의 사회적 기제가 배태되어 있다. 생과 사, 희생과 제사, 음식과 섹스, 결혼과 가족의 의미들이 중첩되어 있다.

토테미즘은 나중에 샤머니즘(shamanism)으로 발전하게 된다. 샤머니즘은 원시종교와 고등종교의 경계선상에 있었던, 제정일치시대에 지구적으로 유행한 고대종교이다. 직업적인 사제인 샤먼 혹은 사제왕(shaman-king)이 등장하고부터 종래의 범신론은 지고신(至高神)의 과정을 거쳐 절대유일신으로 진화하게 된다. 이것은 제정일치시대에서 제정분리시대로 넘어오면서 가부장-국가사회의 강화와 더불어 정치권력이 사제권(종교권력)에서 독립하는 것과 평행선을 이룬다. 신(神)과 왕(王)은 권력을 나누어가지거나 서로의 권력을 인정하거나 보증해주는 역할을 했다. 오늘의 고등종교들이 샤머니즘을 미신(迷信)이라고 치부하지만 미신이 없다면 종교적 신비(secret)는 원천적으로 성립되지 않는다. 만약 과학적으로 증명되지 않기 때문에 믿을 수 없다면 현대인은 모두 무신론자가 되거나 과학종교의 신자가 될 수밖에 없다.

과학기술만능은 결국 인간신(기계신)을 만들어냈는지 모른다. 과학의 대척점에 서 있는 것이 바로 정령과 신과 영혼과 사물(존재)이다. 이들은 인간이 자연을 본격적으로 현상화·과학화하기 전에 이름을 붙인, 존재이면서 존재자의 이중적 성격을 갖는다. 인간이 생각과 관념을 통해 자연에 추상과 기계를 투사했다면 자연은 인간에게 정령과 신을 통해 기운과 생명을 투사했다고 볼 수 있다. 이들의 공통성은 현상이 아니라는 점이다. 생성적 존재와 초월적 이념은 둘 다 현상이 아니기 때문에 온전한 하나의 세계 및 평화의 세계를 열어갈 수 있다.

과학과 불교와 여래장(如來藏)사상

≪ 105 ≫

과학과 불교와 여래장(如來藏)사상

―― *1*

과학에는 함수(Function)가 있고, 종교에는 섭리(Providence, Providential Function)가 있다. 세계는 이제 '셀 수 있는(countable, numerable) 하나(초월일자)'와 '셀 수 없는(uncountable) 하나(근원일자)'가 있을 뿐이다. 전자의 대표적인 것이 과학이고, 후자의 대표적인 것이 불교이다. 불교를 수학화한(수학적으로, 수량적으로 설명한) 것이 과학이고, 과학을 비수학화한(비수학적으로, 비수량적으로 설명한) 것이 불교이다. 불교의 수학화가 과학이고, 과학의 비수학적인 설명이 불교이다. 과학은 동(動)을 정(靜)으로 바꾸고, 불교는 정(靜)을 동(動)으로 바꾼다. 과학은 기(氣)를 이(理)로 바꾸고, 불교는 이(理)를 기(氣)로 바꾼다. 개념의 신·명사의 신·법칙의 신은 우상이 되기 쉽고, 작용의 신·동사의 신·심정의 신은 살아 있는 신이다.

존재론은 현상학의 이분법의 근저(근거 아닌 근거)에 있는 본래 있음(본래존재)을 깨닫게 하는 종교이다. 존재론은 신과 사물(세계) 자체가 같은 것이라는 점을 깨닫게 해주었다. 이는 불교의 여래장(如來藏)사상에 크게 영향을 받은 것이다. 존재는 과학에 의해 설명될 수 없다. 과학에 의해 설명되는 것(자연과학) 너머에 존재(자연)가 있다. 이것을 신으로 부르든, 자연으로 부르든 아무런 문제가 되지 않는다. 법성(法性), 불성(佛性), 본성(本性)은 결국 자연의 다른 이름이다.

현대물리학의 세계관은 불교의 세계관과 만나고 있다. 그러나 현대물리학(불확정성의 원리)과 불교의 차이는, 전자는 진리를 철저히 수식(등식)으로 표현하는데 반해 후자는 수식화하지 않는다. 불교는 세계를 찰나생멸(刹那生滅)로 본다. 그러나 찰나도 시간이라는 점에서 시간도 공간도 없는 기운생멸(氣運生滅)이 더 적합한 세계에 대한 설명이다.

세계는 여반장(如反掌)이다. 이데아(idea)와 존재(being)는 여반장이다. 철학이 종교와 하나가 되고, 종교가 과학과 하나가 되

고, 과학이 예술과 하나가 되고, 예술과 역(易)이 하나가 되는 것
이 인류문화의 완성이다. 그런 점에서 역(易)은 '우주적 시(詩)'이
다. 이것이 원시반본(原始返本)의 여반장이다. 인간을 현실적으로
살게 하는 것은 사회이고, 동시에 인간을 죽게 하는 것도 사회
이다.

───── 5

　과학은 '실체를 찾는 여정'이고, 종교는 '주인을 찾는 여정'이
다.

<< 106 >>

신-인간, 인간-악마, 신인간-인간신의 이중성

――― 1

신이 인간과 세계를 창조한 창조주였다면 악마는 신이 창조한 세계를 빼앗아 소유하고자 한 인물이다. 그런데 바로 인간성에 악마성이 있음이 문제이다. 악마의 유혹에 빠져 이브와 아담이 선악과를 따먹고 부끄러움을 알게 된 것은 모든 인간의 앎속에 위선과 악마성이 도사리고 있음을 의미한다. 앎과 악마는 항상 신에게 반동하거나 저항하는 자가 될 수밖에 없다. 그런 점에서 신과 인간, 인간과 악마 사이에는 이중성의 관계에 있다.

――― 2

생멸(生滅)하는 자연이 인간에 이르러 생사(生死)가 된 것은 인간의 특징이자 한계이며, 특이점이다. 인간에게 있어 죽음과 영생이 존재의 마지막 거래품목이 되는 까닭은 자유 때문이다. 자유와 선택이 없으면 영생도 없다. 사탄은 마지막 유혹의 수단으로 세계에 대한 소유와 영생을 약속한다. 천사장이 사탄이 된 것은 신-악마의 이중성을 잘 나타낸 상징-신화체계이다. 영혼과 영생과 영원에 대한 신앙은 어떤 점에서 역설적으로 악마적이다. 인간은 자신을 속이면서 사랑(참사랑)과 이익(사리사욕)을 맞바꾼다. 그런 점에서 홍익인간(弘益人間)한다는 것은 참으로 어렵다. 신-악마의 이중성은 자연의 생멸적(生滅的) 이중성을 고정된 양면성(평면적 시각)에서 본 것이다.

───── *3*

신-악마의 이중성은 오늘날 신인간(神人間)-인간신(人間神)으로 옮겨가 있는 것 같다. 인간은 호모데우스(Homo Deus)와 호모데몬(Homo Demon)을 향하고 있다. 신과 신인간, 인간신과 악마가 동류항으로 묶어지는 까닭은 무엇인가. 인간은 본래 악마적인 존재로 태어났는가. 아니면 문명이라는 것이 악마적인 것의 총체인가, 되묻게 된다. 오늘날 인간신의 두 유형은 공산사회주의의 최고통치자 혹은 머지않아 인간을 다스릴 기계문명의 총아인 전지전능한 기계인간(사이보그), 혹은 빅브라더(Big Brother)가 아닐까. 인간에게는 신인간과 인간신의 요소가 동시동거(同時同居)하고 있다.

 인간은 이상한 동물이다. 세계를 이분화해 놓고 그것을 하나로 통합하기 위해 끝없는 노력과 고행을 하는 동물이다. 세계를 권력체계로 바꾸어 놓고 인구(개체군)의 번영과 세계를 정복하는 데에 앞장 선 동물이다. 끝없는 전쟁을 하면서도 평화와 정의를 위해 전쟁을 한다고 스스로를 세뇌하는 동물이다. 인간은 결국 자기기만을 통해 종의 번영을 달성한 동물이다. 따라서 인간은 자기기만을 통해 스스로를 멸망시킬 확률이 가장 높은 동물이다. 기만을 통해 성공한 자가 기만을 통해 망하는 이치와 같다.

≪ 107 ≫

세계(world)와 언어(word)를
무화(無化)시켜라

—— *1*

우리는 '세계(world)'라는 말을 밥 먹듯이 쓴다. 그런데 세계가 무엇인지 그 정확한 의미를 알 수 없다. 세계(world)는 언어(word)이다. 세계는 인간이 자연에 덧씌운 '언어(word)'일 뿐이다. 영어로 'world'와 'word'는 단어 사이에는 'l'자라는 장벽이 하나 세워져있다. 철자가 다름으로 인해서 '세계와 언어가 다르다는 구별의 의미'가 있지만 동시에 '세계가 언어라는 의미'가 암암리에 숨어있다.

—— *2*

세계(世界)라는 한자말을 보면, 세계란 '인간(世)이 만들어놓은 경계(界)의 세계'이다. 그렇다면 인간이 없다면 세계가 없다는 말이 되는 것인가. 우리는 '자연(自然)'을 말할 때도 '세계'라고 말한다. '자연'과 '세계'를 혼동하여 쓰는 것이 인간이다. 그렇지만 정확하게 말하면 '자연'은 '세계'가 아니다. 이는 마치 '자연'과 '자연과학'의 세계를 같은 것으로 혼동하여 쓰는 것과 같다. "세계는 자연이 아니다."

———— 3

인간(人間)은 자신도 모르는 만물의 사이(間)에서 '세계'를 '언어'로, '언어'를 '세계'로 전치하면서 생각하고 또 살아간다. 그래서 인간은 어쩔 수 없이(피할 수 없이) 간격을 두는, 시간을 공간화하는 '사이-존재'(space-man. espacement)이다. 세계는 자연이 아니다. 세계는 존재가 아니다. 자연과 존재는 '알 수 없는 것(nothing)'이다. 자연과 존재는 무시무종(無始無終)의 존재이다. 그런데 알 수 없는 것을 사물(thing)과 유시유종(有始有終)의 존재로 둔갑시킨 것이 인간이다. 이것은 자연을 동일성(실체)으로 절단한 것에 지나지 않는다.

———— 4

세계(world)와 언어(word)를 무화(無化)시켜라. 세계를 무화시키려면 이원대립을 없애야 한다. 이원대립을 없애는 것이야말로 세계를 무화시키는 것이다. 이원대립의 세계를 없애면 그대는 본래존재인 자연으로 돌아갈 것이다. 모든 이원대립은 악의 근원이다. 그런 점에서 이원대립하지 않는 본래존재는 선이다.

≪ 108 ≫

『천부경』으로 『도덕경』 첫머리를 수정하다

—— 1

『도덕경』의 첫 구절인 "말하여진 도는 '항상 변하는 상도'가 아니고, 이름 붙여진 이름은 '항상 변하지 않은 이름'이 아니다."(道可道 非常道, 名可名 非常名)의 해석에서 가장 중요한 점은 바로 '상도(常道)'와 '상명(常名)'이 근본적으로 다르다는 점이다. 도(道)는 변하는 것이 상도(常道)이고, 명(名)은 변하지 않는 것이 상명(常名)이다. 상도(常道)는 항상 변하는 것을 전제하고 있고, 상명(常名)은 항상 변하지 않는 것을 전제하고 있다는 점이다. 도(道)와 이름(名)은 근본적으로 다른 것이고, 정반대이다. 도는 자연이고 삶이고, 이름은 언어이고 앎이다. 도는 변화를 따라가는 것이기에 삶이고, 이름은 변하지 않는 고정을 추구하기에 시대의 변화에 따라 새로운 이름을 짓지 않으면 안 된다.

『도덕경』의 "무명천지지시(無名天地之始: 무는 천지의 시작을 이름하는 것이다. 이름이 없음이 천지의 시작이다) 유명만물지모(有名萬物之母: 유는 만물의 어머니를 이름하는 것이다. 이름이 있음이 만물의 어머니이다)"는 무명(無名)과 유명(有名)의 위치를 바꾸어야 한다. 다시 말하면 "유명천지지시(有名天地之始: 유는 천지의 시작을 이름하는 것이다. 이름이 있음이 천지의 시작이다) 무명만물지모(無名萬物之母: 무는 만물의 어머니를 이름하는 것이다. 이름이 없음이 만물의 어머니이다)"로 바꾸는 게 이치에 합당하다.

어떤 시작이라도 시작은 이미 이름이 있고(이름이 전제되지 않으면 안 되고), 이름이 있기 때문에 시작이다. 어떤 어머니라도 어머니는 자신의 이름(어머니는 생명을 낳아줄 뿐)을 주장하지 않는다. 여기서 시작이라는 말에는 이미 창조(제조)의 의미가 들어있고, 어머니라는 말에는 저절로 생성(자연)의 의미가 있다. 자연의 만물은 본래 이름이 없을 뿐만 아니라 이름을 주장하지도 않는다. 그러나 천지의 시작(천지창조)에는 시작을 있게 한 이름(말씀)이 숨어있다.

천지는 추상이고, 만물은 구체이다. 추상은 이름에 불과하고, 만물은 존재이다.

도덕경의 첫머리 구절을 바꿀 수 있는 근거는 『천부경』에 있다. 천부경은 그 첫 구절과 마지막 구절, "일시무시일(一始無始一) 일종무종일(一終無從一)"에서 우주의 시작과 끝이 없음을 말하고 있는데 반해 도덕경은 시종(始終)을 말하고 있기 때문이다. '시종'이 있으면 현상학이 되고(현상학에 머물고), 시종이 없어야 존재론이 된다(존재=無). 오로지 이름이 없음이 만물의 생성이며 근원이다. 무명(無名)을 현상학적으로 말하면 유명(有名)이 되고, 유명을 존재론적으로 말하면 무명이 된다. 현상과 존재, 진리와 자연은 세계를 다르게 보는 것이지만 "도(道)에서 동시에 나온 것이다."(同出於道). 이것이 현지우현(玄之又玄), 중묘지문(衆妙之門)의 의미이다. 앞에서 '도에서 동시에 나왔다'고 하는 것, 즉 동시성은 동일성과는 다른 것이다(동일성이 없다는 뜻이다). 고조선의 천부경이나 동아시아의 도학은 서양철학의 동일성을 추구하지 않는다.

—— 4

도덕경은 아마도 모계사회에서 부계사회로 전환할 즈음의 경전일 가능성이 높다. 만물(萬物)의 어머니(母)를 유명(有名)으로 하고, 천지(天地)의 시작(始)을 무명(無名)으로 하고 있으니 말이다. 천지의 시작(始終)이야말로 이름의 시작이고, 유명이다. 만물의 탄생이야말로 어머니이고, 무명(無名)이다. 천지는 추상이고, 만물은 구체이다. 추상은 아버지이고, 구체는 어머니이다. 추상은 이름이고, 구체는 이름이 아니다. 천지(천지의 시종)는 없고, 만물(만물만신)은 있다. 물즉신(物卽神)이고, 혼즉신(混卽神)이다.

—— 5

천지부모(天地父母)라는 말은 『동경대전(東經大全)』「해월신사법설(海月神師法說)」에 나온다. "천지는 곧 부모요 부모는 곧 천지니, 천지부모는 일체니라. 부모의 포태가 곧 천지의 포태니, 지금 사람들은 다만 부모 포태의 이치만 알고 천지포태의 이치와 기운을 알 지 못하느니라. 한울과 땅이 덮고 실었으니 덕이 아니고 무엇이며, 해와 달이 비치었으니 은혜가 아니고 무엇이며, 만물이 화해 낳으니 천지 이기의 조화가 아니고 무엇인가."

내 속에 부모가 있고, 내 속에 천지가 있으니, 천지가 아닌 곳이 없다. 이것이 또한 『천부경(天符經)』의 '인중천지일(人中天地一)'이다. 이것은 단지 말이 아니다. 아무리 좋은 말을 해도 실천이 없으면 없는 것이나, 모르는 것이나 마찬가지이다. 말만 하는 무리를 두고 우리는 사도(邪徒, 邪道)라고 한다.

특별경구

<< 109 >>

존재는 언어도 아니고
어떤 품사도 아니다

—— 1

존재는 언어도 아니고 어떤 품사도 아니다. 세계는 주어 없는 동사의 세계, 혹은 명사 없는 형용사, 부사의 세계라고 하는 편이 기운생동의 존재, 변화무쌍한 자연에 어울리는 말이다. 하이데거는 동양의 역(易)과 변화생성을 배워서 존재(세계)를 명사가 아닌 동사라고 했다. 언어는 실재에 덧씌운 껍데기이다.

실재를 보려면 언어를 잊고 그냥 있는 그대로 보아라. 실재를 대상으로 보지도 말고, 주체가 되지도 말아라. 실재를 대상화하는 강도는 실재를 주체화하는 강도와 같다. 작용반작용의 관계와 같다. 특히 "존재가 숨었다."고도 말하지도 말라. 너에게 보이면 나타났다고 하고, 보이지 않으면 숨었다고 하는 것이 말이나 되느냐. 결국 나타났다, 숨었다고 하는 것조차도 현상을 기준으로 한 말에 불과하다. 세계(존재)는 '있는 그대로'이다.

『금강경』에는 "모든 상은 상이 아니다(諸相非相)"라는 구절이 있다. 이 구절의 참뜻은 인간의 시각에 상으로 보이는 것일지라도, 그것은 고정된 상이 아니라 변화무쌍한 존재임을 뜻하는 것이다.

———— 2

하이데거는 존재의 운동성을 표시하기 위해 '명사(개념)의 존재(Sein)'가 아닌 '동사의 존재(Seyn)'를 말했지만, 동사도 실체를 전제하고 있기 때문에 존재의 진면목을 말하는 것은 아니다. 그런 점에서 세계는 어떤 품사도 아니다. 우리가 말하고 아는 것은 모두 언어가 만들어낸 가상실재이다. 비트켄슈타인은 "말할 수 없는 것에 대해 침묵하라."라고 말했지만, 말할 수 없는 것을 말하고자 하는 것이 또한 일상 언어이다. 일상 언어는 결코 침묵하지 않는다. 어차피 인간이 말하는 것은 모두 가상실재이다. 과학마저도 가상실재이고, 가상실재가 또한 실체(substance, identity, reality)이다. 과학은 과학적 제도이고, 제도는 사회적 과학이다.

———— 3

인간이 지구상에 있기 전에 있었던 일들을 상상해보라. 자연이 어떤 위대함보다 위대한 존재인지를 알게 될 것이다. 천국과 극락을 지연시키듯이 인간의 멸종을 지연시켜라. 존재는 생성

이고, '기(氣)의 무(無)'이다. 현대문명의 진액을 뽑아보면, 주객전도(主客顛倒)· 적반하장(賊反荷杖)이 되고 말았으니, 원시반본(原始返本)할 수밖에 없다. 자연은 인자(仁慈)하고 유심(有心)한 동시에 인자하지 않고(不仁), 무심(無心)하다. 불일이불이(不一而不二)이다.

≪ 110 ≫

물음이 있기 전에 정답은 없다

—— *1*

어느 날 부처님은 무명(無明)과 미망(迷妄)의 수도자를 만났다. 이 수도자는 그날따라 운 좋게도 금방(今方) 부처님의 부처됨의 속성과 광휘를 알아볼 수 있었다. 그리고 주제도 모르고 부처님에게 자신의 제자가 될 것을 요청하였다. 부처님은 시공을 초월하여 일별한 뒤 전생에 그가 스승이었음을 알아차리고 기꺼이 그 수도자의 제자가 되었다. 제자에게서 스승을 발견하는 자가 스승이다. 스승에게서 제자를 발견하는 자가 제자이다. 제자보다 위대한 스승은 없다. **물음보다 위대한 대답은 없다. 깨달음에 이르려면 묻고, 묻고 또 물어야 한다. 그것이 용맹정진이다. 묻기 전에 정답(해답)은 없다. 질문하는 수준만큼 해답을 얻는다.**

—— *2*

더 이상 물음이 없을 때가 지혜이고 열반이다. 지혜가 없는 것이 지혜이고, 이름이 없는 것이 열반이다. 열반에 유루열반(有漏涅槃)과 무루열반(無漏涅槃)이 있는 것은 열반의 이중성이다. "나의 깨달음이 (아무리 대단하더라도) 너의 존재보다 못하다." 도대체 깨달음이란 무엇이고, 열반이란 무엇이라는 말인가? 깨달음은 앎이 아니고 어떠한 앎도 깨어버리는 것이다. 열반은 어떤 이름도 붙이지 않는 빛(자연)의 찬란함이다. 선지식이여, 거짓말을 하지 말라. 자연존재를 생각하면 나의 깨달음과 열반이 도대체 무슨 실과(實果)이고, 무슨 화엄(華嚴)이고, 무슨 법화(法華)란 말인가. 너의 존재 자체가 깨달음이고 열반이다.

—— *3*

나는 모든 존재와 더불어 누워있다. 나는 모든 존재에 흩어져 있다. 생사는 본래 없고, 살아있는 자는 죽은 적이 없다. 죽음이란 인간의 생각이 만들어낸 가상이다. 인간은 죽음에서도 가상에 산다.

홍익중생(衆生), 홍익인간(人間),
홍익자연(自然)

--- *1*

부처님이 존재를 중생(衆生)이라고 한 것은 참으로 위대하다. 존재를 '뭇(무리) 생명'이라고 말한 것이다. 이러한 호칭은 자연 과학적으로 생물(동물, 식물), 무생물로 분류하는 범주적 사고를 물리친 쾌거이다. 중생은 자아(自我)를 물리친 무아(無我)와 동의어라고 할 수 있다.

--- *2*

홍익인간(弘益人間) 사상은 실은 고려시대 때에 승(僧) 일연(一然, 1206~1289)이 고래의 단군사상을 당대 선불교의 최고의 경지에서 새롭게 규정한 것이다. 대체로 불교의 익생(益生), 혹은 홍익중생(弘益衆生)의 정신을 계승한 것이라 볼 수 있다. 일연은 몽고의 침략에 직면하여 온고지신함으로써 역사의 전통과 정통성을 확보하고자 했다. 특히 유교사관에 의해 김부식이 '삼국사기'에

서 제외시켰던 신화와 민간설화와 향가를 삽입하고 민생의 삶을 복원하고자 애썼다.

— *3*

일연이 태어난 경북 경산(慶山)은 원효(元曉)가 태어난 곳과 지척이다. 원효가 삼국통일 후 흩어진 민심을 하나로 통일하기 위해 '화쟁론(和諍論)'을 썼다면 일연은 민족의 정체성을 확보하기 위해 '삼국유사'를 썼다고 볼 수 있다. 일연은 당시 구산선문(九山禪門)의 구산문도회를 개최하는 등 선승(禪僧)으로서의 이름도 높았다. 일연의 불교정신은 '경초선(勁草禪)'에서 요약된다. 그가 쓴 '중편조동오위(重編曹洞五位, 1260년)'에 '소나 말의 꼴이 되라'는 뜻의 경초선은 가장 낮은 곳에서 민생과 더불어 살아가는 보살행의 실천을 말한다.

— *4*

선불교의 두타행(頭陀行)은 위로는 신라의 견당승으로 중국 사천지방에서 '정중종(淨衆宗)'을 세운 무상선사(無相禪師)로 올라가고, 아래로는 '조동오위요해(曹洞五位要解)'를 지은 김시습(金時習)에게로 이어진다. 당나라 선승 남전보원(南泉普願)의 '이류중행(異類中行: 다르고 같은 것을 함께 한다)'과 일연의 '경초선', 김시습이 즐겨 실천한 '피모대각(被毛戴角: 털 나고 뿔 달린 말이나 소와 함께 한다)'은 동아시아 선불교의 두타행의 화두로 이름이 높다. 조동종은 선종의 오가칠종(五家七宗)의 하나로 산천초목도 설법한다는 무정설법(無情說法)의 보살행을 역설하고 있다. 일연이 특히 '삼국유사'를 쓴 까닭은 '조동종' 종지에 '보살행과 애국정신'이 통함을 설한 대목을 받아들인 때문으로 보인다.

―― 5

단군(檀君)은 왜 '단군할아버지'이고, 마고(麻姑)는 왜 '마고할미(할머니)'인가. 왜 기독교처럼 아버지(하느님아버지), 어머니가 아닌가. 아마도 가장 오래되었음을 상징하는 용어일 것이다. 단군이 나라를 세웠다는 서기전 2333년은 세계사적으로 보면 얼마든지 고대국가가 성립된 시기이고, 동아시아의 고대사가 '홍산(紅山)문명'의 발굴로 서기전 5, 6천년까지 소급되고 있는데도 '역사로서의 단군'을 평가절하하거나 외면하고 연구를 하지 않고 있는 실정이다.

역사를 소급하면 어느 나라의 역사이든 신화와 만나게 되어있고, 도리어 역사는 오늘의 '살아있는 신화'로서 후손에 의해 재구성되어야 함에도 사대식민사학에 찌들은 학자들은 잘못된 학문인식으로 단군을 외면하고 있다. 오늘날 기독교인들은 '단군상 훼손'을 서슴지 않고 있는 반문명적 상황에 있다.

―――― 6

오늘날 한국의 정체성혼란은 근대사관을 제대로 정립하지 못함에 따른 정신문제로 귀착된다고 할 수 있다. 국민소득이 아무리 올라가도 정신문제는 저절로 해결되지 않는 '전혀 다른 문제'이다. 정신이 올바로 박혀있지 않으면 도리어 잘 사는 것이 화근이 될 수도 있다. 신화가 없는 민족은 영혼의 상실로 인해 결국 망하게 되어있다. 한민족의 사대·식민·마르크스주의는 바로 주체(주인)를 잃어버린 '노예사상'이라고 말할 수 있다.

일연이 겪어야 했던 일들을 오늘날 우리도 겪고 있다고 해도 과언이 아니다. 현재 중국과 러시아를 중심한 대륙전체주의 세력들의 패권주의는 몽고제국시절에 못지않고, 유라시아 대륙의 동단에 매달려있는 자유대한민국을 위협하고 있다. 그 어느 때보다 역사관과 철학의 정립이 절실한 때이다. 대륙전체주의세력을 극복하는 것은 시대적 과제다.

―――― 7

일연의 '홍익인간(弘益人間) 재세이화(在世理化)'의 정신은 민족문화를 계승·발전시키는 데 큰 역할을 했다. 오늘날 우리는 홍익인간정신을 어떻게 시대정신에 맞게 승화시킬 것인가를 도모해야 한다. **요컨대 홍익자연(弘益自然)을 통해 자연과 인간의 공생공영을 도모하는 것이 좋은 방안이라 할 수 있다. '홍익자연'**

은 홍익중생과 홍익인간을 포용하는 미래정신의 가능성이고 패러다임이다. 단군에게 신불(神佛)의 의미를 돌려주는 것이야말로 원시반본이고, 복귀섭리이다.

고금(古今)이 하나 되고, 서학(西學)과 동학(東學)이 하나 되었으니, 중학(中學)과 중도(中道)가 있을 수밖에 없다.

≪ 112 ≫

도둑과 창녀, 존재와 주인

──── *1*

니체와 프로이트는 욕망을 철학의 문제로 본격화함으로써 심리철학의 길을 열었다. 욕망이라는 것은 자연 상태에서 생존을 달성하여야 하는 존재로서의 인간에게 가장 근본적인 인간조건이라고 할 수 있다. 어떤 점에서 이성조차 욕망의 변형이다. 욕망이란 무엇인가. 욕망은 달성되어야 하는 그 무엇이고, 동시에 결코 달성될 수 없는 그 무엇이기도 하다. 욕망은 그러한 점에서 심리(心理)의 물리학이다.

욕망이 충족되지 못했을 때에 발생하는 것이 훔치는 심리, 도심(盜心)이다. 인간의 가장 깊은 심층심리에는 도둑과 창녀가 있다. 가부장사회에서 남자가 도둑이 되는 것과 여자가 창녀가 되는 것은 같은 이치이다. 여자가 자기 몸을 파는 것은 한 남자에게 몸을 허락하여야 하는 불문율을 위배함으로써(다른 남자를 훔침으로써) 남자의 도둑과 짝이 되기 때문이다. 이상하게도 여자는 자기 몸을 내어줌에도 불구하고 심리적으로 도둑이 되는 셈이다. 모계사회에서는 창녀가 있을 수 없다. 모계사회에서 여자는 성적으로 해방된 존재이다.

— 2

도둑과 창녀에게도 자신을 정당화(합리화)하는 집단심리 기제가 있다. 인간은 아무리 악질이라고 하더라도 자신을 정당화하지 않으면 안 되는 도덕률이 있다. 조직폭력배와 창녀촌의 예를 보자. 한 사회에서 정당한 위계질서에 편입되지 못한(소외된) 조폭들도 보스와 부하가 있다. 이것은 '노예(조폭)의 정치학'이다. 창녀들은 매춘행위의 원죄심리를 만회하기 위해서 자신의 신체에서 대체순결의 상징을 설정한다. 그것이 손님에게 절대로 입술을 허락하지 않는 도덕률이다. 이것은 '입술(순결)의 상징학'이다.

집단죄의식에 빠져 있는 집단은 자신을 정당화하고자 하는 욕망에 빠진다고 한다. 심지어 인간집단은 집단의 범죄적 성격을 성역화(聖域化)하고자 하는 음모에 빠진다고 한다. 성역화해놓아야 자신의 범죄가 영원히 폭로되지 않을 것이기 때문이다. 역설적이긴 하지만 인간은 '도덕적(기만적) 존재'이다. 집단범죄를 성역화하면, 그 사회는 고질적인 심리적 상처(외상)에서 벗어나기 어렵게 된다. 도둑과 창녀의 이야기가 성경에 자주 등장하

는 것은 인류사회의 욕망의 대표적 상징이기 때문이다. 주인과
도둑, 처녀와 창녀는 이중적인 관계에 있다.

───── 3

도둑과 창녀는 욕망의 현상학이라는 점에서 현상학의 주체와
대상에 상응한다. 현상학의 '주체-대상'은 존재를 해명하기 위
해 인간이 가상으로 설정한 이원대립항이다. 사물을 대상으로
보는 주체의 시선에는 사물을 이용과 수단으로 보는 시각과 욕
망이 있다. 이것을 사회학적으로 환원하면 '주인-노예'가 된다.

현상학에서 '주체'는 자신을 끝없이 타자화해도 다할 수 없는
'초월적 주체'로 남아있다. 반대로 '대상'도 마찬가지이다. '대
상'은 끝없이 대상화해도 다하지 못하는 '영원한 대상'으로 남
아있다.

───── 4

주체와 대상은 상호 가역적이다. 주체와 대상은 결국 현상으
로 도달할 수 없는, 존재의 근거(원인이 아닌)를 설정할 수밖에 없
다. 그것이 바로 존재이다. 현상이 아닌 존재야말로 진정한 주
인인 것이다. 주체는 말은 주체라고 하지만 그 속에 이미 노예
(대상)를 동시에 품고 있는, 존재의 주인이 될 수 없는 것이다. 존
재의 진정한 주인이 되기 전에는 인간은 욕망의 도둑과 창녀를

벗어날 수 없다. 인간은 성적으로 주인-도둑(창녀)의 심리적 이중성에서 살고 있다. 성적 사디즘과 마조히즘, 그리고 사도-마조히즘은 그러한 점을 잘 말해준다. 주인인가 싶으면 노예이고, 노예인가 싶으면 주인인 인간의 이중성을 여실히 드러내고 있다. 도둑(조폭)과 창녀는 한 사회의 집단적 사디즘과 마조히즘을 드러내는 집단상징이다. 한 사회가 타락하면 도둑과 창녀가 범람할 뿐만 아니라 그것을 합리적으로 옹호하게 된다.

───── 5

우리 모두 각자 삶의 주인이 되어야 한다. 각자 삶의 주인이 되는 것이 우주적 삶의 주인이 되는 것이다. 부처의 자비(慈悲), 공자의 인(仁), 예수의 사랑(愛), 노장의 무위(無爲)는 실은 '주인의 삶'에 다름 아니다. 한국인에게 필요한 것은 주인정신이다.

주인과 주체는 다르다. 존재는 주체가 아니고 주인이다. 주체라는 말 속에는 인간중심주의가 숨어있다. 주인이라는 말 속에는 신(神)이 숨어있다. 신이 주체가 되면 인간은 그 대상이 되고, 인간이 주체가 되면 사물은 그 대상이 된다. 만물은 창조와 피조, 주체와 대상으로 이분되는 것이 아니라 공동존재 혹은 존재로서 모두 주인이다. 모두가 주인이 되는 것이 만물만신이다.

니체를 넘어서 — 서양철학과 기독교와 과학을 읽는 키워드, 동일성

—— 1

기독교의 창조론이 인간의 이상주의의 결과(발현)였다고 생각한다면 그 천지창조론은 기필코 '원죄-구속론'으로 보완될 수밖에 없는 처지에 있게 된다. 이는 인과론을 추구하는 과학이 오류를 벗어나기 위해 '진리-오류'를 번갈아 교체되는 것과 같다.

철학의 입장에서 반성한다면 기독교나 과학이나 환원주의의 일종이다. 이데아(이성, 정신)의 현상학이 법칙(물리법칙이나 도덕법칙)이다. 법칙(진리)의 세계는 추상적이고 생명이 없는 반면 존재는 살아있는 세계이다. 형이상학인 철학이 형이하학인 물리학으로 환원되는 것은 동일성(실체)을 전제하고 있기 때문이다. 기독교도 고정불변의 동일성을 전제하는 것은 마찬가지이다.

이것과 대척점에 서는 것이 불교의 연기론이다. 인과론(환원주의)과 연기론(인과응보론, 순환론)은 둘다 순환론(원환론)의 성격을 가지고 있기는 하지만, 어쩌면 사물과 사건을 보는 기간이나 주기의 차이에 불과한지도 모른다. 그렇다고 보면 기독교의 복귀원리는 인과론의 필연적 결과이고, 흔히 말하는 원시반본론은 순환론의 궤를 같이한다. 이를 수학의 순열과 조합에 견주면 서양-기독교문명은 하나의 순열만을 주장하는 '순열형 문명'에 해당하고, 동양문명과 기타 원시문명은 여러 순열을 허용하는 '조합형 문명'에 해당한다고 볼 수 있을 것이다.

—— *2*

칸트가 현상에 대한 설명을 위해서 범주론(오성)-이성론을 설계하고, 그 설명 틀에 의해 영국의 경험론(자연과학주의)과 대륙의 합리론(관념론)을 비판철학으로 종합하면서 소위 선험적 종합론으로 근대철학의 신기원을 이룬 것은 위대한 작업이었다. 그러나 그보다 더 위대한 것은 스스로의 제약(한계)을 설정한 점이다. 그것은 다름 아닌 '물 자체'에 대한 철학의 유보와 가능성을 열어둔 것이다. 현상학과 물 자체는 경계를 이루고 있다. 이와 똑같은 경계설정을 헤겔의 관념론은 'this(이것)' 혹은 '지금(시간). 여기(장소)'를 예로 들어 설명한다.

헤겔은 독일관념론의 완성자답게 관념이 없으면 설명을 할 수 없다고 주장한다. 관념이 없으면 사물을 보고 '이것'이라고 하거나 시간과 공간을 가리킬 때 단지 '지금, 여기'라고 말할 수밖에 없다고 한다. 이 점은 바로 현상학과 존재론의 경계지점이기도 하다. 말하자면 정신현상학을 개척한 헤겔도 존재론의 영역을 인식했다고 볼 수 있다. 바로 현상과 존재의 경계선상에 있어야 새로운 제 3의 창조를 할 수 있다는 설명이 설득력을 얻게 된다. 분명 이원론의 세계에서도 그 경계를 알아야 한쪽의 세계를 제대로 탐구할 수 있고, 동시에 그 중간영역에 대한 어느 정도 피력할 수 있다는 말이 된다.

—— *3*

철학적 경계선상을 왕래한 후기근대철학자로 니체와 하이데거를 들 수 있다. 니체의 '권력(힘)에의 의지'와 하이데거의 '존재론'은 현상학에서 존재론으로 넘어오는 경계선상에 있었다고 볼 수 있다. 특히 이 두 사람이 불교에 심취한 것은 특기할 만하다. 두 철학자의 공통분모는 이성철학에 대한 불신과 서양철학의 주류인 현상학을 극복하는 일이었다. 니체와 하이데거는 생기존재론과 존재사태(사건)론으로 누구보다도 존재의 생성에 대해 깊은 관심을 보였다.

니체는 다시 서양철학의 특징인 '현상학적 권력과 힘의 증대와 상승'으로 돌아갔지만 하이데거는 '존재(본래존재)로의 귀향'을 주장하면서 니체에 대한 비판적 입장(형이상학의 완성자라고 하지만 현대 기계문명의 몰아세움에 대한 경계가 부족한 점 등을 지적)에 서는 동시에 서양철학의 종말을 암시했다. 아무튼 둘 다 생성에 대해 관심을 보인 것은 사실이고, 목적지는 달랐다고 할 수 있다. 니체는 서양철학의 수렴적 성격이 강하고, 하이데거는 그것으로부터의 해탈의 성격이 강한 편이다. 니체의 권력의 의지와 하이데거의 존재론도 둘 다 경계선상에서 이루어진 일이다.

—— 4

인류언어문명사로 보면 인도유럽어문명권에 속하는 서양철학은 '불(火)-욕망-이성-탈이성'(앎의 철학)의 특징을 보인다고 할 수 있다. 이것은 신기하게도 불교철학과 반면교사로서 궤를 같이 한다. 욕망이 바로 이성이라는 데에 이르면 더욱 더 공감하게 된다. **필자는 일찍이 "욕망은 신체적 이성이고, 이성은 대뇌적 욕망이다."라고 주장한 바 있다. 기독교문명권이 오늘날 서양철학과 문명의 치유와 구원을 위해 불교에 귀의하는 것은 문명사적으로 보면 당연한 귀결이다.**

인도유럽어문명권과 반대되는 것이 바로 한자문명권의 철학이다. 한자문명권의 철학은 흔히 도학(道學)이라고 명명되기도 하는데 '물(水)-수신(修身: 욕망억제)-득도(得道: 道法自然)-자연'(삶의 철학)의 특징을 보인다. 앎의 철학과 삶의 철학은 서로의 꼬리를 물고도는 음양관계에 있다.

인류의 평화를 위하여

―― 1

진정한 세계평화와 인류 한 가족을 실현하려면 다른 어떤 것보다도 인류문명의 내밀하고 고집스런 장벽이 되고 있는 현재 세계적 보편적 종교들의 교차축복(cross-blessing)운동이 필요하다. 교차축복은 신자들을 공유함으로써 서로의 마음의 벽을 헐고 다른 종교의 교리와 제전에 대한 이해와 소통을 통해 열린 마음을 가지게 할 것이다.

―― 2

또한 진정한 세계평화를 위해서는 유엔(UN)갱신운동이 필요하다. 현재의 유엔은 패권국가와 국가이익을 위해 봉사하는 경향이 있다. 유엔(UN)회원국들 간에는 큰 나라든, 작은 나라든 서로를 존중하면서 공생공영(共生共榮)하는 태도를 가져야 할 것이다. 인류는 초종교초국가운동을 병행하는 전략을 통해 평화에 한 걸음 더 다가가야 한다.

——— 3

그리고 **어떤 신이든, 부처이든, 남성성과 여성성을 공존시키
면서 섬겨야 한다. 남성성과 여성성의 공존은 생물의 자연적인
암수관계와도 상응할 뿐만 아니라 사회조직의 면에서 가족 혹
은 가정을 중심으로 사회를 재구축하는 계기를 맞게 한다.** 가정
은 특히 세계의 추상과 구체의 중심에 있는 사회구성의 기본단
위라는 점에 유념할 필요가 있다. 가정을 중심으로 사회와 교회
와 사원이 개편되어야 할 것이다. 예컨대 가정유교, 가정불교,
가정기독교 등이 좋은 예이다. 개인보다는 가정의 인간을 통해
인류는 천(天)과 지(地)의 상호소통을 실현함으로써 인간(人)사회
의 조화와 행복을 달성하여야 할 것이다.

——— 4

평화는 니체의 '권력에의 의지'로 달성될 수 없는, '비권력에
의 의지'의 결실이다. 평화는 만물평등의 존재론이면서 '여성철
학의 최고절정의 꽃'이라고 할 수 있다. 이러한 평화철학은 남
성-가부장-국가의 철학(존재자의 철학)으로는 도저히 달성될 수
없는 철학의 궁극이자 반철학이다.

심중(心中) 박정진(朴正鎭) 선생 연보

1. 평범한 출생과 성장

1950. 11. 17 한국전쟁이 발발한 그 해 가을(음력 10월 8일), 대구시 달성동 오두막에서 아버지 함양인(咸陽人) 박재명(朴在明, 1926년 6월 9일(음력)~ 2006년 3월 23일)과 어머니 아주인(鵝洲人) 신병기(申炳琪, 1930년 11월 16일(음력)~ 1994년 7월 13일)의 장남(2남 2녀 중)으로 태어남. 어머니가 태몽으로 '고래 꿈'을 꾸었다고 함. 그 후 대구시 중구 동인동 3가 220번지, 일본 적산가옥으로 이사하여 삶.

3살 때 설사복합병으로 목숨을 잃을 뻔했음.

당시는 6.25전쟁 중이어서 약을 구할 수도 없었는데 때마침 미(美) 8군에서 흘러나온 페니실린을 구해서 구사일생으로 목숨을 건짐.

1957. 3. 대구 동인국민학교에 입학함.

1958. 3. 대구시 신천동에 신설된 대구신천국민학교에 전학함. 어릴 때부터 항상 홀로 생각에 잠기는 소년이었음. 학업성적은 중상위에 속했으며 특히 사회과목에 남보다 뛰어났으나 사회성은 없었다고 함. 자주 동네 아이들에게 매 맞고 집에 들어오는 소심한 소년이었음. 5, 6학년 때 담임인 이정화 선생님으로부터 정의

감과 국가관, 근면성과 남성다움을 배우고 일생동안 잊지 못할 큰 영향을 받음. 대구 신천국민학교 제 1회 졸업생으로 졸업, 6년 개근상을 수상함.

1963. 3.　　　대구 경상중학교에 입학함. 중학교에 들어가면서 말 없던 소년이 갑자기 말문이 열리기 시작하면서 사내다워졌다고 함. 그러나 여전히 근본적으로는 내성적인 문학소년이었음. 이때부터 김소월의 시집과 괴테의 '젊은 베르테르의 슬픔' 등 시와 소설을 읽기 시작하면서 문학에 심취함. 때로는 시집을 읽기 위해 학교를 조퇴한 적도 있었음. 경상중학교 석인수 교장의 근면성에 감동을 받음.

1966. 3.　　　대구고등학교에 입학함. 청춘의 질풍노도의 시대를 독서와 운동으로 극복하면서 인격수양을 도모함. 이때부터 간간히 자작시를 쓰기 시작함.

1969. 3.　　　부모의 권유로 서울 한양대학교 의과대학 의예과에 입학함. 처음으로 부모와 떨어져서 홀로 유학생활을 시작함. 의과대학 입학 동기는 아버지가 갑작스럽게 신경성질환으로 입원하게 됨에 따라 의사가 되기로 결심함. 그러나 해부학 시간에 실험용 시체를 보고 충격을 받음. 그럴수록 시에 심취함. 심약한 그는 결국 의과대학이 적성에 맞지 않음을 알고 전과하기로 결심함. 당시 한국사회는 민주화의 열기가 대학가에 넘쳤으며, 박정희 군사독재와 맞서 청년문화운동

이 일어나고 서울의 대학가는 공부보다는 민주화운동에 열중하였음. 서울을 비롯한 지방의 각 대학은 민주주의운동에 열을 올렸지만, 그렇다고 생산적이고 주체적이고 자생적인 민주주의 이념을 창안한 것은 아님. 사회는 극도의 혼란과 무질서 속에서 갈피를 잡지 못하고 분열되었음. 특히 남북분단 상황에서 북한은 남한의 이러한 상황을 적화통일의 계기로 삼으려고 광분함. 사회는 극심한 좌우 이데올로기의 대립 속에 병들어갔음. 그는 의과대학을 졸업한 뒤 병든 사람을 치료하는 것보다 인문사회학적인 공부를 해서 사회를 구원하여야겠다고 결심함. 이에 한국문화의 정체성과 세계문화의 동향에 대해 관심이 컸으며, 인간의 삶 전체에 대한 철학적 사색을 하는 일에 열중함. 특히 그는 한국문화가 외래문화에 접했을 때에 쉽게 사대주의에 빠지는 습성이 있으며, 이로 인해 내분과 파당적 상황에 자주 빠지게 됨을 한탄함. 스스로 생각하지 못하는 한국인, 스스로의 법(law)과 로직(logic)을 세우지 못하는 한국인의 삶의 특성에 주목하게 됨. 특히 한국에 자생철학이 없음을 알고, 한국문화에 대한 심각한 회의에 빠짐. 이러한 문제의식을 가지고 공부를 하기 위해서는 인문학으로의 전과가 불가피하였음. 당시 한양대학교 국문과 교수로 재직하고 있던 시인 박목월 선생과 진로를 상의함.

1972. 3.	한양대 국문과로 전과하기 위해 여러 차례 박목월시인을 만남(그 전에도 교내 백일장에 투고하여 박목월선생을 만나는 기회를 가지기도 하고 습작을 지도 받았음). 당시 목월선생은 전과를 반대하면서 의사의 길을 가면서 시인이 될 것을 권함. 목월선생은 어느 날 그에게 '국경의 밤'을 지은 김동환과 같은 서사 시인이 될 소질이 있다고 격려함. 결국 국문과로 전과를 결행함.
1972-74	국문과로 전과한 후 국내외 대표적 시와 소설을 읽는데 전력투구함. 이광수, 김동인의 여러 작품을 섭렵함. 까뮈의 '이방인'과 샤르트르의 '구토' '자유의 길' 등 실존주의 작가의 작품에 심취함. 닥치는 대로 문학 철학서적을 탐독하면서 거의 2년을 보냄. 이때 동서 고금의 고전을 섭렵하는 열정을 보임. 시인과 철학자가 되는 두 길에서 어느 길에도 진입하지 못하고 피곤한 심신을 추스르기 위해서 고향인 대구로 귀향함. 당시 헤르만 헤세의 '데미안' '나르찌스와 골드문트' '싯달타' '향토' '차륜 밑에서' 등의 작품에 심취함.
1974-76	졸업 후 취직도 하지 못하고 쓸쓸하게 고향인 대구에서 끝없는 허탈, 방황에 빠짐. 친구들의 권유로 2년간 외무고시를 준비하였지만, 정작 공부에는 등한하였으며, 시와 철학 책을 간간히 사보면서 마음을 추스름. 친구들의 권유로 대구 매일신문사 입사시험에 응시했으나 필기시험에 합격하고, 면접에서 떨어짐.

심각한 고뇌와 묵상에 빠짐. 현실과 이상 사이에서 방황하다가 가톨릭 세례를 받음(대구 복자성당). 세례명은 '그레고리'.

1976. 3. 3	(주)문화방송 경향신문사에 공채로 입사하여 경향신문 대구 주재기자로 부임함. 지방주재기자 생활을 약 2년 하다가 다시 학문에의 뜻을 세워 영남대 대학원 문화인류학과 진학을 준비를 함.
1978. 3. 3	대구 영남대학교 문화인류학과 대학원에 입학함. 여기서 그에게 인류학의 길을 열어준 은사인 김택규(金宅圭)교수와 강신표(姜信杓) 교수를 만남. 한국의 향토 민속문화에 해박한 김택규교수와 동서양철학에 관심이 많은 강신표교수로부터 영향을 받음. 강신표교수는 대학원에 입학하던 그 해에 이화여자대학교로 옮기는 바람에 직접 강의를 듣지 못했으나 그 후 서울에서 신문기자생활을 하면서 사적인 친분을 쌓음. 이러한 친분이 그의 초기 저작중 하나인 『무당시대의 문화무당』에서 강신표교수와 김용옥교수를 비교하는 계기가 됨. 김용옥교수와도 친분을 유지하면서 영향을 주고받음. 그 후 그는 다분히 철학적인 성향을 가지며 철학인류학분야에 관심을 가짐. 그는 계속 〈인간은 어떻게(무엇으로) 사는가?〉에 관심을 가짐. 신문기자 생활과 인류학도의 길을 병행함.
1978. 11.	막내 동생 박창진(朴昌鎭)이 서울에서 대학교입학을 위

한 재수를 하던 중 원인모를 병으로 객사함. 이때 인생의 어처구니없음과 죽음에 대한 명상을 시작함. 특히 인생의 목적을 설정하는 것이 덧없음을 느끼고, 목적론적 사고를 하는 것이 인생의 전부가 아니라는 것을 뼈저리게 느낌.

1979. 2. 20   단양(丹陽)인 우경옥(禹敬玉)과 결혼함. 우경옥은 우수기(禹守基)와 최재윤(崔載允)의 2남2녀 중 차녀로 태어났음.

2. 공부하는 기자

1980. 4. 4   장남 박준석(朴埈奭) 태어남.

1980. 9.   「도시화에 따른 대도시근교 씨족집단의 정치경제적 변화연구」로 영남대학교에서 석사학위를 받음.

1982. 4. 4   차남 박우석(朴祐奭) 태어남.

1981-86   경향신문 본사로 올라와 서울에서 기자생활을 시작함. 한편 한양대학교를 비롯, 서울교육대학교, 대구대학교 등에서 인류학 강의를 하면서 문화평론가로도 활동을 겸함.

1986. 8. 31   영남대학교 대학원 인류학과 박사과정을 수료함. 그러나 서구의 패러다임이나 이데올로기에 종속되어 주체성도 없는 학위논문제출을 포기함. 자신의 철학도 없이 외래 이데올로기에 빠져 체질적으로 사대하

는 한국민족에 대해 심각한 회의에 빠짐. 그 후 한국 민족의 정체성을 확인하기 위한 기반 확충작업으로 서양철학자들의 수많은 책들을 섭렵함. 데카르트, 스피노자, 라이프니츠, 루소, 칸트, 니체, 프로이트, 베르그송, 후설, 그리고 특히 실존주의 철학자인 키르케고르, 샤르트르, 카뮈 등 수많은 철학자와 사상가와 문학가들의 책을 봄.

1988. 7. 14   지식산업사 김경희 대표의 인도로 국선도(國仙道)에 입문함. 서울 용산구 남영동 국선도협회 총본원에서 덕당(德堂) 김성환(金性煥) 정사(正師)를 만남. 여기서 전통 수련법인 선도(仙道)를 알게 되고, 선도의 원류가 화랑도(풍류도)였음을 확실하게 인식함.

1988. 8. 15   새로 창간한 세계일보사로 자리를 옮김. 세계일보사에서 문선명(文鮮明) 선생을 역사적으로 조우하게 되는 일생일대의 행운을 얻음. 문선명 선생은 한국사에서 처음으로 자생종교를 수출한 인물이면서 근대에 들어 한국이 낳은 세계적 종교지도자·문화선각자임. 한국은 역사적으로 계속해서 외래 종교와 철학을 들여와서는 항상 그것에 종속되는 나라를 벗어나지 못함. 예컨대 불교가 들어오면 '한국의 불교'가 되는 것이 아니라 '불교의 한국'이 되고, 주자학이 들어오면 '한국의 주자학'이 되는 것이 아니라 '주자학의 한국'이 되고, 기독교가 들어오면 '한국의 기독교'가 되는

것이 아니라 '기독교의 한국'이 되는 그러한 양상이다. 결국 한국이라는 주체성은 없는 것이다. 그러한 사대종속적 입장에서 탈피하여 기독교를 자생통일교로 만들어 수출한 인물로 문선명 선생으로 이해하게 됨. 한국인이 세계 종교의 분포에서 사대종속-노예 상황에 빠져있음을 뼈저리게 느낌. 그 정도가 얼마나 심각한지, 그러한 종속상태를 종속상태로 느끼는 것이 아니라 선진문화로 착각하는 사대성에 절망함. 한국인의 이데올로기적 종속성과 노예성은 한국문화의 여성성-수동성-자기부정성과 관련되는 역사체질적인 것으로 파악함. 한국문화에는 결국 남성성-능동성-자기긍정성이 부족함을 뼈저리게 느낌. 이는 종합적으로 한국문화의 '아버지(가부장) 부재'의 문화로 드러나게 됨을 파악함.

1989. 1. 28   첫 시집이자 첫 저작인 『해원상생, 해원상생』(지식산업사)을 펴냄. 이 시집은 한민족이 서로 원한을 풀고 상생하자는 뜻의 시집이었음. 이 해에 철학논문 2편을 씀. '상징-의례에 대한 理氣철학적 고찰'(『한민족』 제1집, 200~228쪽, 한민족학회, 교문사, 서울.) 'BSTD모델에 대한 상징인류학적 조명' 『두산 김택규박사 화갑기념문화인류학 논총』(241~254쪽, 두산김택규박사화갑기념논문집 간행위원회, 신흥인쇄소, 대구.)

1990. 1. 20   야심작 『무당시대의 문화무당』(지식산업사)을 펴냄. 그

의 첫 예술인류학적 작업이었음. 후에 『한국문화와 예술인류학』을 쓰는 계기가 됨. 시와 철학과 예술에 대한 종합적인 사유를 시작하면서 철학(과학), 예술, 종교의 현상학적 관계에 대해 관심을 가지기 시작함. 특히 동양의 전통철학인 이(理)-기(氣)철학의 관점에서 이들의 관계에 사유를 집중함.

1990. 3.　　『사람이 되고자 하는 신들』(문학아카데미) 펴냄. 이 책은 사람위에 군림하는 초월적인 신이 아니라 사람과 함께 지상에 내려오고자 염원하는 신을 상정함. 여기엔 한국 자생종교인 동학(東學)의 인내천(人乃天) 사상이 스며있음.

1990. 3.　　『한국문화 심정문화』(미래문화사) 펴냄. 이 책은 한국문화론을 철학적으로 정리하기 시작한 첫 결과물임. 이 책에 '시간의 이중적 가치'(179~197쪽)라는 제목의 철학적 논문을 실었음.

1991. 11. 3　국선도협회 총본원에서 3년간의 수련을 마치고 진기단법(眞氣丹法)으로 승단함(제223호). 이로써 국선도인(풍류도인)이 됨. 국선도 수련은 재래의 신선(神仙)사상과 전통적으로 내려온 기(氣)를 체득하게 되는 계기가 됨. 나중에 기(氣)철학을 바탕으로 하는 새로운 철학을 정립하는 데에 도움이 됨.

1992. 1.　　세계일보사 문화부장이 됨.

1992. 2.　　월간 『현대시』 신인상 수상으로 늦깎이 시인이 됨. 당

선작은 '황색나부의 마을'. 추천심의위원인 이형기, 김광림 시인은 심사평에서 그를 프랑스의 시인 '앙리 미쇼'에 견주면서 '에망그롱족'에 견줄만한 작품이라고 평함.

1992. 3.   『한국문화 심정문화』의 개정증보판인 『한국문화와 예술인류학』(미래문화사)을 펴냄. 이 책은 국내에서 예술인류학을 처음으로 거론한 책일 뿐만 아니라 세계 인류학계에서도 예술과 인류학을 융합한 첫 책으로 평가됨. 또 이 책은 자민족문화연구의 한 방법으로서 '자기고백'을 제창하였으며, 느낌(Feeling)을 학문적 용어로 사용할 것을 역설함. 인류학적 민족지를 쓰는 데도 느낌을 중시하여야 한다고 주장함. 철학인류학자인 레비스트로스의 영향을 크게 받은 그는 여기서 '다원다층의 음양적 의미'를 분석하는 '예술인류학'을 제창함. 이것은 대칭적 사고를 하는 원시고대인의 신화적 사고(원시인의 철학)를 오늘에 되살리려는 시도였음.

1992. 6.   『천지인 사상으로 본 서울올림픽』(아카데미서적) 펴냄. 대한민국이 건국 이후 치른 최고최대의 국제적인 스포츠 제전인 올림픽을 전통 '천지인 사상'과 롤랑바르트의 '다차원의 문화해석의 틀'을 이용하여 입체적으로 분석함. 그의 집약된 인류학적 연구모델인 '심볼(symbol)-적응(adaptation)'을 적용한 첫 연구결과물

임. 특히 상징의 다원다층의 의미 분석에 치중함. 상
징은 여러 층위로 이분되는 성질을 가지고 있고, 마
지막 최종 아래에는 삶을 위한 생존의 근거인 에콜로
지(ecology)가 있음을 주장함.

1992. 7. 『잃어버린 선맥을 찾아서』(일빛출판사) 펴냄. 국선도의
맥을 현재에서부터 역원적으로 찾은 역작이었음. 이
책은 고대에서부터 현대까지 신선사상의 인물을 찾
는 한편 고조선의 국조인 단군이 선도의 원조임을 깨
닫는 계기가 되었음. 모든 종교와 수도의 원형에 단
군이 있음을 알게 됨. 유불선(儒佛仙) 삼교의 삼묘(三妙)
를 터득함.

1992. 7. 『선도와 증산교』(일빛출판사) 펴냄. 선도사상을 증산교
와 관련하여 더욱 심도 있게 다룸.

3. 문필가로 거듭나다

1992. 6. 19 바르셀로나 올림픽 사전 취재도중 자동차로 피레네
산맥을 넘어 안도라공화국으로 가던 중 언덕에서 추
락함(8시 40분 바르셀로나 북방 70㎞지점). 이 때 일주일간 의
식불명 상태에서 깨어나지 못함. 의식불명의 비몽사
몽간에 인류문명의 과거와 미래에 관한 네 가지 현몽
을 접함(예수와 부처, 예수의 제자인 베드로, 그리고 이름 없는 메시

아 혹은 미래불이 현몽으로 나타났음). 현몽 중에 살신성인으로 이승과 저승을 바꾸는 시험에 들었다. 헬리콥터로 긴급 수송되어 한 달 간 바르셀로나 발데브론 병원에 입원함. 그 후 비행기로 한국으로 수송되어 서울 영동세브란스 병원에 입원함. 병원에서 척추수술을 받는 등 6개월 간 장기 입원하는 동안 위험한 고비를 여러 차례 넘기고 회복됨. 오랜 병상생활을 통해 인생이 결코 내일을 기약할 수 없는 허무한 것이며, 자신의 생각을 단상으로 정리하여야 한다는 사명감을 느낌. 이것이 후일 2백자 원고지 3만장 분량의 '박정진 철학노트'의 출발이 되었음.

1992. 12. 31   영동세브란스 병원에서 퇴원함. 척추수술 등으로 노동부로부터 3급 장애 판정을 받음.

1993. 4.   서울 강남구 일원동에서 동네 수서공원과 대모산에서 명상과 함께 피나는 재활훈련으로 건강을 회복함. 그 후 신들린 듯 각종 글을 쓰기 시작함. 하루 1백여 장씩 원고를 쓴 적도 있음. 그 후 발간된 수십 권의 책들은 이 때 쓰여 진 것임. 인근 수서공원에서의 명상과 대모산을 오르는 가벼운 등산과 산보를 통해 문필가로서 입신을 위한 기본적인 사색과 함께 사상적 기조를 형성함.

1994. 11.   『아직도 사대주의에』(전통문화연구회) 펴냄. 한국문화의 체질적 사대주의와 문화적 종속상황에 대한 처절한

반성을 시도함. 특히 외래문화에 맹목적인 신앙을 하는 것을 반성함. 한국문화 속에 들어오는 모든 외래문화는 일종의 도그마가 된다는 사실에 놀람. 그런 점에서 한국인은 '종교적 인간'의 성격이 강함을 알게 됨.

1994. 3.   '고려원시인선 22' 책으로 『시를 파는 가게』(고려원) 펴냄. 이때의 필명은 박수원(朴守園)이었음. 수원(守園)이라는 호는 정원을 지킨다는 의미로 강신표교수가 지어주었음. 이 호는 춘원(春園) 이광수(李光秀)에서 비롯되는 것으로 춘원(春園)-소원(韶園) 이수락(李壽洛)-취원(翠園) 강신표-수원(守園) 박정진에 이르는 4대째 이어진 호였음. 이수락선생(1913~2003)은 성균관대 전신인 명륜학원 출신으로 대구향교에 홍도학원을 설립한 거유(巨儒)였음.

1994. 7. 13   어머니가 자궁암으로 돌아감. 바르셀로나 올림픽 취재도중 사고를 당한 중환자였던 그를 간호하고 염려하던 끝에 무리하여 과거에 앓았던 암이 재발하였음. 어머니와의 영원한 이별을 통해 훌륭한 문필가가 될 것을 다짐함. 어머니와의 이별을 통해 '불교적 인연과 연기가 현재'임을 깨닫게 됨. '어머니의 사랑이 자식을 살리는 대신 당신을 저 세상으로 돌아가게 한 희생적 삶'임을 절감함. 모든 어머니의 아가페적인 사랑에 대해 절실한 사유를 시작함. 인류사에서 여성

성의 의미와 희생적 사랑을 되새기는 계기가 되었음.

1997. 6. 세계일보사를 퇴사하고 본격적으로 글쓰기에 몰두함. 본격적인 사회비판과 풍자적 글쓰기에 매달림.

1997. 6. 『왕과 건달』(전 3권, 화담출판사) 펴냄.

1997. 10. 『창을 가진 여자』(전 2권, 화담출판사) 펴냄. 후에 전자책(e-북) 『서울 황진이』로 개작함.

1997. 12. 『어릿광대의 나라, 한국』(화담출판사) 펴냄. 후에 전자책(e-북) 『드라마 사회, 한국』으로 개작함.

1998. 1. 『단군은 이렇게 말했다』(화담출판사) 펴냄. 후에 전자책(e-북) 『광화문의 단군』으로 개작함.

1998. 7. 사진기자 정범태(鄭範泰)의 일대기를 담은 『발가벗고 춤추는 기자』 펴냄(화담출판사).

1999. 3. 사서삼경(四書三經)을 비롯하여 동양고전에 대한 이해를 높이기 위해 한문전문교육기관인 '민족문화추진회 국역연수부'에 입학함. 여기서 정태현, 성백효 선생을 만남. 중국의 고전을 접하는 계기가 되었으며, 동아시아 문화의 원류와 깊이에 대해 새삼 놀랐지만, 중국문화를 사대하는 일에 빠지지는 않음. 중국문화와 한국문화의 차이에 대해 눈을 뜸.

1999. 8. 명상집 『생각을 벗어야 살맛이 난다』(책섬) 펴냄.

2000. 11. 전자책(e-북)으로 명상집 『생각하는 나무』(1권-26권) 펴냄(www.barobook.co.kr) 펴냄. 한국 '아포리즘 문학'의 금자탑을 이룸.

2000. 11.	전자책(e-북) 『세습당골-명인, 명창, 명무』 펴냄.
2000. 11.	전자책(e-북)시집 『한강은 바다다』 펴냄.
2000. 11.	전자책(e-북)시집 『바람난 꽃』 펴냄.
2000. 11.	전자책(e-북)시집 『앵무새 왕국』 펴냄.
2000. 11.	『인류학자 박정진의 밀레니엄 문화읽기-여자의 아이를 키우는 남자』(불교춘추사) 펴냄. 전자책(e-북)으로도 펴냄.
2000. 11.	전자책(e-북) 에세이 『문화의 주체화와 세계화』 펴냄.
2000. 11.	전자책(e-북) 에세이 『문화의 세기, 문화전쟁』 펴냄.
2000. 11.	전자책(e-북) 『오래 사는 법, 죽지 않는 법』 펴냄.
2000. 11.	전자책(e-북) 『마키아벨리스트 박정희』 펴냄.
2000. 11.	전자책(e-북) 『오래 사는 법, 죽지 않는 법』 펴냄.
2000. 11.	전자책(e-북) 『붓을 칼처럼 쓰며』 펴냄.
2001. 5.	『도올 김용옥』(전 2권)(불교출판사) 펴냄.
2001. 11.	전자책(e-북) 소설 『파리에서의 프리섹스』(전 2권) 펴냄.
2002. 2.	동양고전 전문번역기관인 민족문화추진회 국역연수부 26기로 졸업함.
2002. 3.	민족문화추진회 일반연구부에 입학함.

4. 문화평론가, 철학인류학에 매진하다

2002. 4.	새로운 사상으로서 '중학(中學)사상'에 대해 생각을 시

작함. '중학'은 다분히 '동학(東學)'의 한계를 극복하고
자 하는 의도에서 상정되었음. 예컨대 '중학'은 유교
의 중용(中庸), 불교의 중도(中道)·공(空)사상, 노장(老莊)의
무위자연사상, 선도(仙道)의 선(仙)사상 등 유불선을 통
합하는 것은 물론이고, 프랑스 대혁명의 사상인 자
유·평등·박애 사상 등 동서고금의 사상을 융합하고
집대성하여 새로운 시대의 전개에 따른 철학적·사상
적 준비로 시도됨. '중학'사상은 계속 집필 중에 있음.

2002. 5. 13   서울 강남구 일원동 대모산에 주민들의 건의로 자작
시 '대모산' 시탑을 세우게 됨(강남구청 주관).

2002. 6.   인터넷 홈페이지 www.koreanculture.co.kr(한국문화
사전)을 개설함.

2002. 6.   전자출판사 바로북에서 CD롬 『한국문화사전』을 펴냄.

2004. 2.   『붉은 악마와 한국문화』(세진사) 펴냄.

2004. 9.   『미친 시인의 사회, 죽은 귀신의 사회』(신세림) 펴냄.

2004. 6.   시집 『먼지, 아니 빛깔, 아니 먼지』(신세림) 펴냄.

2004. 7.   시집 『대모산』(신세림) 펴냄.

2004. 7.   시집 『청계천』(신세림) 펴냄.

2005. 6.   『대한민국, 지랄하고 놀고 자빠졌네』(서울언론인클럽) 펴
냄. 이 책에서 『천지자신주(天地自神呪)』의 대강을 선보임.

2006. 3. 23   아버지 박재명 숙환으로 돌아가심.

2006. 3.   『여자』(신세림) 펴냄. 이 책은 우주적 여성성에 대한 단
상을 정리한 에세이임. 이 책에서 『천지자신주(天地自

神呪)』를 처음 세상에 내놓음(이것은 나중에 『新天符經』이 됨).

2007. 3.	『현묘경-여자』(신세림) 펴냄. 이 책은 우주적 여성성에 대한 심화된 단상을 정리한 에세이임.
2007. 7.	시집 『독도』(신세림) 펴냄.
2007. 3.	『불교인류학』(불교춘추사) 펴냄.
2007. 8.	『종교인류학』(불교춘추사) 펴냄.
2008. 2.	장남 박준석 연세대학교 공과대학 건축과를 졸업함.
2008. 9. 9	'박정진 시를 사랑하는 모임'(박시모)과 '박씨 대종친회'의 찬조로 자작시 〈독도〉시비가 건립됨(울릉도 독도박물관 야외독도박물원: 독도박물관자료 1401번).
2008. 7.	전자책(e-북) 『성인류학』(전 3권) 펴냄. 이 책은 '성'(性, 姓, 聖)이라는 한글발음을 토대로 인류문명의 발전과정을 정리함으로써 철학과 종교에서 말하는 '성결학(hagiology)'과 '오물학(scatology)'이 결국 하나로 순환하는 것임을 주장하는 '일반문화론'에 도달하려는 철학인류학적 시도였음. 이 책은 따라서 '일반성의 철학'을 도출하기 위한 철학인류학적 노력의 결실이었음.
2008. 9.	전자책(e-북) 명상집 『죽음을 예감하면 세상이 아름답다』(전 3권), 전자책(e-북) 명상집 『경계선상에서』(전 7권). 이로써 『생각하는 나무』(전 26권)을 포함하여 『화산(華山) 명상집』(전 36권 완간) (www.barobook.co.kr) 펴냄.
2008. 10.	시집 『한강교향시-詩로 한강을 거닐다』(신세림) 펴냄. KTV '북카페' 프로그램에서 한 시간 동안 방영.

2009. 1.	차(茶) 전문월간지 『茶의 세계』편집주간을 맡음. 그 이전에도 불교전문출판사인 불교춘추사에서 발행해오던 불교전문월간지 『禪文化』와 『茶의 세계』의 기획위원으로 활동해오다가 이때부터 편집주간으로 본격적인 활동을 시작함.
2009. 2. 1	『신천부경(新天符經)』을 세상에 내놓음(己丑雨水前二月). 고조선의 '천부경'을 새롭게 해석한 것으로서 오늘의 '과학과 철학과 종교'를 종합한 입장에서 진리의 요체를 진언(眞言)으로 구성한 것임. 종래의 『천지자신주』에 '무유불선도천지교(巫儒佛仙道天地敎) 귀인자자무신중도(鬼仁慈自無神中道)'를 보탬으로써 신천부경을 완성하였다. 신천부경은 '현무심중경(玄武心中經)'으로도 불림
2009. 2. 11	세계일보에 「박정진의 무맥(武脈)」연재 시작(2010년 11월 30일 제 43회로 마침).
2009. 9.	『예술의 인류학, 예술인류학』(이담북스) 『예술인류학으로 본 풍류도』(이담북스) 펴냄. 이 책은 종래 『한국문화와 예술인류학』을 심화시켜서 2권으로 출판한 것임.
2010. 5.	『굿으로 본 백남준 비디오아트 읽기』(한국학술정보) 펴냄. 『굿으로 본 백남준 비디오아트 읽기』는 소리미술과 오브제, 퍼포먼스를 추구하는 백남준의 비디오아트를 '굿'이라는 개념으로 해석한 책임.
2010. 11.	『성인류학』(이담북스) 펴냄. 『성인류학』은 종래 3권의

전자책으로 출판되었던 것을 1권의 단행본으로 출판하면서 내용을 집약하고 개선한 책임.

2010. 1.	『단군신화에 대한 신연구』(한국학술정보) 펴냄. 『단군신화에 대한 신연구』는 중국한족이 부상하는 새로운 동아시아사의 전개에 따른 동이족의 정체성 확립이라는 관점에서 단군신화를 새롭게 정리·해석한 책임.
2010. 2.	차남 박우석, 경원대학교 전자공학부 졸업(2월 23일).
2010. 11. 17	회갑(回甲)을 맞음.
2011. 4.	『박정희의 실상, 이영희의 허상』(이담북스) 펴냄. 이 책은 '국가론'(정치학)으로서 쓰여 졌다. 초고는 3년 전에 쓰여 졌으나 당시 사회적 분위기(좌파민주화운동)로 인해서 출판사를 찾지 못해 출판이 미루어졌다.
2011. 9.	차남 박우석과 신부 백지숙 결혼(9월 30일).
2011. 5.	철학자 김형효(金炯孝) 교수(서강대 철학과 교수 및 전 정신문화연구원 부원장)를 인사동문화클럽에서 조우하는 행운을 얻게 됨. 김형효 선생님을 만나면서 그 동안 잠들어 있던 철학에 대한 영감이 불꽃처럼 일어나는 계기를 얻게 됨. 김 선생님을 만나서 강의를 듣고 자유롭게 질문과 대화를 하는 가운데 그의 대표적인 철학적 사유들이 결집되고, 책으로 집필되고 출간되는 행운을 맞음. 철학전문출판사인 소나무출판사 유재현 대표를 만나면서 당시 집필 중이던 철학원고들을 모두 책으로 엮어내는 은혜를 입음.

2012. 1.	첫 철학인류학적 작업의 결과물 『철학의 선물, 선물의 철학』『소리의 철학, 포노로지』(소나무) 펴냄. 당시 인류학계와 철학계로부터 큰 관심을 불러일으킴.
2012. 3.	장남 박준석과 신부 김순훈 결혼(3월 24일).
2012. 9. 3.	통일교 창시자 문선명 총재가 이날 새벽 1시 54분(天基 3년, 天曆 7월 17일), 성화(聖和)하셨다. 그는 성화식을 전후로 장장 6회에 걸쳐 문선명 총재의 생애노정의 의미를 새기는 글을 집필함. 이날은 통일교-가정연합에서 말하는 기원절(基元節)을 172일 앞둔 날이었다.
2012. 11. 17.	『세계일보』에 「박정진의 차맥(茶脈)」연재 시작(2013년 8월 27일 제 66회로 마침).
2013. 2.	차남 박우석, 한양대학교 경영대학원 졸업.
2013. 3.	『빛의 철학, 소리철학』『니체야 놀자』(소나무) 펴냄. 이로써 먼저 출판한 『철학의 선물, 선물의 철학』『소리의 철학, 포노로지』(소나무)와 함께 철학인류학적 저서 4권을 묶어 '소리철학'으로 명명함.
2013. 9. 27.	김형효 선생님과 철학대담을 시작하여 6개월간 지속함.
2013. 11. 12	『세계일보』객원논설위원으로 개인칼럼 「청심청담」 집필 시작.
2014. 4.	김형효 선생님 댁에서 제자들과 친지들로 구성된 '심원철학방'을 운영하기 시작함. 2018년 12월 현재까지 지속하고 있음.
2014. 1.	첫 손녀 박지인(박준석-김순훈의 딸) 출생(1월 3일)

2014. 5.	『일반성의 철학, 포노로지』(소나무) 펴냄. 이 책의 발간과 함께 『철학의 선물, 선물의 철학』『소리의 철학, 포노로지』(소나무) 『빛의 철학, 소리철학』『니체야 놀자』(소나무)와 함께 '소리철학' 시리즈 제 5권이 완성됨.
2014. 7. 1.	『메시아는 더 이상 오지 않는다』(미래문화사) 펴냄. 이 책은 통일교 문선명 총재의 성화식 기간 중에 세계일보 기고문을 바탕으로 철학적·신학적 해석을 첨가하여 단행본으로 묶은 것이다.
2014. 7. 30.	『새로 쓰는 부도지(符都誌)- 지구 어머니, 마고(麻姑)』(마고출판사) 펴냄. 이 책은 한국문화의 여성성을 승화시켜서 '자기부정'이 아니라 '자기긍정'으로 한민족을 대반전시키려는 신화적 노력의 결정판이다. 이 책의 출간으로 '소리철학' 시리즈와 함께 '한국문화의 철학과 신화'를 현대적인 모습으로 재탄생하게 하는 학자적 중간결산을 이룬다.
2014. 9.	첫 손자 박선우(박우석-백지숙의 아들) 출생(9월 29일)
2015. 8.	『니체, 동양에서 완성되다』 펴냄. 서양 후기근대철학의 분수령을 이룬 니체를 동양철학의 관점에서 포용하면서 더욱 더 완성도 높은 불교적 깨달음의 경지를 기술함.
2016. 1.	『메시아는 더 이상 오지 않는다』(행복한에너지) 개정증보판 펴냄.
2016. 9.	『평화의 여정으로 본 한국문화』(행복한에너지) 펴냄. 『평

화는 동방으로부터』(행복한에너지) 펴냄.

2016. 12. 27   세계일보사 평화연구소장으로 부임.

2017. 5.   시집 『거문도』(신세림) 펴냄.

2017. 7.   한국 하이데거 학회(59차)와 한국해석학회(119차)가 공
                동으로 주최한 2017년 한국현대유럽철학회 하계학
                술발표회(중앙대학교, 7월 14일)에 초대되어 「존재론의 미
                래로서의 네오샤머니즘」발표.

2017. 8. 8   『여성과 평화』(행복에너지) 펴냄.

2017. 8. 25   『위대한 어머니는 이렇게 말했다』(살림) 펴냄. 이 책은
                니체의 '차라투스트라는 이렇게 말했다'를 한국문화
                와 여성시대의 입장에서 패러디한 책이다.

2018. 2. 24.   철학의 스승인 김형효 선생님 별세. 이날 새벽 자택
                에서. 철학의 스승이자 훌륭한 대담자로 함께 동행해
                준 선생님의 상실로 망연자실에 빠짐.

2018. 4   『심정평화, 효정평화』(행복에너지) 펴냄.

2018. 4. 30   영남대학교 대학원에서 문화인류학박사학위(Ph.D)를
                받음. 박사논문은 「굿으로 본 서울올림픽의 의례성」.
                학위등록번호: 영남대2017(박)083.

2018. 6.   한국동서철학회로부터 '동양은 어떻게 서양을 계몽
                하였는가?-오리엔탈리즘에 대한 재성찰과 평가'를
                주제로 춘계학술대회(한국외국어대학 교수회관. 6월 2일) 기
                조강연을 맡아달라는 초청을 받았다. 여기서 「서양철
                학에 영향 미친 성리학 및 도학(道學)」을 발표했다.

2018. 11.	『평화와 생명의 철학-네오샤머니즘』(살림) 펴냄. 인류 문명이 패권주의를 넘어서 '평화의 지구촌'을 건설하기 위해서는 원시적 종교로 알려진 샤머니즘의 자연주의에서 많은 힌트와 삶의 자세와 지향을 얻어야 함을 역설한 책.
2018. 12. 1	한국동서철학회 추계학술대회(충남대학교 문원강당 및 세미나실) 제 3부: 주제발표- 한국의 철학자 집중연구- "동서횡단의 철학자 박이문(朴異汶) 선생의 '둥지 철학' 조명"에 발표자로 초대되어 「'둥지의 철학'은 한국자생 철학의 둥지가 될 것인가」를 발표함.
2019. 2. 25	심원철학회 주최 심원(心遠) 김형효(金炯孝) 선생 1주기 추모 학술발표회(한국학 중앙연구원, 세미나실)에 발표자로 초대되어 「동서양 비교철학으로써 철학적 자아 찾기」를 발표함.
2019. 2. 28	세계일보사 평화연구소장 퇴임.
2019. 3. 24	네팔 라마불교 사원을 방문하여 칼상(Kalsang) 리마(Lama)로부터 법명 'Dham Choe'를 받았다.
2019. 4	고희(古稀)를 맞아 기념으로 『니체를 넘어서 예수부처 부처예수』(신세림)를 펴냄.
2019. 5.	『인류학자가 풀어쓴 차(茶)의 인문학 1』(차의 세계사) 펴냄.
2019. 5.	'니체를 넘어서 예수부처 부처예수'를 교재로 대중강의를 시작하다. 세계평화연구원(원장 박정진)을 개원함.

심중 박정진선생 주요 저서·시집 목록

◎ 인문학 서적 (52권)

〈한국문화 심정문화〉 (90년, 미래문화사)

〈무당시대의 문화무당〉 (90년, 지식산업사)

〈사람이 되고자 하는 신들〉 (90년, 문학아카데미)

〈한국문화와 예술인류학〉 (92년, 미래문화사)

〈잃어버린 仙脈을 찾아서〉 (92년, 일빛출판사)

〈선도와 증산교〉 (92년, 일빛출판사)

〈천지인 사상으로 본—서울올림픽〉 (92년, 아카데미서적)

〈아직도 사대주의에〉 (94년, 전통문화연구회)

〈발가벗고 춤추는 기자〉 (98년, 도서출판 화담)

〈어릿광대의 나라 한국〉 (98년, 도서출판 화담)

〈단군은 이렇게 말했다〉 (98년, 도서출판 화담)

〈생각을 벗어야 살맛이 난다〉 (99년, 책섬)

〈여자의 아이를 키우는 남자〉 (2000년, 불교춘추사)

〈도올 김용옥〉(전 2권) (2001년, 불교춘추사)

〈정범태(열화당 사진문고)〉 (2003, 열화당)

〈붉은 악마와 한국문화〉 (2004년, 세진사)

〈미친 시인의 사회, 죽은 귀신의 사회〉 (2004년, 신세림)

〈대한민국, 지랄하고 놀고 자빠졌네〉 (2005년 서울언론인클럽)

〈여자〉 (2006년, 신세림)

〈불교인류학〉 (2007년, 불교춘추사)

〈종교인류학〉 (2007년, 불교춘추사)

〈玄妙經-女子〉 (2007년, 신세림)

〈성(性)인류학〉 (2010, 이담)

〈예술인류학, 예술의 인류학〉 (2010, 이담)

〈예술인류학으로 본 풍류도〉 (2010, 이담)

〈단군신화에 대한 신연구〉 (2010, 한국학술정보)

〈굿으로 보는 백남준 비디오아트 읽기〉 (2010, 한국학술정보)

〈박정희의 실상, 이영희의 허상〉 (이담북스, 2011)

〈철학의 선물, 선물의 철학〉 (2012, 소나무)

〈소리의 철학, 포노로지〉 (2012, 소나무)

〈빛의 철학, 소리철학〉 (2013, 소나무)

〈니체야 놀자〉 (2013, 소나무)

〈일반성의 철학, 포노로지〉 (2014, 소나무)

〈지구 어머니, 마고〉 (2014, 마고북스)

〈니체, 동양에서 완성되다〉 (2015, 소나무)

〈메시아는 더 이상 오지 않는다〉 (2014, 미래문화사)

〈메시아는 더 이상 오지 않는다(개정증보판)〉 (2016, 행복한에너지)

〈평화는 동방으로부터〉 (2016, 행복한에너지)

〈평화의 여정으로 본 한국문화〉 (2016, 행복한에너지)

〈여성과 평화〉 (2017, 행복에너지)

〈위대한 어머니는 이렇게 말했다〉 (2017, 살림)

〈심정평화 효정평화〉 (2018, 행복에너지)

〈네오샤머니즘(NEO-SHAMANISM)〉 (2018, 살림)

〈니체를 넘어서 예수부처 부처예수〉 (2019, 신세림)

〈인류학자가 풀어 쓴 차(茶)의 인문학 1〉 (2019, 차의 세계)

▶ 전자책(e-북) 저서

〈세습당골-명인, 명창, 명무〉 (2000년, 바로북닷컴)

〈문화의 주체화와 세계화〉 (2000년, 바로북닷컴)

〈문화의 세기, 문화전쟁〉 (2000년, 바로북닷컴)

〈오래 사는 법, 죽지 않는 법〉 (2000년, 바로북닷컴)

〈마키아벨리스트 박정희〉 (2000년, 바로북닷컴)

〈붓을 칼처럼 쓰며〉 (2000년, 바로북닷컴)

◎ 시집 (11권, 1000여 편)

〈해원상생, 해원상생〉 (90년, 지식산업사)

〈시를 파는 가게〉 (94년, 고려원)

〈대모산〉 (2004년, 신세림)

〈먼지, 아니 빛깔, 아니 허공〉 (2004년, 신세림)

〈청계천〉 (2004년, 신세림)

〈독도〉 (2007년, 신세림)

〈한강교향시〉 (2008년, 신세림)

〈거문도〉 (2017, 신세림)

▶ 전자책(e-북) 시집

한강은 바다다 (2000년, 바로북닷컴)

바람난 꽃 (2000년, 바로북닷컴)

앵무새 왕국 (2000년, 바로북닷컴)

◎ 소설 (7권)

〈왕과 건달〉(전 3권) (97년, 도서출판 화담)

〈창을 가진 여자〉(전 2권) (97년, 도서출판 화담)

▶ 전자책(e-북) 소설

〈파리에서의 프리섹스〉(전 2권) (2001년, 바로북닷컴)

◎ 전자책(e-북) 아포리즘(36권)

〈생각하는 나무: 여성과 남성에 대한 명상〉등 명상집 (전 36권) (2000년, 바로북닷컴)

심중 박정진선생 논문 총목록

1980년 『도시화에 따른 대도시근교 씨족집단의 사회경제적 변화연구』(영남대학교 대학원 문화인류학과 석사학위논문)

1989년 「상징-의례에 대한 理氣철학적 고찰」『한민족』 제1집, 200~228쪽, 한민족학회, 교문사, 서울.

1989년 「BSTD모델에 대한 상징인류학적 조명」『두산김택규박사 화갑기념, 문화인류학 논총』 241~254쪽, 두산김택규박사화갑기념논문집 간행위원회, 신흥인쇄소, 대구.

1994년 「才人의 계보연구—한국기층문화론을 중심으로」『비교민속학』 제 11집, 최인학박사화갑기념논문집, 245~381쪽, 비교민속학회.

2007년 「신데렐라 콤플렉스에 대한 신해석」『문학/사학/철학』(2007년 봄 창간호) 14~40쪽, 대발해동양학한국학연구원·한국불교사연구소.

2007년 「정전법으로 풀어본 한국문화·인류문화(1)」『문학/사학/철학』(2007년 여름호) 196~209쪽, 대발해동양학한국학연구원·한국불교사연구소.

2007년 「정전법으로 풀어본 한국문화·인류문화(2)」『문학/사학/철학』(2007년 가을호) 59~100쪽, 대발해동양학한국학연구원·한국불교사연구소.

2007년 「정전법으로 풀어본 한국문화·인류문화(3)」『문학/사학/철학』(2007년 겨울호) 81~112쪽, 대발해동양학한국학연구원·한국불교사연구소.

2008년 「성(性) 성(姓) 성(聖): 성에 대한 생문화적 접근 (1)」『문학/사학/철학』(2008년 봄호) 37~75쪽, 대발해동양학한국학연구원·한국불교사연구소.

2008년 「성(性) 성(姓) 성(聖): 성에 대한 생문화적 접근 (2)」『문학/사학/철학』(2008년 여름호) 79~119쪽, 대발해동양학한국학연구원·한국불교사연구소.

2008년 「단군신화에 대한 신해석 (1)」『문학/사학/철학』(2008년 겨울호) 201~235쪽, 대발해동양학한국학연구원·한국불교사연구소.

2009년 「단군신화에 대한 신해석 (2)」『문학/사학/철학』(200년 봄호) 109~170쪽, 대발해동양학한국학연구원·한국불교사연구소.

2009년 「단군신화에 대한 신해석 (3)」『문학/사학/철학』(2009년 여름호) 184~243쪽, 대발해동양학한국학연구원·한국불교사연구소.

2009년 「예술인류학으로 백남준(白南準) 비디오아트 읽기(1)-네오샤머니즘(neo-shamanism)에서 에코페미니즘(eco-feminism)까지」『문학/사학/철학』(2009년 겨울호) 157~229쪽, 대발해동양학한국학연구원·한국불교사연구소.

2010년 「예술인류학으로 백남준(白南準) 비디오아트 읽기(2)-네오샤머니즘(neo-shamanism)에서 에코페미니즘(eco-feminism)까지」『문학/사학/철학』(2010년 봄호) 179~278쪽, 대발해동양학한국학연구원·한국불교사연구소.

2010년 「예술인류학으로 백남준(白南準) 비디오아트 읽기(3)-네오샤머니즘(neo-shamanism)에서 에코페미니즘(eco-feminism)까지」『문학/사학/철학』(2010년 여름·가을호) 188~214쪽, 대발해동양학한국학연구원·한국불교사연구소.

2010년 「예술인류학으로 백남준(白南準) 비디오아트 읽기(4)-네오샤머니즘(neo-shamanism)에서 에코페미니즘(eco-feminism)까지」『문학/사학/철학』(2010년 겨울·2011년 봄호) 99~128쪽, 대발해동양학한국학연구원·한국불교사연구소.

2011년 「폭력의 근원에 대한 인류학적 상상」『제 6호 비폭력연구』101~134쪽, 경희대학교 비폭력연구소.

2018년 『굿으로 본 서울올림픽의 의례성』(영남대학교 대학원 문화인류학 박사학위(Ph.D) 논문), 학위등록번호: 영남대2017(박)083.

2018년 「서양철학에 영향 미친 성리학 및 도학(道學)」『동양은 어떻게 서양을 계몽하였는가?-오리엔탈리즘에 대한 재성찰과 평가』(한국동서철학회: 춘계학술대회, 한국외국어대학 교수회관)

2019년 「'둥지의 철학'은 한국자생철학의 둥지가 될 것인가」『동서횡단의 철학자 박이문(朴異汶) 선생의 '둥지 철학' 조명』(한국동서철학회: 추계학술대회, 제 3부: 주제발표- 한국의 철학자 집중연구, 충남대학교 문원강당 및 세미나실)

2019년 「동서양 비교철학으로써 철학적 자아 찾기」(심원철학회 주최 심원(心遠) 김형효(金炯孝) 선생 1주기 추모 학술발표회, 한국학 중앙연구원, 세미나실)

< 증산사상관련 논문 >

1987년 「기철학적 입장에서 본 증산교(1)」『증산사상연구』제13집 증산사상연구회.

1988년 「기철학에서 본 증산교(2)—예술인류학적인 기의 해석」『증산사상연구』제 14집 증산사상연구회.

1988년 「증산교의 사상으로 본 88서울 올림픽」『증산사상연구』제 14집 증산사상연구회.

1989년 「기철학에서 본 증산교(3)」『증산사상연구』제 15집 증산사상연구회.

1990년 「신의 존재양태와 증산」『증산사상연구』제 16집 증산사상연구회.

1991년 「신의 재현과 우주시대 개막」『증산사상연구』제 17집 증산사상연구회.

1992년 「증산사상의 특이성-불교사상과 대비하여」『증산사상연구』제 18집 증산사상연구회.

1993년 「상천법지로 본 과학과 종교와의 만남」『증산사상연구』제 19집 증산사상연구회.

1994년 「기를 통해 본 증산교의 문명사적 의미」『증산사상연구』제 20집 증산사상연구회.

< 차 관련 논문 >

2012년 「여말선초(麗末鮮初) 두문동(杜門洞) 차인들의 선차(仙茶)정신」『제 7회 세계선차문화교류대회』(논문집)

니체를 넘어서
예수부처 부처예수

초 판 인 쇄 2019년 05월 13일   초 판 발 행 2019년 05월 15일

지 은 이 박정진
펴 낸 이 이혜숙   펴 낸 곳 신세림출판사
등 록 일 1991년 12월 24일 제2-1298호

04559 서울특별시 중구 창경궁로 6, 702호(충무로5가, 부성빌딩)
전화 02-2264-1972   팩스 02-2264-1973
E-mail : shinselim72@hanmail.net

정   가 15,000원

I S B N 978-89-5800-209-3, 03100